Eliane Reichardt

Hochbegabt?

Potenziale erkennen und fördern

Meinen Kindern und meinen Enkelkindern
in Liebe

Eliane Reichardt

Hochbegabt?

Potenziale erkennen und fördern

Inhalt

Vorbemerkung

Die meisten Menschen setzen Hochbegabung mit einem IQ von 130 und mehr gleich. Wird dieser Schwellenwert sehr strikt gehandhabt und als einziges Beurteilungskriterium („Messgröße") für die menschliche Intelligenz herangezogen, andere Parameter dabei jedoch ausgeschlossen, halte ich das aus unterschiedlichen Gründen, auf die ich später noch im Einzelnen eingehen werde, für nicht sinnvoll. Die Merkmale, die hochbegabte Menschen aufweisen, und auch die Probleme, die sie mit ihrer Hochbegabung haben können, lassen sich nicht an der starren Grenze eines rein statistischen Werts festmachen. Hochbegabung beginnt meines Erachtens (und meiner Erfahrung) nach schätzungsweise bereits ab einem gemessenen IQ von 115 bis 120 (bei diesem Wert sind die Fachleute sich nicht immer einig), was „lediglich" im überdurchschnittlichen Bereich liegt. Daher geht es in diesem Buch nicht um die 2,28 Prozent der Menschheit mit einem IQ von über 130, sondern um die 15,8 Prozent mit einem IQ von über 115 – das sind allein in Deutschland insgesamt rund 13 Millionen Menschen. Ich verwende die Begriffe „Hochbegabung" und „Begabung" in diesem Buch daher synonym, setze allerdings das „hoch" in Klammern davor, wenn ich eine besondere Betonung daraufLegen möchte. Außergewöhnliche Begabungen wie beispielsweise in den Bereichen Musik, bildende Künste, Sprache und Sport sind hier ebenfalls inbegriffen. Es ist also immer nützlich, sich mit Hochbegabung zu befassen und sich auch eingehender darüber zu informieren, wenn Sie bei Ihrem Kind Verhaltensbesonderheiten beobachten oder Sie selbst immer wieder an der Kommunikation und dem Umgang mit anderen Menschen oder sich selbst (ver)zweifeln.

Vorwort

Als ich begann, mich intensiv mit den Themen Hochbegabung, Hochsensibilität und Synästhesie zu befassen, war das Motiv meine eigene diesbezügliche Veranlagung, die ich erst als über 50-Jährige entdeckt und erkannt habe. Dieser Erkenntnis vorausgegangen war eine lange Zeitspanne, in der ich angestrengt zu begreifen versucht hatte, ob, wie und weshalb ich so anders war oder zu sein schien als meine Umwelt. Also begab ich mich erst einmal auf die Suche – zuerst nach Literatur über erwachsene Hochbegabte, wobei ich erstaunt (und erschrocken!) feststellte, wie wenig auf diesem Gebiet bisher geforscht und gearbeitet worden war. Dann hielt ich nach Literatur über hochbegabte Kinder Ausschau, und hier war die Forschungslage erfreulicherweise weit besser, meine Recherchen brachten mir eine ganze Menge Material ein. Bei der Lektüre stellte ich fest, dass ich mich im Rückblick selbst in dieser Literatur über hochbegabte Kinder wiederfand, und das trug wesentlich zu meinem Verständnis von Hochbegabung bei, denn sie ist keine „Kinderkrankheit" und wächst sich auch nicht aus.

Durch die intensive Beschäftigung mit meiner eigenen Kindheit und Jugend gelang es mir, Anlässe und Ursachen für meine Entwicklung als unerkannte Hochbegabte aufzuspüren. Mithilfe der daraus gewonnenen Erkenntnisse konnte ich mir mein Leben mit meiner Hochbegabung so einrichten, dass ich heute sagen kann: Ich bin wirklich bei mir selbst angekommen. Dabei war es natürlich auch mir nicht möglich, meine Vergangenheit zu verändern, und ich habe auch nicht mein komplettes Leben „umgekrempelt". Allein durch das langsam wachsende Verständnis für mich selbst und meiner selbst wie auch aller Menschen, die mein Leben mitgeprägt haben, wuchs ein neues Selbstverständnis in mir, das sich (endlich!) richtig und gut anfühlte. „Aber deswegen bist du doch jetzt kein anderer Mensch!", hielt mir eine damalige Freundin entgegen, als ich ihr von der Entdeckung meiner Hochbegabung erzählte. Für sie und andere vielleicht nicht. Für mich selbst schon: Ich galt immer als sehr selbstbewusst, freiheitsliebend, kämpferisch, klug, hilfsbereit, zielstrebig, manchmal vorlaut, altklug, frech, undiplomatisch oder auch chaotisch. Viele Menschen mochten die meisten dieser Eigenschaften an mir. Aber meine inneren Kämpfe, die Zweifel, die Unsicherheiten, die oftmals quälenden Fragen haben andere gar nicht oder nur sehr am Rand mitbekommen. Ich fühlte mich mitunter wie zwei verschiedene Menschen: Der eine lebte draußen in der Welt, der andere in meinem Inneren. Und ich bekam diese beiden Personen nur selten „unter einen Hut". Das Chaos in mir ist inzwischen verschwunden und mit ihm auch der Anpassungsdruck „du musst", „du solltest", „du könntest". Ich war selbst erstaunt, wie groß meine Erleichterung darüber war, denn einige Dinge haben mich doch stärker bestimmt und auch belastet, als es mir bewusst war. Mein Erkennen und Akzeptieren der eigenen Hochbegabung hat in mir viele Energien freigesetzt, die ich heute für Dinge verwenden kann, die ich immer schon tun wollte, für die ich aber nie Zeit, Muße, Ruhe oder „Gelegenheit" hatte.

Nachdem ich mich einige Jahre lang mit dem Thema befasst und gründlich weitergebildet hatte, eröffnete ich eine Beratungspraxis, doch sprach ich damit zunächst nur Erwachsene an. Die meisten kamen zu mir, weil sie vermuteten, hochsensibel zu sein. Vielen dieser Klienten wurde erst in den Gesprächen mit mir klar, dass sie darüber hinaus auch noch (hoch)begabt waren. Ich erkannte das Potenzial dieser Menschen, erkannte, dass sie es nicht nutzen konnten, weil sie von seiner Existenz keine Ahnung hatten. Also lag es brach, die darin liegenden Chancen blieben unsichtbar und konnten folglich nicht genutzt werden. Dafür schlugen sich die Betreffenden mit ihrem „Anderssein" herum, das sie in erster Linie als negativ erlebten. Viele von ihnen hatten schon einige (Psycho-)Therapien hinter sich, die hie und da sogar etwas Besserung gebracht hatten. Nachhaltig helfen konnten sie jedoch nicht, sonst hätten diese Menschen nicht nach anderen Möglichkeiten gesucht und den Weg zu mir gefunden.

Im Lauf der Zeit berichteten mir meine Klienten dann auch von ihren Kindern, um die sie sich vielfach große Sorgen machten. Die einen hatten keine Freunde, die anderen bekamen häufig schon im Vorschulalter ständig Wutanfälle, wieder andere wollten immer die Spielregeln bestimmen. Je länger ich in meinem neuen Beruf tätig war, desto mehr häuften sich die Anfragen von Eltern hochsensibler und hochbegabter Kinder. Die meisten der besorgten Eltern wussten gar nicht, dass ihre Sprösslinge nicht nur hochsensibel, sondern auch noch hochbegabt sind, und kamen erst durch mich darauf. So habe ich bereits sehr viele hochbegabte Kinder „geoutet" und auf diese Weise dazu beigetragen, ihr Leben (und das ihrer Eltern) wesentlich zu erleichtern und mit mehr Unbeschwertheit und Freude zu erfüllen. Denn Hochbegabung ist keine Bürde, sondern ein Geschenk – man muss nur lernen, sie für sich zu nutzen! Ich hatte mich ja schon bei der Recherche zu meiner eigenen Hochbegabung auch in die Literatur über hochbegabte Kinder eingelesen und beschäftigte mich nun intensiver mit ihnen und vor allem mit ihrem Verhalten. Dazu suchte ich Kontakt zu Eltern hochbegabter Kinder, sowohl real als auch im Internet. Außerdem absolvierte ich die Fortbildung zum ECHA-Coach (*European Council for High Ability*, „*Specialist in Coaching the Gifted*") am Internationalen Centrum für Begabungsforschung (www.icbf.de) an der Wilhelms-Universität in Münster. Damals stellte ich fest, dass die Eltern dieser Kinder – trotz der vielfältigen vorhandenen Literatur zu diesem Thema – einen schier unglaublichen individuellen Informations- und Unterstützungsbedarf haben. Und nicht nur das: Diese Eltern erkennen ihre eigene Hochbegabung oft erst auf dem „Umweg" über ihre Kinder.

Inzwischen bin ich Mitglied in unterschiedlichen Gruppen und Vereinigungen, die sich speziell mit diesen Themen beschäftigen. Unter anderem bewege ich mich auch in Internet-Gruppen für Eltern hochbegabter/hochsensibler Kinder, denn ich selbst bin Mutter zweier erwachsener Kinder und Großmutter von drei Enkelkindern. Was ich im Internet lese und was ich von meinen Klienten und in den verschiedenen „realen" Gesprächsgruppen erfahre, erschüttert mich oft zutiefst. Da wird von unendlich langen und schlimmen Leidenswegen berichtet, von Leiden, die man sich nicht vorstellen kann, ohne dass einem vor Mitgefühl, aber auch vor Zorn die Tränen in die Augen steigen. Manchmal ist es kaum fassbar, mit welchen Aussagen die Eltern hochsensibler/ hochbegabter Kinder konfrontiert werden und in welch ungeheurem Ausmaß diese Kinder missverstanden und mitunter sogar

seelisch misshandelt werden. Dabei sind sie doch nur hochsensi-
bel/hochbegabt und sonst gar nichts! Sie haben nichts „angestellt",
sich nichts zuschulden kommen lassen, außer natürlich der zwar
intensiven, aber für Hochbegabte normalen Emotionalität, über
die sich Kinder nun mal ausdrücken, weil sie es anders noch nicht
können. Und auch die Eltern haben sich nichts zuschulden kommen lassen, es sei denn, man käme auf die in meinen Augen völlig
abwegige Idee, die (berechtigten) Sorgen der Eltern um ihre Kinder als eine Art „Verschulden" einzustufen. Auch deshalb habe ich
dieses Buch geschrieben: zur dringend notwendigen Unterstützung dieser Eltern und ihrer Kinder! Neben ihrer Funktion oder
Rolle als Eltern sind sie auch noch eigenständige Persönlichkeiten,
und zwar – in allen mir bekannten Fällen! – ebenfalls begabte.
Deshalb wird es Sie sicher weiterbringen, wenn Sie dieses Buch
mit dem Blick auf Ihr Kind/Ihre Kinder, aber auch mit dem Blick
auf Ihr eigenes So-Sein und im Rückblick auf Ihre eigene Kindheit
lesen. Erzieher, Lehrer und Psychologen werden es ebenfalls mit
Gewinn lesen und Anregungen für ihre Praxis im Umgang mit
begabten Kindern daraus mitnehmen können.

Gerade im Bereich „Erziehung" existieren unzählige verschiedene Theorien, Ansätze und Konzepte und noch mehr Literatur
dazu. Im Internet kursieren Tausende von Artikeln über Kinder-
erziehung. Oft wird man den Eindruck nicht los, dass der eine
(angebliche) Fachmann die genau gegenteilige Ansicht wie der
andere (angebliche) Experte vertritt und zugleich beide Theorien
als schlüssig gelten sollen.

Und dabei wird Eltern (und Kindern) ständig suggeriert, sie
müssten immer alles richtig machen. Die kleinste Verhaltensab-
weichung bei Kindern wird unter die Lupe genommen und oft mit
geradezu erschreckender Selbstverständlichkeit als „abnorm", „gestört" oder „krankhaft" eingestuft. Aus Erziehung wird eine Wissenschaft gemacht, die Eltern geradezu in Angst und Schrecken
versetzen kann und sie sich immer wieder fragen lässt: Mache ich
alles richtig? Und das gilt keineswegs nur für die Eltern hochbegabter Kinder, sondern für alle Eltern. Nach meinem Verständnis
ist das eine sehr unnatürliche und schädliche Entwicklung.

Natürlich wollen grundsätzlich alle Eltern für ihre Kinder nur das Beste. Aber „das Beste" ist nicht für alle Kinder gleich. So individuell wie die Eltern sind auch ihre Kinder. Jedes Kind braucht etwas anderes für seine gesunde körperliche und psychische Entwicklung, und was das konkret ist, können die Eltern am besten beurteilen. Denn nur sie haben die (natürliche!) emotionale Bindung zu ihren Kindern, die zwingend notwendig ist, um entscheiden zu können, was für das jeweilige Kind gut und richtig ist und was nicht.

Nicht zuletzt ist auch Wissen notwendig. Wir leben in einer Zeit, in der jeder glaubt, etwas (besser) zu wissen, und kaum jemand mit entsprechenden Ratschlägen hinterm Berg hält. Ob es nun die Großeltern sind: „Früher war das so …", oder eine Freundin: „Du, ich habe gelesen, dass …", oder die Erzieher im Kindergarten, die erklären: „In meiner Ausbildung habe ich gelernt, dass …", oder die Lehrer, die ebenfalls ihre berufliche Autorität ins Spiel bringen: „Meine Erfahrung als ausgebildeter Pädagoge zeigt, dass …" Alle haben etwas zu sagen, und natürlich sind alle wesentlich besser ausgebildet oder informiert als die Eltern selbst. Doch etwas ganz Wesentliches haben sie nicht: die enge Beziehung zu dem jeweiligen Kind. Sicher ist etwas Abstand nicht die schlechteste Position, um das Verhalten eines Menschen einigermaßen objektiv zu beurteilen. Und auch, damit Eltern ein Bild davon bekommen, wie sich ihr Kind in Situationen verhält, in denen sie nicht dabei sind und nicht direkt einwirken können. Schließlich möchten Eltern wissen, ob ihre Erziehung Früchte trägt, folglich müssen sie auch erfahren, welches Bild andere Menschen von ihrem Kind haben.

Nach meinem Empfinden kommt dabei in der heutigen Zeit der berühmte „gesunde Menschenverstand" allerdings entschieden zu kurz und es wird viel zu schnell pathologisiert, das heißt, meiner Ansicht nach werden Kinder viel zu schnell „krankgeredet". Man kann es heute durchaus schon als „Therapiewahn" bezeichnen, wenn (angebliche) Experten den Standpunkt einnehmen, dass schon die kleinste Abweichung von einer abstrakten Norm im Verhalten eines Kindes sogleich behandelt werden müsste. Dass Kinder unterschiedlich sind und das auch sein dürfen (!), scheint in den letzten 20 bis 30 Jahren leider einfach in Vergessenheit geraten zu sein. Kinder dürfen nicht mehr hibbelig oder ruhig, motiviert oder wenig motiviert, laut oder leise sein. Sie dürfen nicht mehr erst mit fünf Jahren etwas können, was sie laut Entwicklungs*statistik* eigentlich mit vier Jahren schon hätten können sollen. Individualität und auch eine individuelle Entwicklung sind nicht mehr zulässig – der Nachteil unserer schönen neuen digitalen Welt. Alles, sogar unsere Kinder, muss in ein striktes Schema passen.

Bitte verstehen Sie mich auch an dieser Stelle richtig: Ich habe nichts gegen Computer und Internet, ganz im Gegenteil: Ich arbeite täglich damit und nutze digitale Möglichkeiten häufig. Ich recherchiere viel im Internet und pflege, wenn ich die Zeit dazu habe, auch private Kontakte ganz gern über dieses Medium. Ich habe allerdings ungeheuer viel dagegen, dass die Grenzen zwischen Mensch und Maschine allmählich immer mehr zu verschwimmen scheinen. Durch die auf uns einstürzende Informationsflut, die einen nicht mehr erkennen lässt, was denn nun wahr und was falsch ist, werden (nicht nur) Eltern in höchstem Maß verunsichert und auch manipuliert, in bestimmte Bahnen gelenkt. Das ist längst ein offenes Geheimnis. Dadurch verkommt Erziehung von einer grundnatürlichen, Glück bringenden und erfüllenden Aufgabe zu einem pseudowissenschaftlichen Kraftakt. Für beide: Eltern und Kinder. „Hast du diese Diagnose schon bedacht oder jene?", „Dieses Verhalten ist aber typisch für AD(H)S, Autismus, sensorische Integrationsstörung, Mutismus, frühkindliches, pränatales, postnatales, Geburtstrauma … Aber vielleicht ist dein Kind ja auch nur motorisch, sozial, emotional zurückgeblieben?"

Um Himmels willen! Menschen, große und kleine, sind doch keine Maschinen! Sie sind von Geburt an unterschiedlich und sie entwickeln sich nicht nach einem strengen Schema X, sondern höchst individuell. Es sind nicht die Kinder, die in den letzten 20 bis 30 Jahren immer „gestörter" werden. In den allermeisten Fällen ist es die Umwelt, die nicht mehr passt und Kindern kaum noch Raum für ihre gesunde individuelle Entwicklung lässt. Und nicht nur den Kindern: Auch immer mehr Erwachsenen vermittelt sich der Eindruck, dass sie nicht (mehr) so recht in unsere heutige Welt passen. Auch sie sind auf der Suche nach einem Raum für sich, in dem sie sich wirklich entfalten können. Dies betrifft vor allem die Begabten. Weshalb?

Ganz einfach: Hochbegabte Kinder *sind* anders. Sie sind nonkonform. Sie lassen sich nicht in Konzepte pressen. Sie sind unglaublich emotional. Sie sind klug, was zuweilen auch als vorlaut missverstanden und gerügt wird. Sie sind ruhig und in sich gekehrt. Sie sind sehr sensibel. Sie sind wissbegierig und können einem buchstäblich „Löcher in den Bauch" fragen. Sie sind oft unglaublich anstrengend. Und sie sind Kinder. Wenn sie in ihrem ganzen So-Sein *er*kannt und *aner*kannt werden, kommt ebenso Unglaubliches von ihnen zurück! Ist es nicht das größte Glücksgefühl für Eltern, zu sehen, wie ihr Kind aus dem Gefühl innerer Sicherheit und voller Selbstvertrauen sein Leben meistert?

Mit diesem Buch möchte ich Ihnen Wissen vermitteln – Wissen, mit dessen Hilfe Sie einen Zugang zum tieferen Verständnis von Hochbegabung gewinnen können und das Ihnen neue Möglichkeiten bietet, mit der Persönlichkeit Ihres Kindes und auch mit Ihrer eigenen in Zukunft anders – und sicher besser – umzugehen. Mit einer konkreten „Gebrauchsanleitung" für hochbegabte Kinder und Erwachsene kann ich Ihnen allerdings nicht dienen. Dazu sind Hochbegabte (wie „normalbegabte" Menschen auch!) individuell einfach zu unterschiedlich. Aus demselben Grund kann ich Ihnen in diesem Buch auch keine konkreten Ratschläge geben, wie Sie sich in bestimmten individuellen Situationen verhalten, was Sie sagen oder tun sollen. Aber ich kann Ihnen Türen öffnen, damit Sie den Raum dahinter auf eigene Faust neugierig, freudig und in Erwartung positiver Entwicklungen erforschen können. Ich wünsche Ihnen, auch und vor allem im Hinblick auf Ihre Kinder, viele neue, positive Erkenntnisse und Lebenserfolge mit diesem Buch!

Nottuln, im März 2018

Einführung

Wie bei allen anderen Lebewesen gibt es auch bei uns Menschen Begabte, weniger Begabte und höher Begabte. Tiere nehmen diesen Sachverhalt instinktiv hin, und jedes Mitglied einer Population hat den Platz, der seinen Fähigkeiten und Möglichkeiten entspricht. Genau dort ist das jeweilige Tier richtig und wichtig für die gesamte Population.

Ich würde mir dasselbe auch für uns Menschen wünschen, doch ist das für uns nicht so leicht umsetzbar. Wir Menschen brauchen Regeln und Normen. Sie vermitteln uns Orientierung, sorgen für eine gewisse Überschaubarkeit unserer Welt und gewährleisten grundsätzlich ein weitestgehend konfliktarmes Miteinander. Wir haben uns für nahezu jeden Lebensbereich Regeln und Normen erschaffen, so auch für den Umgang mit der menschlichen Begabung, und das ist im Prinzip gut und richtig. Denn wenn sich die Begabung eines Menschen einschätzen und bestimmen lässt, kann sie zum Nutzen der Gesellschaft (der „Population Mensch") eingesetzt werden, wenn der betreffende Mensch seine Begabung(en) ausleben kann, will und darf.

Doch was ist „Begabung" eigentlich genau? Was beinhaltet sie und wie wird sie definiert? Das Verständnis dieses Begriffs, also das, was jeder hineininterpretiert, umfasst ein breites Spektrum, wobei die Ansichten mitunter weit auseinandergehen. Ich schaue also zunächst einmal nach der Herkunft des Wortes und stelle fest, dass sich „Begabung" von „Gabe", „Gegebenes" oder auch „Geschenk" (engl. *gift*) herleitet. Das deutet darauf hin, dass es sich um etwas Angeborenes handeln muss, denn ein Geschenk erwirbt man ja nicht, man „verdient" es sich nicht, man bekommt es einfach – ohne Gegenleistung. Jeder Mensch wird mit Begabungen unterschiedlichster Art und unterschiedlichster Ausprägungen geboren. Der eine hat viel von dem einen und weniger von dem anderen, und beim nächsten ist es genau umgekehrt. Wie viel wovon wir mit auf den Weg bekommen, können wir uns (leider) nicht aussuchen. Es gibt Menschen mit einer außergewöhnlichen musikalischen Begabung, andere sind mit einem überragenden künstlerischen Talent als Bildhauer, Maler, Schauspieler gesegnet oder schreiben wundervolle Romane und Gedichte, und wieder andere vollbringen unglaublich scheinende sportliche Leistungen. Diese Menschen fallen uns deutlich positiv auf, eben durch ihre außerordentlichen Leistungen, durch etwas, das „außerhalb der Ordnung" steht, weil es nicht jedem von uns „gegeben" ist.

Nur lassen sich diese besonderen, höchst individuellen Fähigkeiten schlecht vergleichen oder gar messen: Wer ist „besser"? Die begnadete Pianistin mit ihren anbetungswürdigen Mozart-Interpretationen oder ihr Kollege, der ebenso fantastisch Chopin spielt? Oder vielleicht doch eher die große Geigerin, die ihren Bogen mit unendlicher Virtuosität über die Saiten führt? Ist das Können des Malers mit seinen vollendet im Bild eingefangenen realistischen Darstellungen oder Stillleben höher anzusetzen als das des Bildhauers, dessen einzigartige Skulpturen uns tief in ihren Bann ziehen? Und ist etwa der superschnelle Läufer besser als der unschlagbare Stabhochspringer oder der gleich in mehreren Disziplinen großartige Triathlet? Die Frage stellt sich eigentlich gar nicht, unter anderem deshalb, weil diese besonderen Leistungen etwas sind, woran sich sehr viele Menschen erfreuen können. Sie (be)stehen nebeneinander, ohne mit sich selbst oder auch weniger Talentierten in Konkurrenz zu treten.

Die Existenz außergewöhnlicher Künstler, Musiker und Sportler ist ein uns seit Urzeiten bekanntes Phänomen, und wir finden es völlig normal, dass es sie gibt. Sie werden bestaunt, bewundert, bejubelt – und ihre Begabung, ihr Talent gefördert. Je höher ihre Popularität steigt, desto mehr Unterstützung wird ihnen zuteil.

Aber es gibt auch die Begabten, deren Leistung man nicht so einfach sehen oder als solche erkennen kann. Es sind die schnellen Denker. Die mit der enorm schnellen Auffassungsgabe, mit dem ausgezeichneten Gedächtnis, mit der grandiosen logischen Denk- und Kombinationsfähigkeit oder der beträchtlichen räumlichen Vorstellungskraft, die Menschen mit dem ausgeprägten emotional-sozialen, empathischen Talent. Auch diese Begabungen sind Gaben, Geschenke, und werden von der Gemeinschaft gebraucht. Übrigens: Viele mit einem großen musischen, künstlerischen oder sportlichen Talent begabte Menschen verfügen auch über diese Fähigkeiten.

Heute sprechen wir eher von „Begabungen" oder auch „Talenten", wenn ein Mensch in einem bestimmten Bereich besonders gute, das heißt außerordentliche, Leistungen vollbringt. Äußerungen wie „Sie ist sehr begabt am Klavier" oder „Er hat ein großes Talent für …" zeigen dies sehr deutlich. Oft hört man auch Bemerkungen wie „Sie/er ist musikalisch/sportlich/mathematisch hochbegabt." Hier werden viele Begriffe in einen Topf geworfen, und alle stehen in Verbindung mit einer sinnlich wahrnehmbaren, in der Regel mit einer *sichtbaren* Leistung. Dementsprechend hat sich in den Köpfen der meisten „normalbegabten" Menschen die Vorstellung festgesetzt, dass eine Begabung, ein Talent und auch eine sogenannte Hochbegabung immer *sichtbar* sein müssten. Andersherum wird der berühmte Schuh daraus: Wenn etwas nicht sichtbar ist, *kann* dahinter keine Begabung, kein Talent, keine Hochbegabung stecken. Dieses Bild ist unvollständig, wenn nicht gar völlig falsch. Nicht jeder, der besondere Leistungen in einem oder mehreren Bereichen vollbringt, ist auch hochbegabt, und nicht jeder Hochbegabte vollbringt besondere Leistungen. (Auf diesen etwas schwierigeren Aspekt werde ich ab S. 239 näher eingehen.)

Bereits seit über 100 Jahren beschäftigen sich Menschen intensiv mit dem Thema Hochbegabung, sind bemüht, sie aufzuspüren und zu erfahren, wie sie zustande kommt, unter welchen (gegebenen) Bedingungen sie sichtbar wird, ob und wie man sie messen kann und vieles andere mehr. Um das Phänomen Begabung leichter fassbar und das Thema insgesamt überschaubar zu machen, hat man auch hier Regeln und Normen eingeführt, die üblicherweise von der Allgemeinheit akzeptiert werden. Ich spreche hier von der Intelligenz. Die Bezeichnung geht auf das lateinische Wort *intellegere* für „wahrnehmen", „auffassen", „begreifen", „verstehen" zurück. Wir beschreiben Intelligenz heute als „allgemeine kognitive Leistungsfähigkeit", die alle Menschen besitzen. Und genauso, wie alle Menschen mit unterschiedlichen und unterschiedlich ausgeprägten Begabungen auf die Welt kommen, werden sie auch mit unterschiedlich ausgeprägter Intelligenz geboren. Diese Intelligenz ist messbar. Das für diesen Zweck entwickelte

Messinstrument ist der Intelligenztest, kurz „IQ-Test". Bei diesem Test wird der Intelligenz*quotient* ermittelt – er stellt, vereinfacht ausgedrückt, die Höhe der in diesem Test erbrachten Leistung im Verhältnis zum Lebensalter der getesteten Person dar. Man kann also sagen, dass intelligentere Menschen ihrem Alter *kognitiv* voraus sind. Der erste Intelligenztest wurde bereits 1905 entwickelt, im Lauf der Zeit folgten weitere. Natürlich sind diese Tests und auch die Verfahren über die Jahre mehrfach modifiziert worden. Der Grundgedanke allerdings hat sich bis heute nicht geändert, und der Erfolg dieses Verfahrens gibt dem recht.

Bei der Einordnung der in dem Test ermittelten Zahlen hilft uns die Normskala, die mithilfe der Gauß'schen Glockenkurve dargestellt wird:

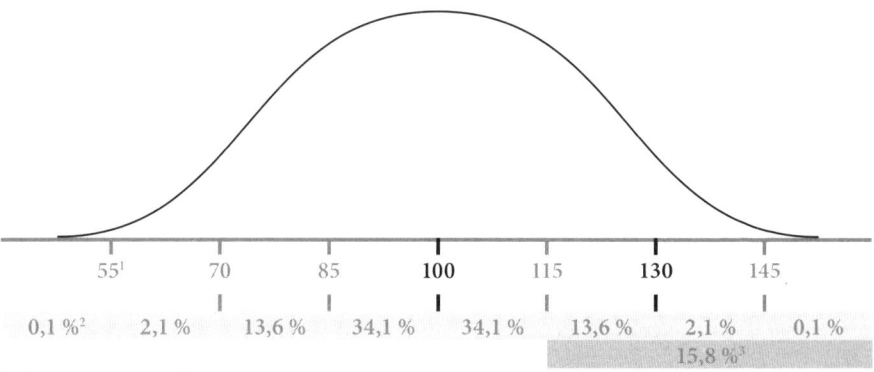

^{1} IQ-Werte von 55 bis 145
^{2} Anteil der Bevölkerung in Prozent
^{3} kumulierter Anteil in der Bevölkerung ab einem IQ von 115

Abbildung 1: Normalverteilung der Intelligenz in der Bevölkerung mit einem Mittelwert von einem IQ = 100 und einer Standardabweichung von 15.

Hier in Deutschland wird ein Normwert, das heißt ein „normaler" mittlerer IQ von 100, zugrunde gelegt. Wie die Kurve zeigt, weisen die meisten Menschen einen IQ-Wert zwischen 85 und 115 Punkten auf. Die Anzahl der Menschen mit IQ-Werten darunter wie auch darüber repräsentiert nur einen verhältnismäßig kleinen Teil der Bevölkerung (jeweils knapp 16 Prozent). Deshalb ist beispielsweise auch unser Schulsystem an der großen Menge in der

Mitte der Kurve, den Menschen mit einem IQ zwischen 85 und 115, ausgerichtet. Das muss auch so sein, denn natürlich sollen unsere Kinder den schulischen Anforderungen gewachsen sein. Dass die insgesamt knapp 16 Prozent auf der linken Seite der Normskala, die Menschen mit einem IQ unter 85, in ihrer Schullaufbahn eventuell Hilfe brauchen, ist allen durchaus bewusst. Diese Menschen benötigen und bekommen Unterstützung, weil sie mit den „normalen" kognitiven Anforderungen überfordert sind. Und über ihre möglicherweise von der Norm abweichenden Emotionen und Verhaltensweisen wundert sich auch niemand weiter. Ganz im Gegenteil: Die Betreffenden erhalten auch in diesen Bereichen relativ selbstverständlich liebevolle Unterstützung – das ist unerlässlich und steht an dieser Stelle natürlich auch gar nicht zur Debatte.

Mir geht es hier um etwas anderes: um die 16 Prozent der Bevölkerung auf der rechten Seite dieser Skala, denn für sie sind solche Rücksichtnahme und Fürsorge seitens der Gesellschaft bedauerlicherweise keineswegs selbstverständlich. Im Gegenteil: Es herrscht immer noch die Meinung vor, dass intelligentere Menschen alles, was unterhalb des Maximums ihrer Fähigkeiten liegt, leicht und problemlos meistern (können) müssten. Diese Ansicht ist absolut verfehlt, denn höher und hoch Begabte sind – vor allem in der Schule – permanent unterfordert, was genau dieselben Symptome (und weitere) hervorrufen kann wie eine permanente Überforderung! Außerdem beschränkt sich das Intelligenz-Verständnis dieser Normskala nicht auf die rein kognitiven Fähigkeiten, obwohl damit ja nur sie und ausschließlich sie dargestellt werden. Stattdessen wird die Normskala auf das Denken, Fühlen und Verhalten der Menschen ausgeweitet. Aber nicht im selben Sinn wie bei Menschen mit unterdurchschnittlicher Intelligenz, bei denen man „versteht", dass sie *anders* fühlen und sich *anders* verhalten. Vielmehr wird – unzulässigerweise – davon ausgegangen, dass überdurchschnittlich Intelligente sich in ihrem Fühlen (Emotionen) und Verhalten ebenfalls entsprechend (hoch)begabt zeigen müssten, also auch sozio-emotional ihrem Alter voraus sein müssten. Das bedeutet an dieser Stelle allerdings, dass sie ihrem Alter *aus der Sicht einer normalen Intelligenz* voraus sein sollten, das heißt, sie sollten sich wie *ältere Normalbegabte* verhalten und sollten mit ihren Emotionen auch bereits wie *ältere Normalbegabte* umgehen können. Diese Gedankenkonstruktion hat einen entscheidenden Fehler: Sie geht von einer falschen Voraussetzung aus! Um den (hoch)begabten Kindern (und Erwachsenen) gerecht zu werden, müsste man (endlich) zu der Erkenntnis gelangen, dass überdurchschnittlich und Hochbegabte in ihrem Fühlen und Verhalten ebenfalls *anders* sind als Normalbegabte. Doch dem ist bisher nicht so, und aus diesem Unverständnis beziehungsweise dieser Fehlinterpretation heraus fällt im Zusammenhang mit (hoch)begabten Kindern häufig der Begriff „asynchrone Entwicklung". Dieser Begriff, den die Begabungsforschung in der Tat verwendet, bezieht (und beschränkt) sich im Verständnis der breiteren Öffentlichkeit jedoch vielfach allein auf das sozio-emotionale Verhalten der Kinder, er soll also ausdrücken, das betreffende Kind sei in seinem Sozialverhalten „noch nicht so weit" oder gar „zurückgeblieben". Auch das ist falsch, denn dabei wird die Situation – vor allem der hochbegabten *Kinder* – völlig verkannt. Für die rechte Seite der IQ-Kurve gelten also nicht dieselben Erkenntnisse und Auffassungen wie für die linke Seite, weshalb sich die Förderangebote logischerweise weitgehend auf die kognitiven Fähigkeiten beschränken.

Den meisten Menschen erschließt es sich nicht, dass und weshalb „schlaue" Mitmenschen Hilfe benötigen könnten. Dabei ist es ganz einfach: (Hoch)Begabte befinden sich ebenfalls außerhalb des Normbereichs! Und dieser Normbereich bleibt für diese Kinder in vielen Fällen, allen Anpassungsbemühungen zum Trotz, immer wieder ein großes Mysterium, bis sie – oder ihre Eltern – ihre Hochbegabung erkennen und zu verstehen beginnen.

Auch sehr viele Eltern teilen die Auffassung, Hochbegabung beschränke sich allein auf den kognitiven intellektuellen Anteil, und stehen deshalb auffälligem Verhalten ihrer Kinder im sozio-emotionalen Bereich oftmals hilflos und verwirrt gegenüber. Die Frage „Unser Klaus ist doch so schlau, warum verhält er sich dann so?" bringt das Problem ganz gut auf den Punkt. Leider machen Gespräche der Eltern mit Erziehern und/oder Lehrern ihrer Kinder, in denen ihnen häufig zu Therapien geraten und sie mitunter gar dazu genötigt (!) werden, die Situation nicht besser und ihnen das Leben nicht leichter. Ganz im Gegenteil: Die Eltern werden dadurch noch unsicherer, und dies beeinflusst die Beziehung zu ihrem Kind ganz bestimmt nicht positiv. Auf der anderen Seite gibt es Eltern, die ihr Kind (in bester Absicht!) zu Hochleistungen antreiben wollen, eben weil es doch wohl ein großes Potenzial hat, oder – schlimmer noch – weil sie glauben, eine hohe Intelligenz sei erlernbar, also eine Frage von Fleiß und Durchhaltevermögen, und das Kind sollte sie zu seinem eigenen Vorteil nutzen. Auch das ist durchaus verständlich, doch hat eine solche Einstellung in vielen Fällen eher negative Auswirkungen auf die Psyche der Kinder und damit auf ihr Lebensglück. Dies geschieht insbesondere dann, wenn ein bisher nur vermutetes großes Potenzial in Wahrheit gar nicht vorhanden ist und die bedauernswerten Kinder ständig überfordert werden. Und dann gibt es Eltern, die „nicht wollen", dass ihr Kind hochbegabt ist, oder eine Beschäftigung mit diesem Thema für unwichtig halten und daher die Tatsache oder die Vermutung der Hochbegabung ignorieren. Sie befürchten, ihr Kind könnte mit seiner Hochbegabung hausieren gehen und dieses Wissen für seine Zwecke einsetzen, sein Bewusstsein der Hochbegabung könnte es von seinem Umfeld entfremden oder die Tatsache der Hochbegabung könnte zur Ausgrenzung ihres Kindes durch andere führen. Auch eine solche Haltung schadet den Seelen der betroffenen Kinder häufig, weil sie faktisch nun mal *anders sind*. Unabhängig davon, ob dieser Sachverhalt erwünscht ist oder nicht.

Natürlich gibt es immer noch viele – auch als solche unerkannte – begabte Kinder und Erwachsene, die keinerlei Probleme mit ihrer Begabung haben und ein zufriedenes Leben führen.

Glaubt man ausschließlich den (teilweise veralteten) Forschungsergebnissen bezüglich qualitativer Unterschiede und entsprechender Probleme, dann sind angeblich sogar die allermeisten (Hoch)Begabten unauffällig und zufrieden mit sich und der Welt. Laut Studien sollen sich hochbegabte Kinder nur wenig und ausschließlich durch ihre kognitiven Leistungen von „nicht hochbegabten" unterscheiden, im Allgemeinen eine sehr gute Sozialkompetenz haben, weniger ängstlich sein und nicht mehr zu auffälligem Verhalten oder psychischen Störungen neigen als normalbegabte Kinder. Im krassen Gegensatz zu diesen Ergebnissen stehen jedoch der starke Anstieg der Zahl von Beratungsstellen für Hochbegabte wie auch der rege Zulauf bei entsprechenden Gruppen der Social-Media-Plattformen im Internet – sowohl für hochbegabte Erwachsene als auch für Eltern (hoch)begabter Kinder. Warum wird immer mehr Beratung und Unterstützung nachgefragt, wenn Hochbegabte doch keinerlei oder nur unwesentliche Schwierigkeiten haben? Wie der Alltag zeigt, wächst die Zahl der Problemfälle rasant an, und das hat viele Gründe, die sicher in dem drastischen Wandel in nahezu allen Bereichen unseres Lebens während der letzten etwa fünfzig Jahre und vor allem in den letzten beiden Jahrzehnten zu suchen sind.[1] Ein weiterer wesentlicher Grund mag sein, dass vor dem Internetzeitalter die weit überwiegende Anzahl hochbegabter Kinder in Akademikerhaushalten „entdeckt" wurde, wo sie in der Regel ein entsprechend förderliches Umfeld hatten, was den (objektiven) Aussagewert solcher Studien hinsichtlich Verallgemeinerungen doch deutlich reduziert. Auch die Anzahl der Befragten spielt hierbei eine wichtige Rolle: Wenn in Deutschland eine Studie mit 50 hochbegabten Probanden durchgeführt wird, können die Ergebnisse kaum auf die fast zwei Millionen Hochbegabten allein in unserem Land übertragen werden und die überdurchschnittlich Begabten sind hier noch nicht berücksichtigt. Doch unabhängig von der problematischen Verallgemeinerung von Studienergebnissen ist es immer eine Herausforderung, Kinder auf einen möglichst guten Weg ins Leben zu bringen und sie dabei zu begleiten. Bei begabten Kindern ist es oft auch eine Gratwanderung. Hier sind die Eltern echt gefordert: Sie brauchen Wissen über Hochbegabung, viel Geduld, Verständnis und eine authentische Kommunikation. Das wichtigste Rüstzeug für diese manchmal schwierige Aufgabe haben jedoch alle Eltern bereits: die Liebe zu ihrem Kind.

Kapitel 1

Was ist Hochbegabung?

Um das Phänomen Hochbegabung ranken sich viele Mythen, und auf deren Grundlage haben sich unterschiedliche Vorurteile gebildet, die sich hartnäckig halten, im positiven wie im negativen Sinn. Wenn man herumfragt, was Hochbegabung sei oder wie man sich einen Hochbegabten vorzustellen habe, bekommt man viele Schlagworte zu hören: Das Spektrum reicht von „Wunderkind" über „Mathematikgenie" bis „Nerd". Das sind Klischees, und die werden nur von den allerwenigsten Hochbegabten bedient. Doch es kursieren auch immer noch etliche Alltagstheorien, gegen die viele Hochbegabte ankämpfen müssen, weil sie dadurch häufig Opfer von Fehleinschätzungen werden.

Diese Alltagstheorien basieren auf Stereotypen, Halbwissen und persönlichen Meinungen. Sie haben ihre Wurzeln meist im Unbewussten und sind deshalb auch nur schwer veränderbar. Eine solche auf unser Thema bezogene Alltagstheorie behauptet zum Beispiel, Hochbegabung müsse sich immer in Form sehr guter bis außergewöhnlicher (Schul-)Leistungen zeigen. Diese Auffassung ist bei Lehrkräften, aber auch bei Eltern und Hochbegabten selbst häufig zu finden. Daneben gibt es Forschungsergebnisse, die sich zwar um Objektivität bemühen, dieses Ziel aber auch nicht immer erreichen. Sie sind von vielen Faktoren abhängig. Über die vorangestellte Hypothese, die Stichprobenauswahl, Vergleichsgruppenauswahl bis hin zur Interpretation der Ergebnisse können sich überall Fehler und persönliche Meinungen einschleichen, die das Endergebnis beeinflussen und keinen Vergleich mit anderen Studien ermöglichen. Unterschiedliche Studienergebnisse zusammenzufassen und auf dieser Basis zu behaupten, es sei so *und* so *und* so, ist deshalb auch nicht unbedingt sinnvoll, insbesondere dann nicht, wenn es um menschliches Erleben und Verhalten geht. Mir erscheint es deshalb ratsam, sich dem Begriff „Hochbegabung" zunächst einmal über den der Intelligenz zu nähern.

Begriffsbestimmung „Intelligenz"

„Intelligenz" ist ein abstrakter Begriff und schwer fassbar. Auch hier gibt uns die Wortherkunft einen Anhaltspunkt: Das Wort „Intelligenz" stammt aus dem Lateinischen und setzt sich zusammen aus *inter*, „zwischen", und *legere*, „lesen", „auslesen", „sammeln", „(aus)wählen". Betrachtet man das Wortfeld des lateinischen Verbums *intellegere*: „wahrnehmen", „verstehen", „begreifen", „auffassen", „sich denken", „Kenntnis haben", bekommt man eine Vorstellung, worum es sich bei Intelligenz handeln könnte. Und tatsächlich wurde und wird dieser Begriff in der Bedeutung von *„mit Sinn und Verstand wahrnehmen, erkennen und verstehen"* verwendet. Auf die Frage „Was ist Intelligenz?" erhält man jedoch nur selten eine konkrete, kurze Antwort, und die Interpretationen von Vertretern der Allgemeinheit fallen auch recht unterschiedlich aus.

Zwar haben sich schon seit Jahrhunderten Menschen aus unterschiedlichen Perspektiven und unter Vorgabe unterschiedlicher Begriffe mit Fragen nach der Intelligenz beschäftigt, doch kann wohl Sir Francis Galton (1822–1911) als der erste „Intelligenzforscher" gelten. Er interessierte sich besonders für die Erblichkeit unterschiedlicher menschlicher Eigenschaften und konnte anhand von Familienstammbäumen nachweisen, dass nicht nur körperliche Merkmale, sondern auch spezifische Begabungen in einigen Familien gehäuft auftreten. Daraufhin begann er, nach einer Möglichkeit zur Testung der menschlichen Intelligenz zu suchen. Er war davon überzeugt, dass die wesentliche Grundlage von Intelligenz die *Verarbeitung von Wahrnehmungsreizen* ist. Deshalb enthielten seine ersten Entwürfe für Intelligenztests Messungen zur Seh- und Hörschärfe, zu Tiefensehen, Reaktionszeiten und Ähnliches. Er sagte bereits 1883, also vor immerhin 135 Jahren:

„Die einzige Information über äußere Ereignisse, die uns erreicht, scheint den Weg über unsere Sinne zu nehmen; je empfänglicher die Sinne für Unterschiede sind, desto größer ist die Grundlage, auf der unser Urteilsvermögen und unsere Intelligenz agieren können." [2]

Damit war er meiner Auffassung nach bereits nahe an der Wurzel der Entwicklung und Intensität von Intelligenz. Schon der Begründer des theoretischen Sensualismus, der Philosoph John Locke (1632–1704), bezog sich auf einen bekannten Satz des Thomas von Aquin (1225–1274): *„Nichts ist im Verstand, was nicht vorher in den Sinnen war.“* Mit den „Sinnen" ist hier die Wahrnehmung über unsere fünf Sinne gemeint, heute auch als „neurophysiologische Reize" bezeichnet. Dieser erste Schritt zur (kognitiven) Intelligenz – unabhängig davon, wie hoch ihr Messwert ausfällt –, nämlich unsere Wahrnehmung oder Wahrnehmungsfähigkeit („Input"), ist seither ein wenig aus dem Fokus der Betrachtung geraten.

In der Fachwelt bemüht man sich spätestens seit Galton um eine konkrete Definition von Intelligenz, und zwar eine, die sich auf den *sichtbaren* Teil („Output") bezieht. Dabei haben sich die verschiedenen Forscher bis heute einander weitestgehend angenähert. Ich möchte Ihnen hier gern einige Zitate von namhaften Wissenschaftlern präsentieren, die zeigen, wie unterschiedlich die Auffassungen sind, wenn es darum geht, Intelligenz zu erkennen, *zu sehen,* die aber gerade deshalb beleuchten, wie komplex unser „Untersuchungsgegenstand" ist:

Der Psychologe **William Stern** schrieb bereits 1912:
„Intelligenz ist die allgemeine Fähigkeit eines Individuums, sein Denken bewusst auf neue Forderungen einzustellen; sie ist die allgemeine geistige Anpassungsfähigkeit an neue Aufgaben und Bedingungen des Lebens beziehungsweise die Fähigkeit, sich unter zweckmäßiger Verfügung über Denkmittel auf neue Forderungen einzustellen.“ [3]

David Wechsler beschäftigte sich als Psychologe mit der Messung von Intelligenz. 1944 beschrieb er Intelligenz wie folgt:
„Intelligenz ist die zusammengefasste oder globale Kapazität des Individuums, zweckvoll zu handeln, rational zu denken und sich effektiv mit seiner Umwelt auseinanderzusetzen.“ [4]

Die Bildungspsychologin **Linda Gottfredson** formulierte es 1997 so:

„Intelligenz ist eine sehr allgemeine geistige Kapazität, die – unter anderem – die Fähigkeit zum schlussfolgernden Denken, zum Planen, zur Problemlösung, zum abstrakten Denken, zum Verständnis komplexer Ideen, zum schnellen Lernen und zum Lernen aus Erfahrung umfasst.

Es ist nicht reines Bücherwissen, keine enge akademische Spezialbegabung, keine Testerfahrung. Vielmehr reflektiert Intelligenz ein breiteres und tieferes Vermögen, unsere Umwelt zu verstehen, ‚zu kapieren‘, ‚Sinn in Dingen zu erkennen‘ oder ‚herauszubekommen‘, was zu tun ist." [5]

Diese Definition wurde übrigens von 52 Fachkollegen unterschrieben und gilt als wissenschaftliche Mehrheitsmeinung.[6] Ihre Akzeptanz wird in den folgenden beiden Definitionen sichtbar:

Detlef Rost, ein führender Psychologe in der Begabungsforschung, definiert Hochbegabung, also einen gemessenen IQ von mindestens 130, folgendermaßen:

„Hochbegabt ist, wer sich schnell und effektiv Wissen über Sachverhalte und Problemlösungsstrategien aneignen kann, dieses Wissen in unterschiedlichen Situationen für unterschiedliche Problemlösungen effektiv nutzt, rasch aus seinen dabei gemachten Erfahrungen lernt und erkennt, auf welche neuen Situationen bzw. Probleme er seine gewonnenen Erkenntnisse übertragen kann und auf welche nicht." [7]

Im psychologischen Wörterbuch findet sich folgende Definition von Intelligenz:

„Intelligenz ist die Fähigkeit, sich in neuen Situationen aufgrund von Einsichten zurechtzufinden oder Aufgaben mithilfe des Denkens zu lösen, ohne dass hierfür die Erfahrung, sondern vielmehr die Erfassung von Beziehungen das Wesentliche ist." [8]

Aljoscha Neubauer, Professor für Differentielle und Persönlichkeitspsychologie, sagt:

„Intelligenz ist Lernfähigkeit. Intelligentere lernen schneller, können Wissen flexibler einsetzen, können besser abstrakte Konzepte verstehen." [9]

Wir sehen also, dass die genannten Experten in ihren Definitionen von Intelligenz keine konkreten Aussagen über Fähigkeiten in bestimmten Bereichen vornehmen, sondern bereichsunabhängige, übergeordnete Fähigkeiten beschreiben. Sie sind natürlich individuell interpretierbar, dennoch besagen sie in etwa dasselbe: Es handelt sich um eine nicht übliche Denkweise, eine nicht übliche Aufnahme- und Verarbeitungskapazität von Informationen (Informationen sind immer auch Sinnesreize!) und eine nicht übliche Umsetzung der Resultate, die das Gehirn aufgrund seiner Arbeitsweise vornimmt. Dabei sind sämtliche Aussagen bewusst sehr allgemein gehalten, eben weil sich Intelligenz und damit auch Hochbegabung, die untrennbar mit Intelligenz verknüpft ist, nicht auf bestimmte Interessen oder Lebensbereiche einschränken lässt.

Galton machte sich also Gedanken über den notwendigen, unsichtbaren *Input* für die Entstehung und Entwicklung hoher Intelligenz und über die Möglichkeiten, diesen Input zu messen. Alle weiterführenden Definitionen beschäftigen sich mit der neuronalen Verarbeitung im Gehirn *bereits vorhandener Informationen,* also *nach* dem Input, und Beschreibungen eines möglichen *Output,* an dem man Intelligenz erkennen kann.

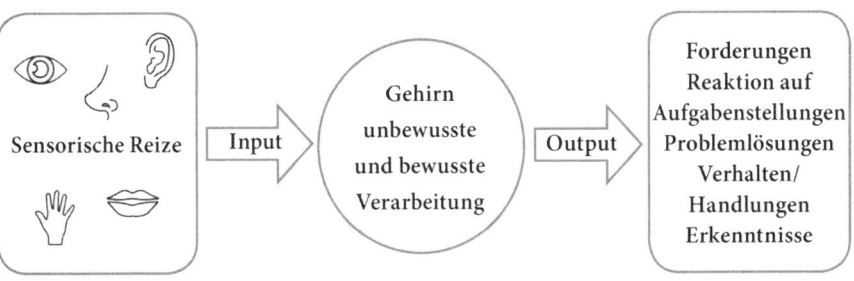

Abbildung 2: Die Verarbeitung sensorischer Reize im Gehirn und der daraus resultierende Output

Der Begriff „Hochbegabung" wurde erst 1963 von dem Psychologen und Begabungsforscher Prof. Dr. Franz-Josef Mönks für einen Intelligenzquotienten ab 130 eingeführt. In dieser Form verstanden sagt der Begriff also lediglich aus, dass bei einem Menschen ein IQ von 130 oder mehr gemessen wurde. Das heißt im Klartext: Es wurde mit der jeweiligen Person ein aktuell zugelassener IQ-Test durchgeführt, der dieses Ergebnis erbrachte. *Mehr nicht!*

Zur Festlegung des Grenzwerts auf 130 IQ-Punkte kam es bereits drei Jahrzehnte früher mit der Begründung, dass „zwei Standardabweichungen als hinreichend überdurchschnittlich gelten" könnten. Dazu Dr. Tanja Baudson in der Vereinszeitschrift des Hochbegabtenvereins Mensa e. V.: *„Das gängige 130er-Kriterium ergibt sich somit rein statistisch: Zwei Standardabweichungen über dem Mittelwert gelten als hinreichend überdurchschnittlich, sodass man von Hochbegabung sprechen kann."* [10]

Mit dem Begriff „Hochbegabung" wird also lediglich der äußere rechte Teil der IQ-Kurve erfasst, er bildet sozusagen ein Synonym für 130 und mehr IQ-Punkte.

Mir ist es wichtig, dies so deutlich zu betonen, weil die Festsetzung des 130-IQ-Punkte-Schwellenwerts und auch der später daraus abgeleitete Begriff „Hochbegabung" nicht das Geringste zu tun hat mit den außergewöhnlichen Eigenschaften, mit den Persönlichkeitsmerkmalen, die Hochbegabte aufweisen. Er ist *inhaltlich* schlicht nicht zu begründen, er stellt eine reine Quantifikation, also eine „Mengenangabe", dar. Dennoch hält sich hartnäckig die Auffassung, dass dieser Grenzwert maßgeblich sei und es sich bei Menschen mit darunterliegenden Werten nicht um Hochbegabte handeln könne. Doch hier wird Quantität mit Qualität gleichgesetzt, und das ist nicht nur unzulässig, sondern leider auch für viele Menschen fatal. Die weit überdurchschnittlich Begabten mit einem IQ von 115 bis 129, manchmal auch „besonders Begabte" genannt, gehören in diesem Modell nirgendwohin, sie finden sozusagen keine „geistig-emotionale Heimat". Rein statistisch gesehen zählen sie weder zu den Hochbegabten noch zu den Normalbegabten. Aus dieser Perspektive sind sie schlicht nicht existent. Bei der Interpretation von Verhaltensweisen werden sie dann allerdings den Normalbegabten zugeordnet.

Sehr oft höre und lese ich Aussagen dieser Art: „Mein Kind ist nicht hochbegabt. Bei ihm wurde „nur" ein IQ von 128 (124, 116 …) gemessen. Deshalb werde ich die Gründe für sein (störendes) Verhalten woanders suchen (müssen)." Daraufhin bekommt das Kind nicht selten eine durchaus fragwürdige Krankheitsdiagnose und dementsprechende Therapien mit sehr fraglichen Erfolgschancen verordnet. Folgendes Ereignis ist leider keineswegs ein Einzelfall, ganz im Gegenteil:

„Der Kinderarzt hat meinen sechsjährigen Sohn mit IQ 129 getestet und sagte, damit gehöre er nicht zu den Hochbegabten. Jetzt hat Peter die Diagnose ‚Autismus'." Ich will damit nicht sagen, dass die Diagnose zwingend falsch sein muss, obwohl dies bei der Haltung des Kinderarztes gut möglich wäre. Doch wie wäre die Geschichte wohl verlaufen, wenn der Kinderarzt den Jungen als hochbegabt erkannt hätte? Auch von Erwachsenen höre ich viele derartige Aussagen: „Ich bin nicht hochbegabt, mein IQ liegt nur bei 118 (120, 122 …). Also werde ich einen Psychologen konsultieren, um zu erfahren, was mit mir nicht stimmt." Und auch hier folgen häufig fragwürdige Diagnosen und daran anschließend ebenso fragwürdige Therapien mit sehr fraglichem Erfolg.

Eine solche Vorgehensweise wird aber hochbegabten Menschen allgemein und vor allem hochbegabten Kindern (!) keinesfalls gerecht. Die Eigenschaften einer Persönlichkeit, also qualitative Merkmale (und damit heute leider oft auch Probleme), schalten sich nicht plötzlich ein oder aus – und erst recht nicht bei einem rein quantitativen und obendrein noch willkürlich festgelegten Wert! Deshalb muss man bei überdurchschnittlichen IQ-Werten (etwa ab einem IQ von 115) auch immer die qualitativen Eigenschaften des betreffenden Kindes oder Erwachsenen betrachten und miteinbeziehen. Leider geschieht das in der Praxis eher selten, mit der Konsequenz, dass überdurchschnittlich Begabte, sowohl Kinder als auch Erwachsene, mit Diagnosen unterschiedlicher „Störungen" oder Krankheitsbilder belegt werden. Das ist völlig absurd! Hier stellt sich die wesentliche und sehr berechtigte Frage:

Wie sähe denn die Situation heute aus, hätte man den IQ-Wert für Hochbegabung in den 1930er-Jahren nicht auf 130, sondern auf 115 festgelegt? An dieser Stelle muss unbedingt zwischen Theorie und Praxis unterschieden werden. Denn neben der Tatsache, dass die außergewöhnlichen Merkmale, die der hochbegabten Persönlichkeit zugeschrieben werden, bereits weit unterhalb eines IQ-Werts von 130 auftreten, hängt das Ergebnis eines oder mehrerer IQ-Tests von vielen Faktoren ab, auf die ich später noch ausführlicher eingehen werde (siehe S. 59). Nach dieser Auffassung oder Interpretation wird Hochbegabung also an dem *vollkommen willkürlich festgelegten quantitativen Wert* eines Intelligenzquotienten festgemacht. Das bedeutet, es wird keinerlei Bezug zu dem jeweiligen Menschen, zu seinen Vorlieben und Abneigungen, seinen Fähigkeiten und Interessen, seinen Gefühlen (Emotionen) und seinem Verhalten hergestellt.

Es gibt in der Tat eine ganze Menge Menschen, die Persönlichkeitsmerkmale begabter Menschen aufweisen. Ob dies nun 2 Prozent, 10 Prozent oder gar 20 Prozent der Bevölkerung sind, spielt dabei eine untergeordnete Rolle. Sie sind eine nach wie vor wenig beachtete und noch dazu verkannte Minderheit. Insbesondere hier in Deutschland bilden sie jedoch das Grundkapital unserer Gesellschaft, denn wir verfügen nicht über nennenswerte Mengen an Bodenschätzen oder sonstige Ressourcen, die uns großartig weiterbringen könnten. Daher sollten wir uns schleunigst auf *dieses lebendige Kapital* des Landes „der Dichter und Denker" rückbesinnen, es wieder *er*kennen und *aner*kennen, sorgsam pflegen und nutzen – zum Wohl der (Hoch)Begabten und damit zum Wohl unserer ganzen Gesellschaft. Denn nur Menschen, die sich gesehen, wertgeschätzt und angenommen fühlen, können sich auf ihre Stärken konzentrieren und sie mit Kraft und Freude in die Gemeinschaft einbringen. Das gilt natürlich für Normalbegabte gleichermaßen wie für Minderbegabte und Hochbegabte!

Wissenschaftliche Intelligenz- und Begabungsmodelle

Analog zu den unterschiedlichen *Definitionen* von Intelligenz existieren auch unterschiedliche Intelligenz- oder Begabungs*modelle,* die sich damit beschäftigen, wie sich die Intelligenz sichtbar machen und in Leistung umsetzen lässt. Im Lauf der Zeit wurden einige dieser Modelle immer wieder modifiziert und eindeutiger differenziert, außerdem kamen einige neue hinzu. Die Modelle beschreiben, aus welchen Faktoren sich Hochbegabung zusammensetzt, und manche geben an, welche Faktoren Einfluss haben auf die Entwicklung von (Hoch)Leistungen, also auf das *Sichtbarwerden* von Intelligenz. Diese beschreibenden Modelle zeigen daher auch auf, in welchen Bereichen mit „Symptomen" einer hohen Intelligenz zu rechnen ist. Die dort genannten Faktoren haben natürlich bei allen Menschen Einfluss auf ihren Lernerfolg und ihr Leben, bei Hochbegabten – und vor allem bei hochbegabten Kindern – aber in besonderem Maß. Die Modelle dienen jedoch nicht primär dazu, die Frage zu klären, wie Intelligenz als Veranlagung zustande kommt, sondern lediglich dazu herauszufinden, woran man Hochbegabung bei einem Menschen erkennen und wie sie ihn zu Leistung führen kann oder wodurch er möglicherweise daran gehindert wird, seine Hochbegabung zum Erbringen von Leistung einzusetzen.

In der Entwicklungsgeschichte der Intelligenz- und Begabungsforschung existieren viele solche Modelle. Manche unterscheiden sich beträchtlich und können sogar gegensätzlich erscheinen, andere ähneln einander stark. Das resultiert zum einen aus der zeitlichen Entwicklung – ältere Modelle sind in neuere miteingeflossen –, zum anderen herrschen – wie in allen Disziplinen der Psychologie – auch in der Begabungsforschung unterschiedliche Auffassungen. So gibt es Modelle, die Begabung nur eine einzige Ursache zugrunde legen (zum Beispiel Intelligenz), und andere, die mehrere Faktoren miteinbeziehen. Auch die Perspektiven, aus der Hochbegabung jeweils betrachtet und definiert wird, sind unterschiedlich: Einige Fachleute betrachten sie als Potenzial (Kompetenzdefinition), andere schauen nur auf die Leistung (Performanzdefinition). Ich führe hier nur ein paar Modelle an – in der chronologischen Abfolge ihrer Entstehung –, um Ihnen einen kleinen Eindruck zu vermitteln, wie unterschiedlich die Auffassungen waren und immer noch sind. Das übrigens nicht zuletzt deshalb, weil die einzelnen Forscher aus verschiedenen Disziplinen stammen und sich folglich auch ihre Herangehensweisen unterscheiden. Weiter skizziere ich noch kurz, wie sich die Modelle im Lauf der Zeit verändert haben. Sie werden dabei sehen, dass einige Modelle heute sogar völlig überholt sind und vielfach trotzdem immer noch Vorurteile und Alltagstheorien darauf aufbauen. Wie meine Erfahrung zeigt, besteht auch aufgrund dessen große Unsicherheit und teilweise auch Verwirrung, sowohl bei Eltern hochbegabter Kinder als auch bei Erwachsenen, die sich mit ihrer eigenen Begabung befassen. Immer wieder begegnet man Aussagen, in denen einzelne Aspekte aus Begabungsmodellen oder Forschungen aufgegriffen werden, die mitunter direkt auf die veraltete Grundlage schließen lassen. Es kommt auch vor, dass einzelne Aussagen ein falsches Gesamtbild suggerieren, weil sie aus dem Zusammenhang gerissen wurden. Hier kann die nähere Beschäftigung mit Begabungsmodellen ein tieferes Verständnis für Hochbegabung bewirken. Ferner dienen diese Begabungsmodelle zum Teil als Grundlage für die Konzeption unterschiedlicher Intelligenztests, weshalb die Beschäftigung damit auch hier zu einem besseren Verständnis führen kann. (Meinen interessierten Leserinnen und Lesern empfehle ich darum an dieser Stelle auch gern die Lektüre von weiterführender Fachliteratur.) Hier nun ein kleiner Ausschnitt aus der Geschichte der Intelligenzforschung:

1904 erhielt der Franzose **Alfred Binet** (1857–1911) den Auftrag, ein Aufnahmeverfahren für Sonderschulen zu entwickeln, den er 1905 in Zusammenarbeit mit Théodore Simon mit dem ersten Intelligenztest („Binet-Simon-Test") erfüllte. Dieser Test gab die mentale Leistungsfähigkeit als „Intelligenzalter" an. Dieses Intelligenzalter sollte aussagen, wie alt das jeweilige Kind „im

Kopf" war. Konnte es Aufgaben lösen, die für ältere Kinder gedacht waren, lag sein Intelligenzalter über dem Lebensalter und umgekehrt. Hier sollen also Entwicklungsunterschiede die Intelligenz abbilden, wobei eine hohe Intelligenz einen *Entwicklungsvorsprung* darstellt. Dieser Intelligenztest war zu Beginn ausschließlich als Schulreifetest speziell für Kinder gedacht.

Ebenfalls im Jahr 1904 schuf **Charles Edward Spearman** (1863–1945) seine *Intelligenztheorie aufgrund seiner Beobachtungen an Menschen bei verschiedenen Leistungstests*. Er stellte fest, dass diejenigen Probanden, die in einem Test gut abschnitten, diese guten Leistungen auch in anderen Tests zeigten. Sehr deutlich erkennbar wurde dies bei Aufgaben, in denen mathematische und verbale Kompetenz gefragt war, sowie bei Aufgaben, die sich an das räumliche Vorstellungsvermögen richteten. Deshalb gelangte Spearman zu der Annahme, dass es eine individuelle, angeborene „Grundintelligenz" geben müsse. Diese „Grundintelligenz" bezeichnete er als „Generalfaktor" oder einfach „g-Faktor". Hier steht also nicht mehr der Entwicklungsvorsprung im Fokus, sondern eine angeborene *Grundintelligenz*. Dazu kamen nach Ansicht des Forschers noch spezifische, voneinander unabhängige Faktoren, die die „Gesamtintelligenz" ausmachten und die er „s-Faktoren" nannte. Spearmans „g-Faktor" ist heute als vererbbarer Anteil der Intelligenz allgemein anerkannt und unbestritten.

Lewis M. Terman (1877–1956) entwickelte 1916 Alfred Binets Intelligenztest zum Stanford-Binet-Test weiter. Dieser Test bildete die Grundlage für die Popularität von IQ-Tests in den Vereinigten Staaten. Anfang der 1920er-Jahre initiierte Terman eine der größten Langzeitstudien in der Geschichte der Psychologie, die „Terman-Studie zur Erforschung der Hochbegabung", mit der er unter anderem beweisen wollte, dass Hochbegabung *angeboren* ist, was ihm auch gelang. Der ebenfalls angestrebte Beweis, dass Hochbegabte auch körperlich und charakterlich „überlegen" seien, glückte ihm allerdings nicht – aus verschiedenen Gründen, hauptsächlich wohl deshalb, weil diese beiden Aspekte von vielen anderen

Faktoren abhängig sind. Auch der berufliche Erfolg und die Lebenszufriedenheit eines Menschen werden nicht in erster Linie durch seine Intelligenz bestimmt – im Leben von Probanden mit identischen IQ-Werten ergaben sich hier große Unterschiede. Den Beweis für seine These konnte Terman also nicht führen, doch es werden hier Überlegungen zu *qualitativen Unterschieden* sichtbar.

Auf **William Stern** (1871–1938) geht zwar kein eigenes Intelligenzmodell zurück, doch da sein Beitrag zur Begabungsforschung bis heute relevant ist, erwähne ich ihn hier. Stern war ein bedeutender deutscher Psychologe und Begründer der Differentiellen Psychologie. Im Lauf seiner Berufsjahre befasste er sich zunehmend mit Fragen der Intelligenzforschung, wobei er vor allem auf die im Wesentlichen von Alfred Binet entwickelten Testverfahren zurückgriff. 1912 schlug Stern eine von Binet abweichende neue Art der Berechnung des Intelligenzgrades eines Kindes vor und prägte dabei den bis heute gültigen Begriff „Intelligenzquotient", der das Verhältnis des Intelligenzalters zum Lebensalter bezeichnet und sich – meist in seiner Kurzform „IQ" – später allgemein durchsetzte.

Raymond **Bernard Cattell** (1905–1998) ging von zwei Intelligenzfaktoren, der fluiden und der kristallinen Intelligenz, aus. Er vertrat die Ansicht, dass die fluide Intelligenz angeboren und nicht durch die Umwelt beeinflussbar sei. Grundsätzlich enthalte sie die folgenden Komponenten: geistige Kapazität, Auffassungsgabe und Verarbeitungsniveau. Die kristalline Intelligenz umfasse alle Fähigkeiten, die erlernt werden. Dabei sei die kristalline von der fluiden Intelligenz abhängig. Die Fähigkeit, zu lernen, Informationen aufzunehmen, basiere ebenfalls auf der fluiden Intelligenz, wohingegen die kristalline Intelligenz stark von Übung und Interesse beeinflusst werde.

„Die kristalline Intelligenz ist gewissermaßen das Endprodukt dessen, was fluide Intelligenz und Bildung gemeinsam hervorgebracht haben." (Cattell). Aus Cattells an dieser Stelle nur grob umrissenen Überlegungen geht die angeborene *Intelligenz als Potenzial* hervor.

Der Ingenieur und Psychologe **Louis Leon Thurstone** (1887–1955) betrachtete die Intelligenz als Zusammensetzung verschiedener Einzelfähigkeiten und beschäftigte sich folglich mit verschiedenen Möglichkeiten, Intelligenz zu erkennen, also mit Mitteln der *Diagnostik.* Er benannte sieben Primärfaktoren, die seiner Ansicht nach die Grundlage der menschlichen Intelligenz bilden. Diese Faktoren seien voneinander unabhängig, gleichberechtigt und *nicht immer alle im gleichen Ausmaß* vorhanden:

- *Rechenfertigkeit:* Erkennen und Verstehen quantitativer Unterschiede
- *Sprachverständnis:* Verständnis für verbale Konzepte wie Synonyme und Antonyme
- *Raumvorstellung:* Orientierung, Erkennen und Verstehen von Beziehungen zwischen Objekten und Teilen und aus einer anderen Perspektive
- *Gedächtnis:* Merkfähigkeit
- *Schlussfolgerndes Denken:* Auffinden einer allgemeinen Regel anhand von Zahlen oder Symbolen und Vorhersage der/des nächstfolgenden
- *Wortflüssigkeit:* Rasches Auffinden von Wörtern nach strukturellen oder symbolischen Vorgaben (so zum Beispiel Wörter mit vier Buchstaben, Wörter mit A)
- *Wahrnehmungsgeschwindigkeit:* Geschwindigkeit beim Vergleich zwischen Unterschieden und Gemeinsamkeiten

Diese Faktoren sind heute in nahezu allen Intelligenztests enthalten.

David Wechsler (1896–1981) half **Edwin Boring** (1886–1968) bei Auswertungen des damals üblichen Army-Alpha-Tests. Nachdem ihm die Schwächen des Tests deutlich geworden waren, entwarf er seine eigene Theorie zur Intelligenz, wobei er ganz klar davon ausging, dass mehrere Faktoren daran beteiligt sind, das heißt, er fasste den Intelligenzbegriff erheblich weiter. Seine Definition ist auf Seite 29 bereits erwähnt. Wechsler entwickelte eigene Intelligenztests, in denen er einen theoretischen Teil mit praktischen Untertests kombinierte. In den USA fanden seine

Tests sehr schnell großen Anklang, und heute sind sie – natürlich inzwischen mehrfach aktualisiert und neu validiert – auch hier in Deutschland gängige und viel verwendete Verfahren zur Messung von Intelligenz.

Die Definition des Intelligenzquotienten als Verhältnis der Testleistung zum Lebensalter (Binet, Stern) ist für Erwachsene nicht sinnvoll. Denn da die Intelligenz, das heißt ihr gemessener Wert, über die Lebenszeit konstant bleibt, würde gemäß dieser Definition der IQ mit steigendem Lebensalter automatisch immer kleiner. Wechsler schlug deshalb 1932 vor, den Intelligenzquotienten in der Form eines Abweichungs-IQ darzustellen, womit er einen wichtigen Beitrag zur Weiterentwicklung des Verfahrens leistete. Dabei wird die Testleistung (also der gemessene Wert) als Abweichung der Intelligenz vom Mittelwert *derselben Altersgruppe* verstanden. Der IQ-Wert eines 40- bis 50-Jährigen ist also genau genommen nur mit den IQ-Werten anderer Menschen dieser Altersgruppe vergleichbar. In allen heute gebräuchlichen Intelligenztests, deren Ergebnis als IQ angegeben wird, ist damit Wechslers Abweichungs-IQ gemeint.

Kazimierz Dabrowski (1902–1980) veröffentlichte in den 1960er-Jahren seine *„Theory of Positive Disintegration“*, eine Theorie zur Persönlichkeitsentwicklung. Er forschte sein ganzes Gelehrtenleben lang an und mit herausragenden Persönlichkeiten und stellte dabei Gemeinsamkeiten fest, die er als *„Overexcitability“* (OE, deutsch etwa „hohe Sensitivität der Sinne“) bezeichnete. Sie beschreiben eine besondere Sensitivität in den fünf Bereichen sensorisch, psychomotorisch, imaginativ, intellektuell und emotional.

Diese Theorie avancierte in den USA schnell zu einer der führenden Lehrmeinungen in der Begabungsforschung sowie -förderung und erfreut sich dort größter Beliebtheit. Hier in Deutschland ist sie leider weniger populär, wenngleich einige ihrer Aspekte auch bei uns in die Betrachtung von Hochbegabung miteinfließen. Ab Seite 97 komme ich ausführlich auf Dabrowski und seine Overexcitability zurück.

Joseph S. Renzulli (*1936) ist einer der führenden Experten in der Begabungsforschung und beschäftigt sich seit den 1970er-Jahren damit, wie die herausragenden Leistungen einiger Menschen zustande kommen. Dazu formulierte er zwei Fragen:

1. Welche Merkmale einer Person sind neben der Intelligenz Voraussetzungen für das Erbringen herausragender Leistungen?

2. Gibt es eine Art *Schwellenwert* der Intelligenz, der für das Erbringen solcher Leistungen notwendig ist?

Zur Beantwortung der ersten Frage analysierte er die Biografien bekannter Personen, die Hochleistungen vollbracht hatten, und stellte fest, dass folgende Merkmale allen Personen gemeinsam waren:

• Alle besaßen überdurchschnittliche Fähigkeiten in ihrem Spezialgebiet.
• Alle waren mit großem Engagement und Fleiß bei ihrer Aufgabe.
• Alle zeigten eine bemerkenswert große Kreativität.

Bei der zweiten Frage unterscheidet Renzulli zwischen herausragenden Leistungen in *Allgemeingebieten* und denen in *Spezialgebieten*. Nach seiner Messlatte sind die besten 15 bis 20 Prozent in der Lage, herausragende Leistungen auf einem bestimmten *Allgemeingebiet* zu erbringen. Überdurchschnittliche Leistungen in den *Spezialgebieten* bedürften seiner Ansicht nicht der überdurchschnittlichen Intelligenz, sondern vielmehr überdurchschnittlicher Fähigkeiten in diesen Bereichen.

Die Auffassung, dass es sich bei den (Hoch)Begabten nicht um die etwa 2,3 Prozent der Menschheit mit einem IQ ab 130 handelt, sondern um die 15 bis 20 Prozent mit einem IQ ab *etwa* 115, ist also keineswegs neu. Hierbei muss man berücksichtigen, dass rein statistisch gesehen – unter Anwendung der Gauß'schen Glockenkurve („Normalverteilung") und der in Deutschland angewendeten Standardabweichung von 15 – etwa 20 Prozent der Bevölkerung einen IQ ab 110 besitzen (siehe S. 20). An dieser Stelle möchte ich unbedingt noch anführen, dass Neubauer und Stern (2013) deutlich darauf hinweisen, dass Kindern mit einem IQ ab 115 dieselbe Förderung zuteilwerden muss wie Kindern mit einem IQ ab 130.[11] Auf der Grundlage dieser Untersuchungen entwickelte Renzulli 1978 das Drei-Ringe-Modell, ein Begabungsmodell, das aufzeigen sollte, auf welche Weise weit überdurchschnittlich hohe Leistungen zustande kommen. Darin ergibt sich für Renzulli die Hochleistung aus der Schnittmenge von hohen intellektuellen Fähigkeiten (Intelligenz), Kreativität und Motivation:

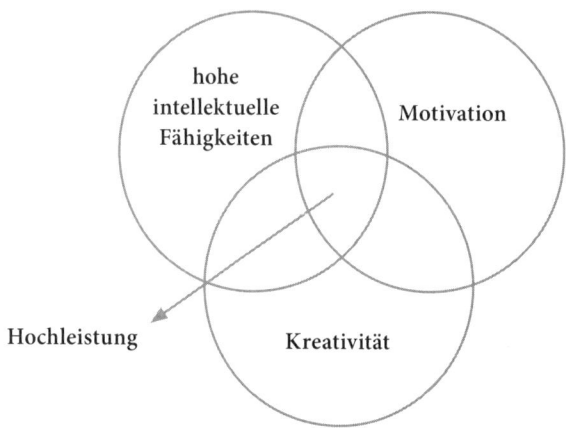

Abbildung 3: Das „Drei-Ringe-Modell" nach Joseph S. Renzulli
(nach einer Vorlage von Ulf Cronenberg)

Dieses Modell zog vielfältige Kritik auf sich, insbesondere deshalb, weil es sehr eng gefasst ist, denn es betrachtet ausschließlich die Person, ohne soziale Interaktionen und ihre Einflüsse zu berücksichtigen, und weil es hier um Hochleistung geht.

Franz-Josef Mönks (*1932) erweiterte dieses Modell 1994 zum „Triadischen Interdependenzmodell", indem er Faktoren aus dem sozialen Umfeld hinzufügte, die ebenfalls Einfluss auf die Entwicklung überdurchschnittlich hoher Leistungen haben: Familie, Freunde und Schule wirken sich auf die drei in den Ringen genannten Leistungsbereiche aus (Abb. 4, S. 43)

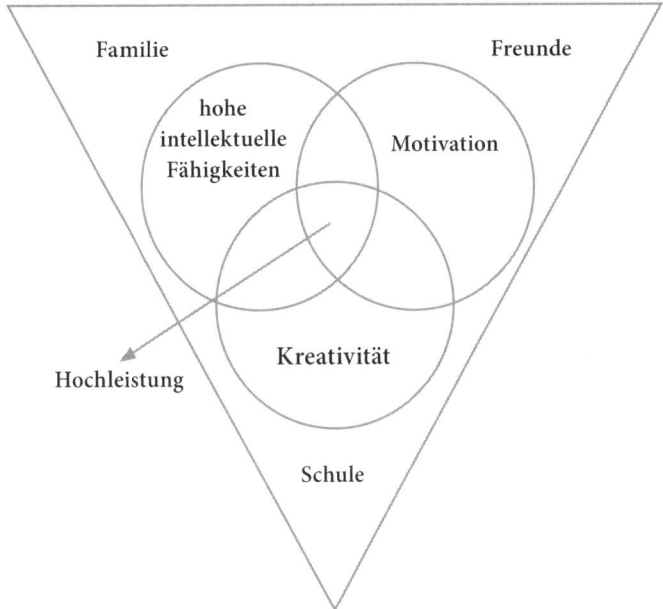

Abbildung 4: Das „Triadische Interdependenzmodell" nach Franz-Josef Mönks
(nach einer Vorlage von Ulf Cronenberg)

Adolf Otto Jäger (1920–2002) fasste im „Berliner Intelligenz-strukturmodell" (BIS) von 1984 alle bis in die 1970er-Jahre beschriebenen Intelligenzaufgaben zusammen. Sie wurden gekürzt und zusätzlich gewichtet, weil er die Auffassung vertrat, es seien zwar alle Aufgaben wichtig, aber eben nicht gleich wichtig.

Das BIS basiert auf drei Grundannahmen:
• An jeder Intelligenzleistung sind neben anderen Bedingungen alle intellektuellen Fähigkeiten beteiligt, allerdings in deutlich unterschiedlichem Ausmaß.
• Intelligenzleistungen lassen sich in zwei Dimensionen aufteilen: unterschiedliche Aufgabeninhalte und unterschiedliche Lösungsmöglichkeiten (Operationen).
• Diesen beiden Dimensionen sind insgesamt sieben Fähigkeiten untergeordnet. Zu den Inhalten gehören räumliches Denken, sprachgebundene und numerische Fähigkeiten. Zu den Operationen zählen die Bearbeitungsgeschwindigkeit, Merkfähigkeit,

schlussfolgerndes Denken und Einfallsreichtum. An der Spitze
dieser Fähigkeitenhierarchie steht die *Allgemeine Intelligenz.*

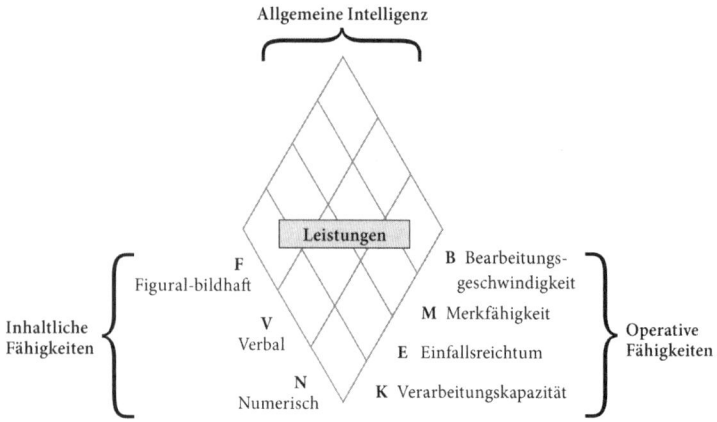

Abbildung 5: Das „Berliner Intelligenzstrukturmodell" (BIS) nach A.O. Jäger

Eine Besonderheit des BIS liegt darin, dass auch in dem dazugehörigen IQ-Test Kreativität (Einfallsreichtum), soweit mit psy-
chometrischen Methoden messbar, unter das „Dach" der Intelligenz einbezogen wurde.

Komponenten der Kreativität sind (ganz allgemein): Gespür
für ein Problem, Fantasie, Originalität und Flexibilität.

Joy Paul Guilford (1897–1987) setzte in einem Vortrag im
Jahr 1950 Kreativität im Wesentlichen mit *divergentem Denken*
(„Querdenken") gleich, was bedeutet, dass ein Mensch offen, un-
systematisch, experimentierfreudig, also spielerisch an Probleme
herangehen und dabei auch unterschiedliche Perspektiven einnehmen kann. Der Begriff „divergent" leitet sich ab vom Lateinischen *divergens* für „auseinanderstrebend", „auseinanderlaufend"
und bildet den Gegensatz zu „konvergent" (lat. *convergens*) für
„zusammenlaufend", was auf den Denkprozess bezogen also ein
„lineares, in geraden Bahnen verlaufendes Denken" bezeichnet.

Robert Sternberg (*1949) entwickelte 1985 – basierend auf Cattells Ansätzen – eine Theorie, wonach die Intelligenz aus drei voneinander abhängigen Aspekten besteht:

- Kontextuelle Intelligenz oder *praktische Intelligenz*: individuell spezifische Fähigkeit, sich mit dem Ziel des Überlebens und der Bedürfnisbefriedigung der kulturbeeinflussten Umwelt anzupassen, sie auszuwählen und, falls möglich, zu verändern.
- Komponentenbezogene oder analytische Intelligenz: universelle, die kontextuelle Intelligenz unterstützende, psychometrisch erfassbare *Aspekte des Wissenserwerbs* (Integration neuer Erfahrungen, Vergleiche, Kombinationen), der Metakognition (Kontrollprozesse bezüglich Planung, Vorgehen, Überprüfung und Schlussfolgerung) und Verarbeitung (Codierung, Zuordnung).
- Kreative Intelligenz (erfahrungsbezogene Intelligenz): mit der analytischen Intelligenz interagierende, *universelle Fähigkeit des Austausches* zwischen *neuen Anforderungen* und *bestehenden Erfahrungen,* automatisierten Denk- und Handlungsabläufen.

John Carroll (1916–2003) entwickelte ein hierarchisch aufgebautes Drei-Schichten-Modell der Intelligenz (1993), in das sich Komponenten der Faktorenmodelle integrieren lassen.

Schicht III bildet dabei die oberste Hierarchiestufe und entspricht der allgemeinen Intelligenz g. Diese allgemeine Intelligenz hat Einfluss auf sämtliche Fähigkeiten der anderen Schichten.

Schicht II entspricht den unterschiedlichen Faktoren der Intelligenz. Diese Schicht ist mehrfach – auch von anderen Forschern – überarbeitet worden, weshalb man hier variierende Angaben findet. Ausgehend von neun Faktoren sind dies:

- Fluide Intelligenz
- Kristalline Intelligenz
- Visuelle Wahrnehmung
- Auditorische Wahrnehmung
- Numerisches, quantitatives Denken
- Kurzzeitgedächtnis

- Langzeitgedächtnis
- Verarbeitungsgeschwindigkeit
- Reaktionszeit

Schicht I umfasst etwa 70 spezifische Intelligenzaufgaben. Diese Theorie floss mit den Theorien von Cattell und John L. Horn zur CHC-(Cattell-Horn-Carroll)-Theorie zusammen, sie liegt vielen aktuellen Intelligenztests zugrunde und genießt seither in der Forschung eine breite Akzeptanz.

Nach Ansicht von **Howard Gardner** (*1943) erscheinen im alltäglichen Verhalten verschiedene Formen von Intelligenz ("multiple Intelligenzen"):
- Sprachliche
- Musikalische
- Logisch-mathematische
- Räumliche
- Körperlich-kinästhetische (Körperwahrnehmung, Bewegungskoordination)
- Interpersonale
- Intrapersonale
- Naturkundliche

Und er vermutet, dass jeder Intelligenz auch ein eigener neuronaler Schaltkreis im Gehirn zugrunde liegt. Diese Theorie ist eine allgemeine Fähigkeitentheorie, die auch den klassischen Intelligenzbereich enthält. Kritiker sehen starke Schwächen in dieser Theorie und bemängeln, dass sie empirisch bisher nicht erfolgreich überprüft werden konnte. Daher wird dieses Modell in der akademischen Intelligenzforschung nicht mehr ernsthaft behandelt, wenngleich in moderneren Begabungsmodellen anscheinend auch Aspekte aus dieser Theorie zu finden sind. Gardner selbst räumte ein, dass viele seiner Annahmen rein spekulativ sind.

Daniel Goleman (*1946), nahm die Bezeichnung "emotionale Intelligenz" auf. Dieser Begriff war bereits seit 1990 bekannt und erlangte durch die Veröffentlichung des Buchs von Goleman (1995) enorme Popularität. Die Theorie der emotionalen Intelligenz beinhaltet die Auffassung der inter- und intrapersonalen Intelligenz von Gardner. Dabei werden vier Fähigkeitsbereiche unterschieden:

- Wahrnehmung von Emotionen bei sich und anderen, emotionale Ausdrucksfähigkeit
- Förderung des Denkens durch Emotionen
- Verstehen und Analysieren von Emotionen
- Regulation (Steuerung) von Emotionen

Nach Goleman ist die emotionale Intelligenz die Grundlage für (den) Lebenserfolg. In vielen Publikationen wird sie als Gegenpart der intellektuellen Intelligenz dargestellt, was seine Ursache sicher in Vorurteilen gegen intellektuell intelligente Menschen hat. Aspekte dieser Theorie sind allerdings schon von anderen Forschern – so unter anderem von Wechsler unter der Bezeichnung „soziale Intelligenz" – begründet worden. Danach bildet die emotionale Intelligenz keinen Gegensatz zur intellektuellen Intelligenz, sondern bestenfalls eine Ergänzung. Bisher entwickelte Testverfahren zur Messung der emotionalen Intelligenz konnten allerdings nicht validiert werden, auch aus diesem Grund findet diese Theorie keine akademische Anerkennung.

Des Weiteren gibt es in der recht umfangreichen Fachliteratur einige zwar argumentativ gestützte, aber nicht empirisch belegte Aussagen, die nicht auf Theorien, sondern auf Erfahrungen beruhen. So haben beispielsweise B. Gallagher, Csíkszentmihályi, Winner, Mähler und Hofmann, Galley und viele weitere Begabungsforscher bei Hochbegabten eine *extreme Sensibilität auf Sinneswahrnehmungen* festgestellt. Csíkszentmihályi postuliert überdies, dass Hochbegabte mitunter *stark gegensätzliche Persönlichkeitsmerkmale in sich vereinen,* wodurch sich das Spektrum ihrer Denk- und Handlungsmöglichkeiten deutlich verbreitert. DeHaan und Havighurst schreiben: *„Intelligenz oder intellektuelle Fähigkeit ist die Grundlage aller anderen Talente* wie denen in den Künsten, bei Führungsfähigkeiten im sozialen Bereich, in der

Wissenschaft und bei mechanischen Fähigkeiten. Es kommt sehr selten vor, dass jemand mit einer hohen künstlerischen Begabung nicht auch über deutlich überdurchschnittliche intellektuelle Fähigkeiten verfügt".[12]

Nach dem allgemeinen Konsens in der Begabungsforschung ist Intelligenz angeboren und wird vererbt. Das ließ sich auch durch vielfältige Studien sehr gut belegen. Die Intelligenz ist also eine Disposition, eine Veranlagung, ein angeborenes Potenzial. Damit Intelligenz zur Entfaltung kommt, bedarf es der Performanz (der Ausführung, der Handlung). Potenzial und Performanz werden zu sichtbarer Leistung. Manchen Menschen behagt das Wort „Leistung" nicht – vor allem Eltern mit Bezug auf ihre Kinder, denn sie bringen es – verständlicherweise – mit negativer Anstrengung, mit Antreiben und Verzicht in Verbindung. So ist Leistung bei Hochbegabten allerdings nicht zu verstehen. Vielmehr möchte ein vorhandenes Potenzial ausgeschöpft werden, und begabte Menschen verspüren diesbezüglich eine hohe intrinsische („von innen kommende") Motivation, ja gar einen inneren Drang, ihr vorhandenes Potenzial auch zu nutzen. Für sie ist das die reine Freude und sie erfahren dadurch eine tiefe Befriedigung. Sie brauchen es für ihre psychische und in der Folge auch für ihre körperliche Gesundheit. Hierbei gilt es allerdings zu beachten, dass viele hochbegabte Kinder nur das wirklich gern und gut lernen (können), was sie auch irgendwie interessiert. Aber welchem Erwachsenen geht es anders? Manche haben sehr vielseitige Interessen, andere nur einige spezielle. Und einigen ist es gleich, was sie lernen, Hauptsache, sie können lernen. Der Begriff „Leistung" ist hier also keinesfalls negativ, sondern ausschließlich positiv zu sehen. Begabte Menschen selbst und somit auch unsere Gesellschaft können nur von ihrem Potenzial profitieren, wenn sie Leistung erbringen – und zwar auf ihren Interessengebieten. Ob es dazu kommt und in welchem Umfang, hängt von zahlreichen Faktoren ab. Einige davon wurden bereits im Modell von Franz-Josef Mönks erwähnt: hohe intellektuelle Fähigkeiten, Kreativität und Motivation, die sich in Abhängigkeit von Familie, Freunden und

Schule unterschiedlich entwickeln können. Diese Faktoren und Abhängigkeiten wurden in anderen Intelligenzmodellen verändert und ergänzt, wodurch diese anschaulicher und leichter verständlich („selbsterklärend") werden.

Ein stark differenziertes und damit sehr eingängiges Modell stammt von **Kurt Heller** (*1931) und **Ernst Hany** (*1958). Hier lassen sich anhand der Pfeile und Verbindungen auch die wechselseitigen Abhängigkeiten und komplexen Auswirkungen gut erkennen:

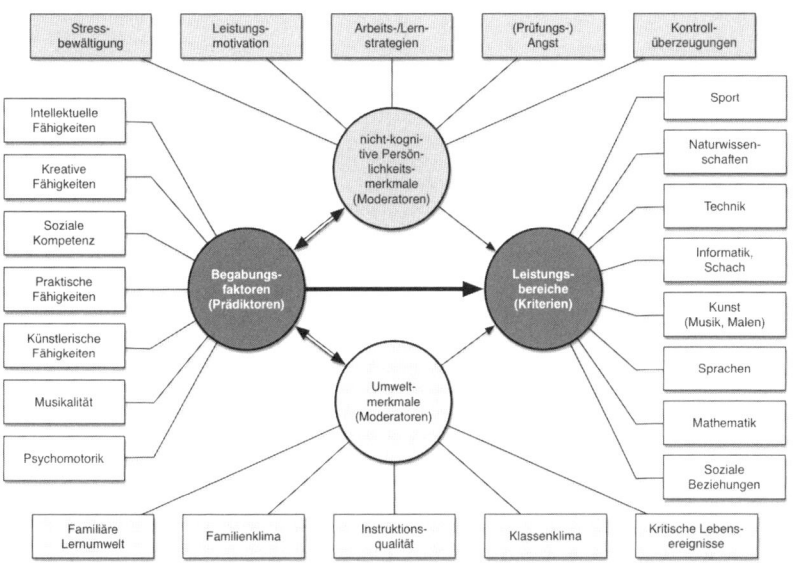

Abbildung 6: Das Münchner Hochbegabungsmodell von Kurt Heller u.a. (2000);
(Grafik: Ulf Cronenberg, Quelle: Heller 2001, S. 24)

In den Kästen auf der rechten Seite stehen die Themenfelder, in denen Begabungen sichtbar werden können. Es handelt sich also keineswegs, wie immer noch vielfach angenommen, nur um Mathematik und Naturwissenschaften, sondern durchaus auch um Bereiche, die allgemein eher selten mit einer kognitiven Hochbegabung in Verbindung gebracht werden. Wir finden hier auch

Sport und Kunst sowie soziale Beziehungen (soziale, emotionale Intelligenz). Diese Erkenntnis ist übrigens nicht neu: Bereits im *Marland Report* (Marland 1972) des US-Kultusministeriums wurden die Bereiche allgemeine intellektuelle Fähigkeit, spezifische akademische (schulische) Eignung, Kreativität und produktives Denken, Führungsfähigkeiten, bildende und darstellende Künste sowie psychomotorische Fähigkeiten aufgeführt. Dazu wurde erklärt, dass Kinder mit potenziellen Fähigkeiten oder gezeigten Leistungen in *irgendeinem* dieser Bereiche miteingeschlossen sind.

Erbringt ein Mensch in einem oder mehreren dieser Bereiche besondere Leistungen, kann das also ein Kriterium für (Hoch)Begabung sein. Diese Leistungen sind abhängig von den Moderatoren Umwelt und nichtkognitive Persönlichkeitsmerkmale, die in der Grafik unten und oben weiter differenziert sind. Diese beiden Moderatoren stehen in Wechselwirkung mit den Begabungsfaktoren und über diese auch miteinander.

Auf der linken Seite sind diejenigen Fähigkeiten aufgelistet, die (Hoch)Begabte in besonderem Maß besitzen können. Wie die Grafik deutlich erkennen lässt, ist Intelligenz, Hochbegabung kein „Selbstläufer". So benötigen vor allem Kinder Unterstützung (Umwelt, unten) und Anleitung (nicht kognitive Persönlichkeitsmerkmale, oben), um ihre angeborenen Fähigkeiten auch entfalten zu können. Begabte Kinder sind äußerst empfindsam, und deshalb kann beispielsweise schon ein nur zeitweise gestörtes Familienklima auch verheerende Folgen auf ihre Leistungen haben, die ja sichtbar gewordene Zeichen ihrer Begabung sind. Diese Wechselbeziehungen bestehen auch mit den nicht kognitiven Moderatoren, in meinem Beispiel insbesondere mit der Stressbewältigung.

Das Münchner Hochbegabungsmodell ist sozusagen eine übersichtliche Darstellung der Erkenntnisse, die bis heute in die Begabungsforschung eingeflossen sind. Man könnte es auch als den derzeitigen „Stand der Wissenschaft" bezeichnen. Doch es lässt sich über die reine Darstellung hinaus auch als recht konkretes diagnostisches Werkzeug nutzen. Einerseits, um eine möglicherweise vorliegende Hochbegabung zu erkennen, und andererseits, um Lösungsansätze für möglicherweise auftretende Probleme zu finden.

Anhand dieser Grafik können Sie sich bestimmt ein gutes Bild davon machen, wie vielfältig die Faktoren in Ihrer Familie, in der Schule, im Freundes- und Bekanntenkreis sind, die Einfluss auf die Performance Ihres Kindes oder Ihre eigene haben (können) – und vor allem, welche es sind! Nutzen Sie diese Einsichten als Inspiration, als Gedankenanstöße und Ideengeber, dann wird es Ihnen gelingen herauszufinden, was getan werden kann, um Ihrem Kind oder Ihnen selbst zu helfen, (wieder) ins Gleichgewicht zu finden. Auf dieser Basis können Sie Pläne machen und geeignete Strategien für dieses Ziel entwickeln.

Mit diesem Modell können Sie aber auch versteckte „Alltagstheorien" aufspüren: Besitzt ein Kind beispielsweise eine musikalische Begabung, die aber über den Moderator „Umwelt" auf ein nicht förderliches familiäres Lernumfeld stößt, das heißt im Klartext, wenn das Kind kein Musikinstrument und keinen Unterricht bekommt, kann sich diese musikalische Begabung gar nicht erst in den Bereich von Leistung hinein entfalten. Möglicherweise wird sie sogar nie entdeckt, und das erscheint auch jedem logisch. Spielt man dieses Beispiel mit der intellektuellen Begabung durch, gilt dieselbe Logik oft nicht mehr. Denn hier greift das Vorurteil, dass Begabte doch „alles von allein können/wissen müssten". Diese Beispiele sind stark abstrahiert, denn natürlich sind immer mehrere Faktoren gleichzeitig an solchen Prozessen beteiligt, weshalb die Anwendung dieses Modells im Alltag nicht immer einfach ist. Dennoch kann es auch dem psychologischen Laien eine große Hilfe bieten.

Lässt ein Kind kaum oder gar keine besonderen Leistungen sichtbar werden, liegt möglicherweise keine (Hoch)Begabung vor. Eltern kennen ihr Kind für gewöhnlich sehr gut und wissen, wie es sich seit der Geburt entwickelt hat. Hat Ihr Sohn oder Ihre Tochter in der frühen Kindheit Anzeichen von Begabungen erkennen lassen (siehe S. 113 ff.), sollten Sie sich die Fähigkeiten Ihres Kindes (hier links in der Grafik), eventuell unter Abgleich mit Dabrowskis OE (siehe S. 97 ff.), einmal genauer anschauen.

Natürlich ist es ganz und gar nicht förderlich, einem Kind Begabungen „andichten" zu wollen, und dazu möchte ich Sie auch keinesfalls „anstiften"! Doch es gibt eine erhebliche Anzahl begabter Kinder, die ihre Begabungen verstecken (insbesondere Mädchen) oder aufgrund inadäquaten Verhaltens eine besondere Begabung nicht vermuten lassen (das betrifft vermehrt Jungen). Und auch Erwachsene haben in Bezug auf sich selbst so einiges an Vorurteilen und Alltagstheorien über Hochbegabung verinnerlicht. Es macht also durchaus Sinn, sich auf sachliche und realitätsnahe Weise eingehender mit dem Münchner Hochbegabungsmodell zu befassen.

Anhand dieser hier aufgeführten, wirklich kleinen Auswahl der Ergebnisse aus der vielfältigen und breit gefächerten Intelligenzforschung in den USA, England, Deutschland und Polen können Sie erkennen, wie und warum sich unterschiedliche Alltagstheorien gebildet haben, die sich so hartnäckig halten. Sie bietet aber auch die Möglichkeit, eigene Vorurteile und persönliche Meinungen aufzuspüren, zu hinterfragen und möglicherweise auch zu korrigieren.

Im letzten Jahrhundert hielt sich die Menge der Presseberichte über Hochbegabung noch in (engen) Grenzen. Zu Beginn lag es daran, dass es nicht viele Forscher gab, die sich mit dieser Thematik beschäftigten, und daran, dass wissenschaftliche Erkenntnisse der breiten Öffentlichkeit gewöhnlich nicht zugänglich gemacht wurden. Im Nationalsozialismus wurden Forschungen auf diesem Gebiet in gewisser Weise unterbunden, indem man die „nicht arische" Bevölkerung ausschloss, wozu nicht nur mögliche Probanden, sondern auch einige Forscher gehörten. In den Folgejahren war hier in Deutschland der Umgang mit dem Thema Hochbegabung mehr als schwierig, da der Elitebegriff durch die „Napola" (nationalpolitische Erziehungsanstalten), die Eliteschulen des NS-Regimes, stark negativ besetzt war. Auch deshalb wurde die Forschung nicht vorangetrieben. Im Gegenteil: Man richtete den Fokus verstärkt auf die (Lern-)Schwächeren, die „Förderung" war ihnen vorbehalten, und das ist in weiten Teilen bis heute so geblieben. Natürlich ist die Förderung Schwächerer absolut sinnvoll und richtig, sie muss auch unbedingt beibehalten werden. Eine gleichzeitige Vernachlässigung der Begabten darf sich dadurch aber nicht ergeben und ist auch nicht zu rechtfertigen.

Erst seit Beginn der 1980er-Jahre lässt sich hier in Deutschland eine allmähliche Zunahme der Forschungen und Publikationen feststellen. Doch da es bis zur Jahrtausendwende nur die Möglichkeit der Veröffentlichung als Druckwerke (Bücher, Artikel in wissenschaftlichen Zeitschriften) gab, waren sie erstens nicht jedem zugänglich und zweitens meinungsbildend, weil diese vergleichsweise wenigen Veröffentlichungen als tatsächlicher „Stand der Wissenschaft" betrachtet wurden. Die vielfältigen Forschungsarbeiten zum Thema „Hochbegabung" aus anderen Ländern gelangten jedoch auch in dieser Zeit noch fast ausschließlich in die Hände der Fachleute. Erst im Internetzeitalter erhielten wir alle die Möglichkeit, uns immer schneller und immer vielseitiger zu informieren. Allerdings bestehen diese Informationen vielfach nur aus Fragmenten, aus oftmals nicht zusammengehörigen oder gar widersprüchlichen „Wissensschnipseln", und damit ist nur schwer anzukommen gegen die tief sitzenden umfangreichen Alltagstheorien. Viele beruhen auf überholten Theorien und Erkenntnissen, ohne dass dies klar erkennbar würde. Wie auf den Social-Media-Plattformen deutlich zu beobachten, ist die Beschaffung fundierter, überprüfbarer Informationen heute eher noch schwieriger geworden als vor der Jahrtausendwende, wobei Alltagstheorien und dazu passende überholte Forschungsergebnisse leider eher weiter verbreitet statt ausgemerzt werden.

Es gibt auch eine Lehrmeinung, die ich meinen Lesern nicht vorenthalten möchte, wenngleich ich sie ganz und gar nicht teile: Einige Fachleute in der Hochbegabtenforschung und -förderung vertreten die Ansicht, es gäbe keine qualitativen Unterschiede zwischen Hochbegabung und Normalbegabung, weil derartige Unterschiede bisher nach den derzeit gültigen wissenschaftlichen Standards nicht ermittelt werden konnten/können. Ihrer Auffassung nach besitzen die Listen der Merkmale (hoch)begabter Menschen keine Aussagekraft, weil sie auf der Basis von

Einzelfällen zusammengestellt wurden. Die fehlenden empirischen Forschungsergebnisse und die (bloße) Vermutung, dass es sich „nur" um Einzelfälle handle, haben diese Forscher zu dem (Trug-)Schluss verleitet, es gebe keinerlei Hinweise darauf, dass sich Hochbegabte qualitativ von Normalbegabten unterscheiden.

Auf der Grundlage meiner Erfahrungen und der vieler anderer Fachkollegen und Autoren kann ich diese „Einzelfall-Theorie" nicht bestätigen. Ich selbst und auch viele andere in meiner Branche Tätige kennen Hunderte von Erfahrungsberichten, worin immer wieder exakt diese qualitativen Merkmale beschrieben werden, was ihre Existenz immer weiter bestätigt. Die zahlreichen E-Mails, die ich täglich (!) erhalte, thematisieren sogar nahezu ausschließlich diese qualitativen Unterschiede, denn die meisten Menschen, die mir schreiben, sind (noch) gar nicht getestet. Sie wissen nicht einmal etwas von (ihrer) (Hoch)Begabung, sondern suchen wegen ihrer Hochsensibilität meinen Rat. Die meisten der (qualitativen) Merkmale hochbegabter Menschen erscheinen auch in der entsprechenden Literatur, zwar in unterschiedlicher Zusammenstellung und Verbindung, doch werden in den Darstellungen nie Zweifel an ihrer tatsächlichen Existenz erhoben. Aus der Tatsache, dass es (bisher) keine spezifischen Tests zur Ermittlung der qualitativen Merkmale von Hochbegabung gibt, lässt sich keine Bestätigung für die Nicht-Existenz dieser qualitativen Unterschiede ableiten. Im Gegenteil: Es liegen Forschungsergebnisse aus der Neurobiologie vor, die das Vorhandensein qualitativer Merkmale von Hochbegabung belegen, wie Sie gleich im Anschluss lesen können.

Die neurologische Forschung

Der Vollständigkeit halber möchte ich Ihnen hier noch die Ergebnisse einiger Studien zur Hochbegabung aus der Neurobiologie vorstellen, wobei es darin nicht um Leistungen im Sinn von erworbenem Wissen geht, sondern rein um den *angeborenen Teil* der Intelligenz:

Die Informationsübertragung im Gehirn verläuft mit Unterbrechungen. Am Ende einer jeden Synapse („Übertragungsleitung") befindet sich ein sogenannter synaptischer Spalt, der die Synapse von der Nervenzelle (Neuron) trennt. Erst wenn eine Information an dieser Stelle anlangt, wird der Spalt mittels chemischer Substanzen (Botenstoffe, Neurotransmitter) geschlossen, sodass die jeweilige Information ins Neuron vordringen kann. Sobald die Übertragung beendet ist, öffnet sich der synaptische Spalt wieder, und die Verbindung ist erneut unterbrochen, bis die nächste Information zur Übertragung ansteht.

Die synaptischen Verbindungen von Hochbegabten weisen eine Besonderheit auf, die es ermöglicht, den Zeitraum der Informationsübertragung zu verlängern. Dadurch können mehr Informationen verarbeitet werden und gegebenenfalls insgesamt auch schneller. Diese neurobiologische Besonderheit ist angeboren. Zudem sind die Myelinscheiden („weiße Substanz"), eine fettreiche Schicht, die unsere Nervenzellen umhüllt und die Übertragungsgeschwindigkeit von Reizen/Signalen bestimmt, bei Hochbegabten dicker. Und je dicker die Myelinscheide, desto schneller kann die Informationsübertragung („Reizweiterleitung") erfolgen. Dünne Nervenfasern ohne Myelinscheide bringen es auf eine Übertragungsgeschwindigkeit von etwa einem Meter pro Sekunde. Nervenfasern mit einer dicken Myelinscheide hingegen können Informationen mit einer Geschwindigkeit von 100 Metern pro Sekunde übertragen!

Überdies fanden Forscher heraus, dass sich das Gehirn eines Hochbegabten in einem anderen Zeitfenster entwickelt. Bei allen Menschen ist es so, dass die Großhirnrinde (Kortex) bis zu einem gewissen Alter dicker wird, was mit der Informationsansammlung in Zusammenhang steht. Dann aber nimmt ihre Stärke wieder ab. Fachleute vermuten als Grund eine Neustrukturierung und Reorganisation des vorhandenen Wissens. Bei Versuchen zeigte sich, dass Normalbegabte diesen „Scheitelpunkt" in einem Alter von sechs Jahren und zehn Monaten erreichen, überdurchschnittlich Begabte mit neun Jahren, Hochbegabte jedoch erst im Alter von elf Jahren und einem Monat. Mit dem Beginn dieser Reorganisation der Gehirnstrukturen entsteht für einige Zeit etwas „Unordnung" im Gehirn. Während dieser Umbruchphase lernen die Kinder häufig unstrukturiert und können neues Wissen weniger gut aufnehmen. Das wäre eine mögliche Erklärung für den von vielen Eltern und Lehrern beobachteten Leistungsabfall hochbegabter Kinder etwa im sechsten Schuljahr – wenigstens zu einem gewissen Teil. Denn nicht wenige Begabte erreichen das Klassenziel der siebten Klasse nicht oder nur knapp.

Untersuchungen ihrer Testosteronspiegel erbrachten bei Hochbegabten atypische Ergebnisse: Mädchen wiesen einen überdurchschnittlich hohen, Jungen einen überdurchschnittlich niedrigen Testosteronwert auf. Normalerweise ist es umgekehrt. Mit diesem atypisch hohen beziehungsweise niedrigen Testosteronspiegel werden auch Linkshändigkeit und Autoimmunerkrankungen in Verbindung gebracht. Das weist auf eine Dominanz der rechten Gehirnhälfte und eine stärkere Vernetzung beider Hemisphären hin.
Eine hohe verbale Intelligenz zeigt sich in einer höheren Aktivität der linken Hemisphäre, eine hohe räumliche Intelligenz in einer höheren Aktivität der rechten Gehirnhälfte. Besitzt ein Mensch eine verbale und räumliche Intelligenz, ist eine höhere Aktivität in seinen beiden Hemisphären feststellbar. Bei mathematisch Hochbegabten wurde in Versuchen eine stärkere Aktivierung der rechten Gehirnhälfte erkennbar, was darauf hindeutet, dass mathematische Leistungen mit Imagination (Bilderdenken) zusammenhängen.

Bei ihren Untersuchungen des Lernverhaltens Hochbegabter fanden Forscher heraus, dass sie ein Bild des „großen Ganzen" brauchen, eine Gesamtstruktur, um aufgenommene Informationen zu sortieren, zu gewichten und darin einzuordnen. Ohne eine solche Struktur können sie die Menge ihres Wissens nur schlecht oder gar nicht bewältigen. Die Tatsache, dass sich die (hoch)begabten Kinder unbedingt eine solche „Gesamtübersicht" verschaffen müssen, findet in unserem Schulsystem wenig bis keine Berücksichtigung, hier schlägt man exakt den entgegengesetzten Weg ein: Wissen wird von und über kleine Details zum großen Ganzen vermittelt, wobei es oft Jahre dauert, bis sich die Kinder aus den „Wissenspuzzleteilchen" das „große Gesamtbild" zusammensetzen können. Das „umgekehrte" Denken begabter Schüler führt oft zu Verwirrung und/oder Sorge in ihrem sozialen Umfeld wie auch zu Fehlinterpretationen und Fehldiagnosen. Eltern verzweifeln schier über der Frage, warum ihr Kind die einfachsten Dinge nicht versteht, wo es doch wesentlich kompliziertere bereits beherrscht. Die Kinder sind dabei die wirklich Leid-Tragenden, denn sie selbst halten sich oft für dumm, weil es ihnen nicht gelingt, die Dinge genau so zu machen wie ihre Klassenkameraden. Und ihre Lehrer versehen diese Kinder leider gern (und vorschnell) mit den Negativattributen „faul" oder „minderbegabt", nicht wenige sind geneigt, ihnen Lernstörungen und Schlimmeres zu bescheinigen. Um diese Probleme erkennen und lösen zu können, müssen Eltern und Lehrer erst einmal über die außergewöhnliche Denkweise begabter Kinder Bescheid wissen und ihnen dann die entsprechende Unterstützung („Förderung", siehe S. 142 f. und 188 f.) angedeihen lassen.

IQ-Tests und ihre Aussagekraft

Nicht nur über das Thema „(Hoch)Begabung" beziehungsweise Intelligenz selbst herrscht in der breiten Öffentlichkeit immer noch große Unklarheit, auch von dem dazugehörigen Messinstrument, den IQ-Tests, machen sich viele Menschen ganz falsche Vorstellungen. Folglich kursieren in der Bevölkerung auch immer noch zahlreiche Mythen, einige davon lauten so:

„Ich kann kein Mathe, deshalb würde ich in einem Test bestimmt durchfallen."/„Ich habe nicht genug Allgemeinwissen, deshalb brauche ich zu einem solchen Test gar nicht erst anzutreten."/„Ich weiß, dass ich viel weiß, drum brauche ich so einen Test nicht."/„Ich bin nur künstlerisch/sportlich/musisch begabt. In IQ-Tests geht es ja nur um logisches Denken, und darin bin ich gar nicht gut, also brauche ich erst gar keinen zu machen."/„Emotionale Intelligenz ist viel wichtiger, aber die wird mit IQ-Tests nicht gemessen."/„Ich habe nicht einmal Abitur, also kann ich nicht besonders intelligent sein."

Was kann ein IQ-Test meinem Kind oder mir selbst bringen?

Im vorigen Kapitel habe ich Sie schon mit einigen Theorien der Begabungsforschung bekannt gemacht und Ihnen illustrierte Intelligenzmodelle vorgestellt, mit deren Hilfe Sie Intelligenz und damit eine mögliche Begabung bei Ihrem Kind oder sich selbst erkennen können. Aber leider liefern uns Beobachtungen und solche Selbst-Erkenntnisse keine „verwertbaren Beweise", die vor allem hier in Deutschland für nahezu alles – nicht nur im Bereich von Intelligenz und Begabung – gefordert werden. Das Ergebnis eines anerkannten Intelligenztests ist ein solcher „Beweis", der alle Zweifel ausräumen sollte. Doch das ist nicht immer so einfach, wie es sich zunächst einmal anhört. Denn zum einen beseitigt ein IQ-Testergebnis nicht jeden Zweifel und auch nicht bei jedem Menschen, zum anderen hat diese Form der Intelligenzmessung auch ihre Tücken. Derzeit werden dazu etwa 30 verschiedene Intelligenztests herangezogen, die einerseits auf bestimmte Altersstufen abzielen, andererseits aber auch auf unterschiedlichen Intelligenztheorien basieren und daher andere Schwerpunkte setzen: Manche messen das angeborene Potenzial, die Grund- oder allgemeine Intelligenz (den „g-Faktor" nach Spearman, die „fluide Intelligenz" nach Cattell, siehe S. 37 und 38 f.), andere messen die Performanz, also die sichtbare Leistung. Bei den allermeisten ist die Bearbeitungszeit begrenzt, sie messen also die *Verarbeitungsgeschwindigkeit,* wodurch die Begabten, die gründlich und (daher) zeitintensiv verarbeiten, unter Umständen nicht als (hoch)begabt erkannt werden. Manche Tests messen sowohl die allgemeine Intelligenz (Potenzial) als auch die Leistung (Performanz). Im praktischen Umgang mit den Tests stellten Fachleute fest, dass die IQ-Werte ein und derselben Versuchsperson in unterschiedlichen Tests unterschiedlich hoch ausfallen können, und das sind nicht etwa Ausnahmen, das ist vielmehr die Regel. Auch das hängt von der dem jeweiligen Test zugrunde liegenden Intelligenztheorie und natürlich davon ab, ob der Test die allgemeine (angeborene) Intelligenz misst oder eher die Leistung, die in den Tests unterschiedliche Schwerpunkte und Gewichtungen haben.

So kann es geschehen, dass ein hochbegabter Proband einen Test absolviert und dieser schlecht ausfällt, weil er den Fähigkeiten des Betreffenden nicht entspricht und dieser allein deshalb nicht als hochbegabt erkannt wird. Insofern stimmt der bekannte Satz von Edwin Boring (siehe S. 39): *„Intelligenz ist, was ein Intelligenztest misst"*, denn er verweist auf die Unterschiede zwischen den einzelnen Intelligenztests und damit auf die ihnen zugrunde liegenden unterschiedlichen Intelligenztheorien, aus denen hervorgeht, was konkret ein spezieller Test misst.

Auf der anderen Seite muss ein einmal festgestelltes Testergebnis derselben Versuchsperson nicht gleich bleiben, es kann bei der Wiederholung des(selben) Tests nach einiger Zeit ebenfalls anders ausfallen. Das zeigt deutlich, dass auch ein IQ-Test eine Momentaufnahme ist, deren „Farben" durch Umweltfaktoren wie auch die persönliche Entwicklung (sowohl positiv als auch negativ) stark beeinflusst werden können.

Darüber hinaus sind alle Intelligenztests – unabhängig von sämtlichen anderen Parametern – mit Messfehlern behaftet, die je nach Test zwischen drei und fünf Punkte betragen können. Diese Messfehler treten in beiden Richtungen auf, weshalb ein Testergebnis niemals korrekt ist und nur als (allerdings sehr gute) Schätzung gewertet werden kann. Wenn jemand also ein Testergebnis von 130 erzielt, kann es durchaus sein, dass sein wirklicher IQ bei 125, 126, 127 oder bei 133, 134, 135 liegt. Im Extremfall haben wir hier also eine Differenz von 10 IQ-Punkten, die auf Messfehlern beruht. Das ist eine ganze Menge! Schon allein deshalb kann ein Testergebnis nie „in Stein gemeißelt" und ein Schwellenwert (wie der bei uns übliche) von 130 IQ-Punkten als starre Grenze zwischen „hochbegabt" und „nicht hochbegabt" nicht sinnvoll sein. Dazu kommen die qualitativen Unterschiede zwischen Begabten, die bisher zwar nicht mit den Mitteln der empirischen Wissenschaft nachgewiesen werden konnten (auch deshalb, weil das grundsätzlich sehr schwierig bis unmöglich ist), die aber dennoch vorhanden sind und nicht nur von Laien, sondern auch von Wissenschaftlern bemerkt und diskutiert werden (Winner, Silverman, Mönks, Webb und andere).

Zankapfel IQ-Wert

Der Begriff „Hochbegabung" für einen gemessenen IQ ab 130 bezieht sich auf eine rein statistische Größe, ganz schlicht auf eine Menge. „Die Hochbegabten" sind jedoch Menschen. In ihrem ganzen Sein und So-Sein. Und das So-Sein von Menschen lässt sich nicht statistisch festlegen, nicht über eine Zahl definieren. Deshalb können, sollen und müssen wir unsere *Perspektive erweitern* und uns die „Begabten" oder „besonders Begabten" genauer ansehen, das heißt, uns den Menschen mit einem gemessenen IQ ab etwa 115 wie auch denjenigen mit einem Spezialtalent, etwa den mathematisch, musisch, künstlerisch, sportlich und sozial besonders Begabten, *verstärkt zuwenden*. Damit sie ihre jeweiligen Fähigkeiten angemessen (aus)leben können, brauchen sie eine entsprechende *Förderung* auf ihrem Gebiet. Wenn wir alle, wir als Gesellschaft, uns darum bemühen, die *overexcitability* der Begabten zu erkennen, zu (be)achten und positiv zu verstärken, kommt das schließlich uns allen zugute, gerade auch den Normalbegabten, denn von einem anderen Blickwinkel, einer geschärften Sicht auf individuell Außergewöhnliches wird nahezu jeder in irgendeiner Form profitieren.

Ungerechtfertigte Pathologisierungen, ob aus Unwissenheit, Furcht vor dem Unbekannten, Ablehnung, Übereifer oder im Sog einer Welle von „Mode- und Verlegenheitsdiagnosen", bringen diese Menschen – und damit uns alle wie auch unsere Gesellschaft – nicht weiter. Sondern ganz im Gegenteil: Stigmatisierungen wie „krank(haft)" oder „gestört" vermitteln den Betroffenen das Gefühl, „minderwertig" oder gar „kaputt" und damit für ihre Mitmenschen völlig wertlos zu sein. Das frisst unvermeidlich an ihrer Selbstachtung, verhindert – insbesondere bei Kindern – die Entwicklung eines gesunden Selbst-Wert-Gefühls. So werden die Betroffenen an den Rand der Gesellschaft gedrängt, dadurch geraten sie unter Umständen in eine Abwärtsspirale, gar ins soziale Aus gesellschaftlich Geächteter. Das dürfen wir auf keinen Fall zulassen!

Denn wer kann schon sein ureigenes Potenzial entdecken, entfalten und damit auch zum Nutzen anderer Menschen beitragen, wenn er sich ganz pauschal als unzulänglich, als „Totalausfall", empfindet und andauernd nur damit beschäftigt ist, an seinen vermeintlichen (!) Defiziten und Schwächen zu arbeiten, anstatt sich mit allen Kräften und vor allem mit tief empfundener Freude seinen Stärken zu widmen?

Wie sieht so ein IQ-Test aus?

IQ-Tests bestehen immer aus mehreren Teilen, sogenannten Untertests. Diese sind auf unterschiedliche grundlegende Fähigkeiten ausgerichtet, über die prinzipiell jeder Mensch verfügt. Je nachdem, welche Intelligenztheorie dem jeweiligen Test zugrunde liegt, sind das etwa: Sprachverständnis, numerisches Verständnis, logisches (induktives und deduktives) Denken, räumliches Denken, Aufnahme- und Verarbeitungsgeschwindigkeit, Kreativität (beispielsweise Einfallsreichtum) und Gedächtnisleistung. (Das induktive und das deduktive Denken werden auch als „schlussfolgerndes Denken" bezeichnet und in einigen IQ-Tests der Kreativität zugeordnet.)

Künstlerische, sportliche, musische Begabungen und die sogenannte emotionale oder soziale Intelligenz werden in diesen Tests nicht ausführlich oder differenziert berücksichtigt. Doch auch für eine Kompetenz in diesen Bereichen benötigt man ein paar Grundfähigkeiten wie eine hohe Empfindsamkeit der Sinne, eine ausgezeichnete (Fein-)Motorik und die präzise funktionierende Koordination von Bewegungen sowie Empathie und ein logisches Denkvermögen. Darüber hinaus gründen derartige sichtbare Begabungen auf großem Interesse an der Sache, ausgeprägtem Wissensdurst („Neugier") sowie der Ausdauer beim Erlernen der notwendigen Fertigkeiten und dem Erwerb der entsprechenden Kenntnisse. Insofern spiegeln sich hier schon deutliche Anzeichen einer höheren Intelligenz wider, die indirekt wenigstens zum Teil auch in IQ-Tests erfasst werden.

Das Wichtigste: der richtige Test und ein kompetenter Testleiter!

Trotz sämtlicher berechtigter Vorbehalte: Alle IQ-Tests messen grundsätzlich und recht zuverlässig die Intelligenz eines Menschen, allerdings in unterschiedlicher Weise, je nachdem, welcher Intelligenztheorie sie folgen. Intelligenztests sind heute eine der am besten erforschten und geprüften Werkzeuge in der psychologischen Praxis. Doch weisen die bis hier bereits beschriebenen Einflussfaktoren Intelligenztheorie, Fähigkeitsprofil der getesteten Person, Umwelteinwirkungen sowie die persönliche positive oder negative Entwicklung und nicht zuletzt auch die „üblichen" Messfehler schon darauf hin, dass man sich „seinen" Testleiter unbedingt sorgfältig aussuchen muss. Ein testwilliger Erwachsener oder die Eltern eines zu testenden Kindes sollten sich oder ihr Kind nur jemandem anvertrauen, der in der Materie wirklich „zu Hause" ist und umfassende Erfahrung mit IQ-Tests besitzt. Leider geschieht dies aber nur verhältnismäßig selten: Sehr oft fällt die Wahl auf die kostenlosen Testmöglichkeiten, manchmal gibt die räumliche Nähe zu einem Testleiter den Ausschlag. Ganz häufig wählen Eltern den Testleiter auch gar nicht selbst, sondern folgen den Empfehlungen (oder gar Anweisungen) von Schulen oder Jugendämtern. Treffen sie dabei auf jemanden, der sich nicht oder nur unzureichend mit Hochbegabung auskennt, ist Intelligenz tatsächlich nur das, was der jeweils angewendete Test misst. Die meisten Laien haben keine Ahnung von diesen unter Umständen wesentlichen Unterschieden und halten es für unerheblich, welcher Test angewendet wird. Viele glauben, dass zumindest jeder Psychologe einen solchen Test korrekt auswählen, durchführen und interpretieren kann, weil sie (irrigerweise!) davon ausgehen, dass sich alle staatlich geprüften Psychologen schon rein auf der Basis ihres Universitätsstudiums mit Hochbegabung auskennen müssten. Mit dieser Einschätzung liegen sie jedoch weit daneben! Zwar lernen Psychologen, sofern sie ein Diplom oder einen Master-Abschluss besitzen, in ihrem Studium die Testdiagnostik kennen, das bedeutet aber nur, dass sie einen solchen Test mithilfe der vorgegebenen Handlungsanweisungen (Manuals) durchführen können. Es heißt aber noch lange nicht, dass sie die Ergebnisse auch korrekt interpretieren können oder gar fundiertes Wissen über (Hoch)Begabung hätten. Hochbegabung ist im Rahmen eines herkömmlichen Psychologiestudiums nach wie vor kein Thema. Das Wissen darüber können die künftigen Psychologen nur in freiwillig belegten, den „normalen" Lehrstoff ergänzenden Seminaren oder späteren Fortbildungen erwerben, die allerdings die zwingend notwendige Erfahrung logischerweise nicht vermitteln können. Genauso (und schlimmer) verhält es sich bei (Kinder-) Ärzten: Sie überlassen die Durchführung des Tests mitunter sogar ihrem Personal (!). Und natürlich gilt dasselbe auch für Psychiater (die ja Ärzte sind) und Pädagogen/Erzieher.

Deshalb können Sie als Klient, Patient oder verantwortliche Eltern nicht davon ausgehen, dass ein beliebiger IQ-Test, isoliert angewendet, ein korrektes Ergebnis liefert, und schon gar nicht davon, dass Ihnen oder Ihrem Kind im Anschluss adäquate Hilfe zuteilwird.

Was sagt der IQ denn wirklich aus?

Lassen Sie sich als Eltern und auch als möglicherweise (hoch) begabter Erwachsener keinesfalls von dem Schwellenwert „Intelligenzquotient 130" verunsichern. Auch „nur" überdurchschnittlich Begabte legen durchaus dieselben Verhaltensweisen an den Tag, leiden dieselben Ängste und Nöte mit denselben Ursachen wie Kinder und Erwachsene mit einem IQ von 130 und mehr. Gehen Sie mit Ihrem „nur" überdurchschnittlich begabten Kind genauso um, wie Sie es auch täten, wenn bei seinem Test ein Gesamt-IQ von über 130 herausgekommen wäre. Dadurch werden Sie Ihrem Kind und seiner Seele auf jeden Fall gerecht – und was gibt es Schöneres als ein glückliches Kind, das Ihnen sein Vertrauen entgegenbringt?! Und auch wenn bei Ihrem Kind ein „nur" durchschnittlicher IQ-Wert ermittelt wurde, ist Ihr Kind ja deshalb keineswegs dumm – und Sie haben mit dem Test sein umfassendes Begabungsprofil, womit Sie es in seinen Stärken vielleicht besser fördern und ihm außerdem helfen können, mit seinen Schwächen umzugehen und sie anzunehmen. Ein adäquater Umgang kann Ihrem Kind auf keinen Fall schaden. Ein annehmendes Elternhaus, Unterstützung der Stärken und ein etwas kleinerer Fokus auf die Schwächen, eine verständnisvolle und liebevolle Kommunikation, wie Begabte sie zwingend nötig haben, kommt natürlich auch allen anderen Kindern zugute.

Es gibt keine qualitativen Unterschiede zwischen überdurchschnittlich Begabten und den sogenannten Hochbegabten!

Wenn als Testergebnis nicht ein Gesamt-IQ von mindestens 130 „unterm Strich steht", wird hierzulande – wie auch gerade noch einmal dargelegt – eher abgewertet und pathologisiert, das heißt, man verpasst dem Kind (oder auch dem Erwachsenen) ein Negativattribut, beispielsweise „dumm", „faul" oder gar „gestört". Und selbst wenn Sie oder Ihr Kind in dem betreffenden Test 130 IQ-Punkte erreichen, ist nicht gewährleistet, dass Sie daraufhin fundierte und durchführbare Vorschläge/Anregungen zur Verbesserung der Situation bekommen. Tatsache ist: Bei Menschen mit einem gemessenen IQ ab 130 und mehr findet – gegenüber Menschen mit gemessenen 129 Punkten und darunter – nicht „schlagartig" (damit meine ich das Überschreiten dieses schmalen Grats von 1 bis 2 Punkten im IQ-Test) eine Qualitätsveränderung im Denken, Fühlen und Handeln statt! Sofern man von einer anderen Qualität ausgeht (wovon ich persönlich überzeugt bin), beginnt die keineswegs punktgenau bei diesem willkürlich festgesetzten Wert, sondern bereits viel früher. Nach Ansicht einiger Wissenschaftler manifestiert sich ein ansteigender IQ-Wert überhaupt nur in Form gradueller Unterschiede, ist also ein langsam zunehmendes „Mehr von allem". Folgt man dieser Auffassung, erscheint ein Schwellenwert erst recht absurd. Denn wo soll man in einem Verlauf eine Grenze ziehen? Und wenn, mit welcher Begründung? Es kann also nur sinnvoll sein, sich an einer bestimmten Frage- oder Problemstellung zu orientieren, das heißt, bei einem Kind etwa an bestimmten Verhaltensauffälligkeiten, und auf dieser Grundlage die Wahl des spezifischen IQ-Tests wie auch die Testung selbst von einem qualifizierten Begabungsdiagnostiker vornehmen zu lassen.

Ein weiteres Problem bei der IQ-Testung bildet der Begriff der „Teilhochbegabung". Er wird herangezogen, wenn ein Proband in einem IQ-Test einen Gesamtwert von unter 130 Punkten erreicht hat, in einzelnen Teilbereichen aber (weit) darüber liegt. Die meisten Betroffenen, Eltern und auch manche Testleiter kommen in einem solchen Fall zu dem Schluss, dass das jeweilige Kind oder der Erwachsene nicht „allgemein hochbegabt" ist. Auch diese Annahme gehört in den Bereich der Alltagstheorien. Es gibt keine *Teil*hochbegabung! Ganz im Gegenteil: Homogene Testergebnisse, das heißt Menschen, die in allen Teilbereichen weitgehend gleich gute Werte erzielen, sind nicht die Regel, wobei selten Differenzen von mehr als 15 IQ-Punkten, also einer Standardabweichung, auftreten. (Wesentlich höhere Unterschiede sollte ein Testleiter schlüssig erklären können oder sich mindestens auf die Suche nach den Ursachen begeben.) Nur vergleichsweise wenige Menschen schneiden in allen im Test gemessenen Fähigkeitsbereichen weit überdurchschnittlich gut ab. Und dann wird sich in den höheren IQ-Bereichen (ab etwa 145, soweit sie überhaupt getestet werden) zeigen, wo die spezielle(n) Begabung(en) dieser Menschen liegt beziehungsweise liegen, allerdings treten sie bei derart hohen IQ-Werten ohnehin gar nicht mehr so deutlich zutage. Fast jeder Mensch besitzt eine spezielle Begabung, die alle anderen übertrifft. Die Regel ist, dass die Werte der getesteten Teilbereiche (teilweise weit) auseinanderliegen. Sollten Sie oder Ihr Kind also in mindestens einem Teilbereich mit Ihrem oder seinem Ergebnis über den (nahezu sinnfreien) Schwellenwert von 130 kommen, liegt ganz klar eine Hochbegabung vor! Und die geht – nicht nur meiner Erfahrung nach – immer mit besonderen Persönlichkeitsmerkmalen einher. Doch die Alltagstheorie (oder besser: die Mär), wonach jemand für eine Hochbegabung zwingend mindestens 130 IQ-Punkte erzielen müsste, ist immer noch weitverbreitet und hält sich auch hartnäckig. Wenn ein Mensch mit einem Testergebnis von mindestens 130 IQ-Punkten irgendwelche „Merkwürdigkeiten" in seinem Verhalten an den Tag legt,

werden diese Verhaltensweisen durch das Prädikat „Hochbegabung" legitimiert, während dasselbe Verhalten bei anderen Menschen (solchen mit 129 Punkten und darunter, also *ohne* dieses Prädikat) negativ bewertet oder gar als Anzeichen von Krankheit oder Störung eingeordnet wird. Hierzu die Aussage einer Mutter:
„Mein Sohn galt in der Schule als extrem schwierig, aufsässig und sozial inkompetent. Mit dem Testergebnis war er plötzlich nur noch ganz normal hochbegabt."

Im Rahmen einer ausführlichen Begabungsdiagnostik wird natürlich auch ein Intelligenztest durchgeführt. Er hat hier allerdings einen anderen Sinn, als nur einen Zahlenwert zu generieren. Als alleiniges Messinstrument besitzt ein Intelligenztest nämlich keine große Aussagekraft, obwohl die allermeisten Begabten tatsächlich mit einem hohen Ergebnis daraus hervorgehen. Aber es erreichen bei Weitem nicht alle ein Gesamtergebnis von 130 IQ-Punkten, und die Anzahl der „falsch-negativ" getesteten Begabten ist sehr hoch. Dazu kommt es in vielen Fällen, wenn

- die Testteilnehmer in irgendeiner Weise eingeschränkt sind.
  Zu diesen Einschränkungen gehören beispielsweise Prüfungsangst, Verweigerung, körperliche Beschwerden (chronisch und akut, Hunger, Durst, Kopfschmerzen, Grippe oder Ähnliches), Schlafmangel (akut und chronisch), fehlendes Vertrauen in den Testleiter, bereits bestehende Frustration, Überreizung (chronisch und akut, zum Beispiel intensiver Medienkonsum, lange Anfahrt), Medikamenteneinfluss und vieles mehr.
- der Testleiter keine fundierten Kenntnisse/Erfahrungen in der Begabungsdiagnostik besitzt.
- ein Test angewendet wird, der nicht der Problemstellung beziehungsweise den Fähigkeiten des betreffenden Erwachsenen oder Kindes entspricht.

Selten zeigt ein IQ-Test auch „falsch-positive" Ergebnisse. Das kann geschehen, wenn

- ein Kind schon früh zum Lernen angehalten und *intensiv* mit ihm geübt wird.

- der Testleiter aufgrund mangelnder Kenntnisse/Erfahrungen Erfahrungen in der Begabungsdiagnostik die Zeichen dafür nicht erkennt oder falsch interpretiert.
- dem Testleiter bei der Auswertung Fehler unterlaufen.
- ein veralteter oder falscher IQ-Test verwendet wird.

Ist die Intelligenz ein Leben lang gleich hoch?

Einige Begabungsforscher vertreten die Auffassung, dass es sich bei einem hohen Testergebnis in der frühen Kindheit um einen Entwicklungsvorsprung handeln und eine einmal festgestellte (Hoch)Begabung auch wieder verschwinden könne – diese Ansicht teile ich ausdrücklich nicht.

Testergebnisse können aus den unterschiedlichen bereits aufgeführten Gründen mitunter stark variieren, doch die angeborene Grundintelligenz verschwindet nicht.

Auch die Behauptung, der IQ sei bei Kindern erst im Alter von etwa acht Jahren (manche sprechen hier auch von zwölf Jahren) stabil, ist aus unterschiedlichen Perspektiven zu betrachten. Gemeint sind hier die Testergebnisse, nicht die Intelligenz als angeborenes Potenzial. Je jünger ein Kind ist, desto kürzer sind die Zeitintervalle, in denen es sich verändert und Entwicklungsschritte durchläuft. Bei Begabten sind diese Zeitintervalle oft vergleichsweise sehr kurz, weil sie sich schneller entwickeln. Natürlich zeigt sich dies auch in Testergebnissen. Wenn ein vierjähriges Kind von einem erfahrenen Begabungsdiagnostiker getestet und als hochbegabt identifiziert wurde, dann ist und bleibt es hochbegabt! Und so gelten grundsätzlich alle Menschen, die einmal – auf solider Basis – als hochbegabt identifiziert wurden, ein Leben lang als hochbegabt. Wenn ein Kind unter günstigen Bedingungen aufwächst, werden sich seine Ergebnisse bei weiteren Tests im Lauf der Zeit wahrscheinlich noch verbessern. Unter ungünstigen Lebensbedingungen können sie sich allerdings auch gravierend verschlechtern. Beides geschieht nicht von allein.

Folgende Beispiele aus meiner Praxis zeigen einmal das eine Extrem und einmal das andere. Beides sind jedoch keine Einzelfälle!

Jonas – verkannt, im Stich gelassen und traurig

Jonas wurde im Alter von vier Jahren aufgrund von Verhaltensauffälligkeiten im Kindergarten von einem Kinderpsychologen getestet. Ergebnis: 137 IQ-Punkte. Doch veränderte sich die Situation im Kindergarten für Jonas daraufhin nicht etwa zum Guten, ganz im Gegenteil: Es schlug ihm noch mehr Unverständnis entgegen. Die Erzieher vertraten die Meinung, wenn Jonas so schlau wäre, müsste er sich doch auch „vernünftig" benehmen können. Dass der kleine Junge bereits lesen konnte, wurde nicht gutgeheißen, und seine Schreibversuche wurden unterbunden. Jonas fieberte der Schule entgegen, um endlich lernen zu dürfen. Doch wegen seines vermeintlich unreifen Sozialverhaltens wurde er regulär erst mit sechs Jahren eingeschult, womit sich sein Verhalten schlagartig änderte: Er war ein sehr guter und begeisterter Schüler. Doch nach einem halben Jahr in der ersten Klasse verfiel er allmählich wieder in seine alten Verhaltensweisen, seine Leistungen verschlechterten sich. Auf Anraten der Schule führte ein Schulpsychologe gegen Ende des ersten Schuljahres erneut einen Test mit Jonas durch. Das Ergebnis des ersten Tests wurde nicht anerkannt mit der Begründung, bei einem vierjährigen Kind habe es keine Aussagekraft, außerdem sei der erste Test schon sehr lange her, der IQ wäre nicht stabil. Ergebnis des zweiten Tests: 124 IQ-Punkte, Urteil des Schulpsychologen: nicht hochbegabt. Zwar begriffen einige Lehrer nun, dass Jonas möglicherweise unterfordert war, also anspruchsvollere Aufgaben brauchte, doch durfte er diese erst bearbeiten, wenn er alle anderen (für ihn langweiligen und daher ermüdenden) Aufgaben erledigt hatte. Dazu kam, dass die Möglichkeiten der besonderen Förderung an dieser Schule sehr begrenzt waren, mehr als den „besonderen" Kindern einige Zusatzaufgaben in Mathematik anzubieten, schaffte man dort nicht. Die Situation und Jonas' Verhalten wurden nur zeitweise und auch nur mäßig besser. Immer häufiger litt der Junge jetzt unter Kopf- oder Bauchschmerzen und musste vorzeitig aus der Schule abgeholt werden. Die Lehrer vermuteten, dass Jonas trotz seines hohen IQ *mit den Zusatzaufgaben überfordert sei. Nach dem dritten Schuljahr wechselte der Junge auf eine andere Schule, was die Lage wieder etwas entspannte, doch gelegentlich klagte er immer noch über Kopf- und Bauchschmerzen. Nach einem halben Jahr an der neuen Schule kamen bei Jonas morgendliche Übelkeit und Erbrechen hinzu, weshalb er der Schule häufig fernbleiben musste. Da der Kinderarzt keine körperliche Ursache bei ihm ermitteln konnte, wurde Jonas in eine Kinder- und Jugendpsychiatrie überwiesen, wo er – im Rahmen aufwendiger Untersuchungen – nochmals einen IQ-Test absolvierte. Diesmal lag das Ergebnis bei 108 Punkten, und die Fachärzte sagten der Mutter auf ihre Nachfrage, das hohe Ergebnis des IQ-Tests bei dem vierjährigen Jonas sei wohl nur auf einen Entwicklungsvorsprung zurückzuführen gewesen, das käme häufiger vor, und man könnte an den Testergebnissen deutlich erkennen, dass die Intelligenz sich auch wieder „normalisieren" könnte. Jonas sei ganz eindeutig nicht hochbegabt.*

Doch es war nicht etwa Jonas' Intelligenz verschwunden, vielmehr konnte er sie nicht mehr zeigen. Schon im Kindergarten wurde er trotz des hohen Testergebnisses in seinem Wesen nicht erkannt und nicht angenommen. Seine Wissbegier und seine Lernfreude wurden massiv gebremst, die vorzeitige Einschulung verwehrt. Als Jonas dann endlich in die Schule kam, freute er sich darauf, jetzt endlich auch lernen zu dürfen. Doch schon nach kurzer Zeit musste er feststellen, dass er dort nichts Neues lernen konnte, und was er bereits wusste und konnte, durfte er nicht einbringen. Es ging immer erst dann im Lernstoff weiter, wenn auch alle anderen Kinder so weit waren. So musste Jonas oft den größten Teil des Unterrichts über untätig abwarten, was ihn (logischerweise) immer stärker frustrierte. Als er zu Beginn des zweiten Schuljahres auch Zusatzaufgaben bekam, keimte wieder Hoffnung in ihm auf. Doch dass er immer wieder zuerst alle einfachen Aufgaben erledigen musste, bevor er an den für ihn interessanten Stoff herandurfte, ließ diese Hoffnung schnell wieder sterben. Jonas empfand dies (berechtigt!) als Strafarbeit. Also machte sich eine noch größere Frustration in dem Jungen breit, die bald zur vorherrschenden Grundstimmung wurde. Unter solchen Umständen wundert es nicht, dass sich auch seine Testergebnisse immer mehr verschlechterten. Jonas wurde dadurch aber nicht zum Normalbegabten, er ist nach wie vor ein – sehr enttäuschter und frustrierter – Hochbegabter.

Maja – erkannt, gefördert und glücklich

Maja konnte schon als Anderthalbjährige sehr gut sprechen, und von da an stellte sie ununterbrochen Fragen. Ihr kleiner Mund stand nie still, sie wollte immer alles ganz genau wissen. Je mehr Auskünfte sie erhielt, desto mehr hakte sie nach. Ihre Eltern fanden dieses Verhalten beide anstrengend und waren unsicher, ob sie dem Kind seine anspruchsvollen Fragen umfassend beantworten sollten oder ob sie die Kleine damit überforderten. Deshalb ließen sie Maja im Alter von drei Jahren und zehn Monaten testen, wobei eine weit überdurchschnittliche Intelligenz festgestellt wurde: Majas IQ lag etwa bei 125. Ihre Eltern waren sich bewusst, dass das Ergebnis in so frühem Alter nur eine Richtung weist, aber es beruhigte sie, dass ihr Kind offenbar ganz normal war. Also beantworteten sie weiterhin geduldig jede von Majas Fragen, stellten dem Kind Lernmaterial so zur Verfügung, wie es Majas aktuellen Interessen entsprach, besuchten mit ihr Ausstellungen und andere Veranstaltungen und schauten sich im Fernsehen gemeinsam mit ihr Dokumentationen an. Majas Interessen wechselten häufig, was ihre Eltern gelassen hinnahmen und sich darauf einstellten. Sie war ein fröhliches und ausgeglichenes Kind und im Kindergarten sehr beliebt. Nur dass sie im Spiel mit anderen Kindern immer die Regeln bestimmen wollte, stieß oftmals auf Unverständnis. Maja reagierte darauf mit einem empörten „Ja, aber wenn ich doch recht habe!" und widmete sich anschließend wieder dem Spiel. Auch darauf reagierten sowohl die Erzieher als auch die Eltern mit Gleichmut. *Maja wurde als Fünfjährige vorzeitig eingeschult und war eine gute Schülerin. Wenn sie mit ihren Aufgaben fertig war, half sie gern anderen Schülern, wobei sie sehr geduldig vorging. Die Lehrer ließen sie gewähren und bestärkten sie durch Lob. Maja übersprang die zweite Klasse, und als es in der vierten Klasse um die Auswahl der weiterführenden Schule ging, wurde sie erneut getestet. Diesmal wollten die Eltern gern ein umfassendes Begabungsprofil ihrer Tochter, um die richtige Schule für sie auswählen zu können. Maja freute sich auf die neue Schule und war deshalb mit großem Engagement bei der Begabungsdiagnostik. Es stellte sich heraus, dass ihr IQ gestiegen war, es wurden 142 IQ-Punkte gemessen, und Maja legte eine eklatant hohe Begabung im sprachlichen Bereich an den Tag.*

Maja wurde erst von ihren Eltern, später von den Grundschullehrern in ihrer Neugier, ihrem Wissensdrang und ihren Interessen aktiv gefördert, aber nie gedrängt oder gar gedrillt. Dadurch hat sie ein gesundes und stabiles Selbstwertgefühl und viel Selbstvertrauen entwickeln können. Sowohl durch die Unterstützung ihrer Eltern als auch durch die vorzeitige Einschulung und den Klassensprung in der Grundschule wurde sie darin bestätigt, sodass sie ein absolut positives Selbstbild entwickeln konnte. Unter derart idealen Umständen verbessern sich Testergebnisse sogar häufig (erheblich).

Welchen IQ-Test soll mein Kind (oder ich selbst) machen?

Die wichtigste Grundlage bei der Auswahl eines IQ-Tests bildet immer die Problemstellung. Wobei soll ein Testergebnis helfen? Geht es um die Entscheidung für eine vorzeitige Einschulung, das Überspringen einer Schulklasse, die individuelle Förderung im Klassenverband, einen Schulwechsel, die Aufnahme in einen Hochbegabtenzug/eine Hochbegabtenschule, entspringt der Wunsch nach einem IQ-Test einer großen Unsicherheit der Eltern bezüglich (eines) ihrer Kinder oder ist ein Erwachsener über seine eigene Persönlichkeit im Ungewissen? All dies und bestimmt noch vieles andere sind gute Gründe, einen IQ-Test machen zu lassen. Eine (wachsende) Anzahl von Tests wird durchgeführt, wenn Kinder Verhaltensauffälligkeiten unterschiedlicher Art und unterschiedlichen Ausmaßes zeigen. Manche Eltern sind leider davon überzeugt, dass ein IQ-Test erst dann notwendig wird, wenn ihr Sprössling zum „Problemkind" geworden ist. Sie und alle anderen Eltern bitte ich hier eindringlich, sich dabei vor Augen zu führen, dass Kinder bereits einen mehr oder weniger langen Leidensweg hinter sich haben, bevor sie verhaltensauffällig werden. Sie ertragen permanente Unterforderung, Passungsprobleme (diese Probleme entstehen, weil die betreffenden Kinder aufgrund ihres anderen und schnelleren Denkens und ihrer „nicht kindgerechten" Interessen nicht in ihre Altersgruppe passen) und auch Mobbing oftmals über eine lange Zeitspanne, ohne dass es von den Eltern oder anderen Erwachsenen bemerkt wird. Und bedenken Sie bitte auch, dass ein IQ-Test bei einem Kind in einer schwierigen Lebenssituation eher ein falsch-negatives Ergebnis erbringen kann, sodass das Kind nicht als hochbegabt erkannt wird und es im Anschluss folglich keine adäquate Unterstützung bekommt. Werden Kinder getestet, wenn sie zufrieden und ausgeglichen sind, können sie in dem Test ihr ganzes Potenzial viel besser zeigen. Das Risiko eines falsch-negativen Testergebnisses ist dann deutlich geringer, und Sie als Eltern haben die Möglichkeit, sich intensiver mit der Hochbegabung (falls vorhanden) Ihres Kindes zu beschäftigen und können damit auf jeden Fall Ihrem Kind und möglicherweise auch sich selbst viel Leid ersparen.

Doch aus welchem Grund auch immer Sie einen solchen IQ-Test in Erwägung ziehen, ich empfehle grundsätzlich und immer, sich dafür an einen ausgewiesenen Begabungsdiagnostiker zu wenden. Diese spezialisierten Psychologen haben Fortbildungen absolviert und besitzen entsprechende Erfahrung. Durch Gespräche mit den Eltern, dem Kind und gegebenenfalls auch mit Lehrern versetzen sie sich in die Lage, aus der Perspektive der Hochbegabung beispielsweise die Ursachen für Verhaltensauffälligkeiten zu erkennen und entsprechende Interventionen zu empfehlen. Sie haben den Überblick über unterschiedliche Testverfahren, können daher den passenden Test für Ihr Kind oder Sie selbst analog zur Problemstellung auswählen und das Ergebnis korrekt interpretieren. Während des Testablaufs beobachten sie die Probanden mit geschultem Blick und können so auch erkennen, ob und an welcher Stelle Schwierigkeiten auftreten, und diese richtig deuten. Sie sind imstande, sowohl falsch-negative als auch die seltenen falsch-positiven Testergebnisse zu erkennen und den jeweiligen Probanden richtig einzuschätzen. Darüber hinaus kommen sie in einem solchen Verfahren unter Umständen auch Lernstörungen auf die Spur, was bei Hochbegabten nicht immer leicht ist, weil sie durch ihre hohe Intelligenz vieles kompensieren können. Kosten und Mühen (wie etwa eine längere Anfahrt) sollten bei der Auswahl eines Diagnostikers im Hintergrund stehen, denn es geht im Zweifel um die Zukunft Ihres Kindes oder Ihre eigene und in nicht wenigen Fällen gar darum, seelischen Verletzungen vorzubeugen oder bereits vorhandene zu erkennen, ihr Ausmaß in Grenzen zu halten und vielleicht längerfristig zu ihrer Heilung beizutragen. Überlegen Sie also gut, wem Sie sich selbst oder Ihr Kind anvertrauen. Manche Eltern verfügen nicht über die finanziellen Mittel, um einen Begabungsdiagnostiker zu konsultieren, denn diese Fachleute müssen privat bezahlt werden. Werfen Sie die Flinte aber nicht zu schnell ins Korn! Es gibt immer Möglichkeiten: Zum Beispiel gewähren die meisten Begabungsdiagnostiker auch Ratenzahlungen. Mancherorts gibt es eine Stiftung oder ähnliche Einrichtungen, die (wenigstens) einen Teil der Kosten übernehmen, und in einigen Fällen erklärt sich auch das Jugendamt dazu bereit. Eine offene Einstellung und konkrete Nachfragen können hier sehr hilfreich sein.

An dieser Stelle erlaube ich mir die Anmerkung, dass ich selbst keine Begabungsdiagnostikerin bin. Ich führe keine Intelligenztests durch, sondern empfehle in Fällen, in denen es mir nötig erscheint, entsprechende Fachleute. Hinweise dazu finden Sie in diesem Buch unter „Nützliche Adressen" (siehe S. 312).

Zum Abschluss noch ein Wort an alle Erwachsenen, die darüber nachdenken, selbst einen IQ-Test zu machen: Die am Beginn dieses Kapitels aufgeführten Aussagen über IQ-Tests stammen alle von Erwachsenen (Eltern). Obwohl sie die Inhalte teilweise auch auf ihre Kinder übertragen, geht es in erster Linie um sie selbst und ihre große Scheu vor derartigen Tests. Diese Scheu ist keineswegs verwunderlich, wenn jemand sein bisheriges Leben lang die Erfahrung gemacht und von seiner Umwelt vermittelt bekommen hat, dass er „falsch" ist. Denn wenn ein Mensch nicht verstanden wird und seine Ideen als Unsinn verworfen werden, fühlt er sich auch falsch und vor allem dumm. Oder zumindest nur mittelmäßig intelligent. Das betrifft vor allem Frauen. Unter solchen Umständen bildet ein IQ-Test eine große Hürde, denn über Jahrzehnte hinweg internalisierte Denk- und Handlungsmuster lassen sich nicht einfach beiseiteschieben. Nach der Lektüre bis zu dieser Stelle wissen Sie, dass in IQ-Tests kein Wissen abgefragt wird, dass es dabei um grundlegende Fähigkeiten geht, über die jeder Mensch in mehr oder weniger ausgeprägtem Maß verfügt – also auch Sie! Ihnen ist klar, dass unterschiedliche Intelligenztests existieren und ihnen unterschiedliche Theorien oder Begabungsmodelle zugrunde liegen. Und Sie haben gelernt, dass Begabungsdiagnostiker sich bestens mit Hochbegabung auskennen. Bevor Sie noch länger in Selbstzweifeln und Kummer verharren und unnötig Energie aufwenden, um das auszuhalten, nehmen Sie all Ihren Mut zusammen und suchen Sie einen Begabungsdiagnostiker auf. Dort wird man Sie einfühlsam und verständnisvoll durch das Diagnoseverfahren begleiten. Ich wünsche Ihnen den nötigen Mut und jede Menge nützliche Erkenntnisse über sich selbst!

Kreativität

Wie für alle abstrakten Begriffe existieren auch für Kreativität viele einander ähnelnde Definitionen, aber keine allgemeingültige. Den meisten Menschen kommen dabei Werke der bildenden Künste in den Sinn, wie grandiose Bauten, Gemälde, Zeichnungen, Skulpturen, Installationen oder Musikkompositionen, also lauter „schöngeistige" Dinge. Eben Kunst. In diesen Formen können dazu begabte Menschen ihre Kreativität zum Ausdruck bringen. Doch das ist längst nicht alles: Kreativität zeigt sich auf vielfältige Weise auch in unserem Alltag. Wenn jemandem am laufenden Band neue Geschäftsideen einfallen, so ist er kreativ, und wenn er dreimal nicht in der Lage ist, auch nur einen vollendeten Pinselstrich zu Papier zu bringen oder einen einzigen Ton der Tonleiter richtig zu treffen. Forscher und Wissenschaftler sind ebenfalls kreativ, denn sie entwerfen neue Ideen und Konzepte, die unsere Gesellschaft in irgendeiner Weise weiterbringen, oder entwickeln Produkte, die zum Nutzen aller oder mindestens bestimmter Gruppen hergestellt werden können. Doch bevor eine kreative Leistung sichtbar werden kann, muss sie erdacht worden sein, es muss die Idee dafür geboren und dann in einem mehr oder weniger langen Gedankenprozess weiterentwickelt werden, bis sie sich voll entfaltet. Kein Bild, keine Skulptur und kein Musikstück, kein Gedicht und keine Geschichte kann entstehen ohne eine Idee dahinter, die heranreift. Kreativität ist also ein komplexer Prozess, der mit einer Idee beginnt und sich keineswegs auf bestimmte Interessengebiete beschränkt.

Wie die Intelligenz wird auch die Kreativität als Terminus unterschiedlich besetzt und von den unterschiedlichen Fachleuten unterschiedlich beschrieben. Auch hier ergeben sich die Unterschiede aus der Perspektive, die der jeweilige Betrachter einnimmt. Das lateinische Verbum *creare* bedeutet zunächst einmal ganz wertfrei „erschaffen", „hervorbringen", „erzeugen". Was in einer Gesellschaft als kreativ gilt, unterliegt jedoch ihrem kulturellen Wertesystem. Bei uns im Westen wird Kreativität als *Schaffensprozess* verstanden, der auf einer *Intention*, einer Idee aufbaut und etwas *Wertvolles* und *Neuartiges* hervorbringt. Insbesondere der Aspekt des „Wertvollen" wird je nach Kultur mit sehr unterschiedlichen Inhalten gefüllt. In unserer westlichen Kultur spielt zum einen die Wert-Schätzung der Gegenstände als solche eine Rolle – das Spektrum reicht hier von sich einfach erschließenden, allgemein verständlichen Werken und Darstellungen bis zu extrem Außergewöhnlichem, Seltenem. (Dabei geht es durchaus auch um die große Könnerschaft in der künstlerischen Umsetzung der

Grundidee.) Und mittlerweile gewinnt auch der Gedanke an eine Wert-Steigerung, also handfeste finanzielle Interessen, immer größere Bedeutung. Die Preise für Kunstwerke gehen immer häufiger buchstäblich „durch die Decke" – so erzielte im November 2017 eine Darstellung von Jesus als „Salvator Mundi" des genialen Leonardo da Vinci die schier unvorstellbare Summe von sage und schreibe 450 Millionen Dollar (nachdem das Bild 1958 als Kopie eingestuft worden war und für schlichte 45 britische Pfund den Besitzer gewechselt hatte).

Einige Wissenschaftler definieren Kreativität über ihr Ergebnis, also über das jeweilige Produkt. Dabei zählen vor allem die Aspekte der *Neuartigkeit*, der *Absicht* hinter der Produktion und der (beabsichtigte) *Nutzen*. Demnach könnten Zufallsprodukte also als kreative Leistungen gelten. Die Nützlichkeit steht hier für die Lösung des/eines Problems. Das betrifft auch die Werke der bildenden Künste, denn die geistige Auseinandersetzung mit dem jeweiligen Thema führt letzten Endes zur Materialisierung einer Problemlösung, und zwar in Form des Produkts, auch wenn beispielsweise die Frage „Welches Bild male ich mit welchen Materialien und in welcher Technik?" nicht unbedingt und nicht von jedem als Problem betrachtet würde.

Andere beschreiben Kreativität als *Problemlösungsprozess*. Hierbei wurde untersucht, welche Denkprozesse in welcher Reihenfolge dem kreativen Ergebnis vorangehen. Nach den Beobachtungen des englischen Sozialpsychologen Graham Wallas (1858–1932; *The Art of Thought*, 1926) geschieht das in vier Phasen:

1. Präparation (Vorbereitung): Sie beinhaltet die Erkenntnis, dass ein/ das Problem existiert.

2. Inkubation (Reifung, Ideensammlung, Ideenauswahl): Sie findet unbewusst und damit von bekannten Gedankenmustern unbeeinflusst, also „unkontrolliert", statt.

3. Illumination, auch Inspiration (Erleuchtung, Einsicht): In dieser Phase zeigt sich die Lösung, manchmal erscheint sie einem sogar urplötzlich vor dem inneren Auge – so wie der griechische Mathematiker Archimedes (287–212 v. Chr.) das physikalische Prinzip des Auftriebs begriff, als er in die Badewanne

stieg, woraufhin er sein berühmtes Heureka! – „Ich hab's gefunden!" – ausrief.

4. Verifikation, Ausarbeitung: In dieser Phase überprüft der kreative Mensch seine Ideen und Einsichten/Vorstellungen auf ihre Realitätstauglichkeit und Umsetzbarkeit; es ist die schwierigste Phase, denn der Kreative (Künstler, Erfinder, Wissenschaftler) darf hier nicht den Glauben an sich und seine Idee, sein Werk, sein Produkt verlieren.

Diese vier Phasen sind in der Realität allerdings selten so klar voneinander zu trennen. Meist gehen sie nahtlos ineinander über, überlappen sich oder finden teilweise parallel statt. So kann sich beispielsweise der Wissenserwerb über die ersten drei Phasen erstrecken, weil der kreative Denker/Künstler immer neue Informationen/ Inspirationen erhält und Ideen produziert. Dadurch verschwimmen die Grenzen.

Der bereits erwähnte J.P. Guilford (das ist der amerikanische Intelligenzforscher mit dem „divergenten Denken", siehe S. 44) interpretiert den kreativen Prozess als „Teilprozesse beim generellen Problemlösen". Er stellt die intensive Auseinandersetzung mit Problemen und deren Bearbeitung dar.[13] Aus dieser Perspektive benennt er die vier Phasen selbsterklärend wie folgt:

1. Die Erkenntnis, dass ein Problem existiert.
2. Die Produktion einer Vielzahl problembezogener Ideen, wobei die Fähigkeit zum divergenten Denken eine zentrale Rolle spielt.
3. Die Auswertung der verschiedenen Ideen und die Feststellung, welche davon am ergiebigsten für das vorhandene Problem sind.
4. Das problemrelevante Schlussfolgern.

Betrachtet man Kreativität nun aus der Perspektive der *kreativen Persönlichkeit*, stellt sich die Frage, welche Persönlichkeitsmerkmale kreative Menschen gemeinsam haben. Hier wurden in vielen Untersuchungen übereinstimmend *Neugier* (Offenheit für neue Erfahrungen), *Unabhängigkeit im Denken* (Autonomie) und *Nonkonformismus* (geistige Unabhängigkeit, Selbstsicherheit) festgestellt. Die „Kehrseite der Medaille" bildet eine *erhöhte Sensibilität* (Sensitivität), wodurch die Kreativen anfälliger werden für Stress durch äußere Reize. Einige Forscher vermuten dahinter einen Grund dafür, dass sich Kreative gerne „abschotten", sich also beharrlich in *ein Thema* vertiefen und sich absolut darauf konzentrieren. Durch den Rückzug in ihre eigene Gedankenwelt schirmen sie sich wahrscheinlich gegen äußere Reize ab und vermeiden dadurch unnötige Stresssituationen. Raymond Cattell (siehe S. 38) ermittelte bei seinen umfangreichen Untersuchungen zur Kreativität in den 1970er-Jahren auch Eigenschaften dieser Persönlichkeiten, die heute zum festen Bestand des Klischeerepertoires gehören: Kreative seien eigenwillig, unbeugsam und Freigeister. Deshalb verspürten sie einen Drang, Konventionen, Regeln und Tabus zu brechen und Normen und Gesetze zu missachten. Dies trifft bestimmt auf einige (bekannte) kreative Persönlichkeiten zu. Aber ganz sicher weisen nicht alle Kreativen alle diese Merkmale auf. Ihr Verhalten hängt auch mit den Themengebieten zusammen, in denen sie sich bewegen, und natürlich in hohem Maß mit den Erfahrungen, die sie in ihrem Leben gemacht haben.

Und schließlich kann man Kreativität auch aus der Perspektive des *sozialen Umfelds* betrachten. Damit sich Kreativität (überhaupt) entwickeln kann, sind hier mehrere Faktoren maßgeblich: Zum einen müssen die Menschen im Umfeld kreative Verhaltensweisen erkennen, verstehen und fördern. Wie oben bereits erwähnt: Kreative Menschen sind sehr sensibel, weshalb sie sich häufig in sich selbst zurückziehen und ihre Fähigkeiten verbergen, wenn sie sich unverstanden fühlen oder auch wirklich nicht verstanden werden. Zum anderen braucht es im Umgang mit Kreativen eine gewisse Toleranz für ihre Eigenarten. Auch wenn sie auf ein verständnisloses, ablehnendes und gar „kritikwütiges" Umfeld treffen, besteht die Gefahr, dass sie ihre Fähigkeiten unter Verschluss halten. Manchmal ist für den Prozess des Erschaffens von Neuem auch die Mitwirkung anderer (außenstehender) Personen nötig, manchmal müssen unterschiedliche Fähigkeiten und

Fertigkeiten zusammenkommen, damit das künstlerische Werk oder das kreative Produkt überhaupt entstehen kann.

Mihály Csíkszentmihályi hat unter Berücksichtigung all dieser Faktoren drei Komponenten der Kreativität formuliert, die einander gegenseitig beeinflussen:

1. Das Individuum beziehungsweise die kreative Person, die vor dem Hintergrund ihrer Eigenschaften und ihrer Entwicklung agiert.

2. Der spezifische Bereich, die Domäne, das Gebiet, in dem die Person kreativ ist und das seinerseits einen Teil der Gesamtkultur bildet.

3. Das soziale Umfeld beziehungsweise jener Teil der Gesellschaft, der entscheidet, was als kreativ anerkannt wird und was nicht.

Es gibt sicher noch einige andere Blickwinkel, aus denen man Kreativität betrachten und definieren kann. Doch die hier dargestellten Auffassungen reichen Ihnen bestimmt aus, um sich ein gutes Bild der kreativen Persönlichkeit, von Kreativität selbst und auch von den daraus entstehenden Schaffensprozessen zu machen.

Mittlerweile gibt es keinen Zweifel mehr daran, dass Intelligenz eng mit Kreativität zusammenhängt. Unterschiedliche Auffassungen herrschen allerdings darüber, in welchem Verhältnis sie zueinander stehen.

Geht man davon aus, dass beiden identische Denkprozesse zugrunde liegen, so sind Kreativität und Intelligenz dasselbe. Dementsprechend wären beide auch in ihrem Ausmaß identisch: Je höher die Intelligenz, desto größer die Kreativität, und umgekehrt. Demnach wären alle Hochbegabten auch außergewöhnlich kreativ und alle außergewöhnlich Kreativen gleichermaßen hochbegabt.

In den Augen einiger Forscher ist Kreativität ein Teil der Intelligenz, wobei sie den Einfallsreichtum mit divergentem Denken (beide bilden in den oben vorgestellten Vier-Phasen-Modellen jeweils die zweite Phase) gleichsetzen. Diese Auffassung fand auch Eingang in einige Intelligenztests, in denen divergentes Denken als Zeichen von Kreativität gewertet und psychometrisch erfasst (gemessen) wird.

Einer genau umgekehrten, allerdings wenig populären Lehrmeinung zufolge bildet die Intelligenz (nur) einen Teil der Kreativität. Hier ist Kreativität zunächst gleichbedeutend mit der Produktion von Ideen, die dann mithilfe anderer Faktoren realisiert werden können. Einer dieser Faktoren ist die Intelligenz.

Eine weitere Theorie beschreibt Intelligenz und Kreativität als zwei Konstrukte, die sich teilweise überlappen. Diese Annahme gründet auf der Feststellung, dass kreative Menschen meistens auch eine überdurchschnittliche Intelligenz besitzen. Bei Verfechtern von Alltagstheorien (Abteilung „Hausmacherphilosophie") ist diese Auffassung zwar recht beliebt, in der Fachwelt gilt sie jedoch als veraltet und wird deshalb kaum je berücksichtigt.

Und dann gab es da auch noch die Idee, dass Intelligenz und Kreativität zwei völlig unterschiedliche und voneinander unabhängige Konstrukte seien. Diese Auffassung wird heute in der Wissenschaft nicht mehr geteilt.

Die (hoch)begabte Persönlichkeit

Auch nach all diesen Ausführungen stellt sich immer noch die Frage: Was ist Begabung denn nun wirklich? Zunächst einmal ein psychologisches Konstrukt! Und diesem können wir uns am besten annähern und dadurch Antworten auf die Frage finden, wenn wir uns einmal von dem quantitativen (in Form einer Zahl oder Menge ausgedrückten) IQ lösen und uns die qualitative Seite der Begabung, also ihre innere Beschaffenheit, anschauen. Was macht die begabte Persönlichkeit aus? Lassen sich Merkmale und Eigenschaften ermitteln, die diese Menschen gemeinsam haben, und woran kann man (Hoch)Begabte erkennen? Denn natürlich existiert *der* Hochbegabte genauso wenig, wie es *den* Sportler oder *den* Musiker gibt. So vielfältig und facettenreich wie die Interpretationen des Begriffs „hochbegabt" sind auch die Menschen, die auf die er zutrifft. Sie bilden nämlich eine ausgesprochen heterogene Gruppe! Dennoch ist es im Lauf der vergangenen Jahrzehnte verschiedenen Experten gelungen, einige Eigenschaften herauszuarbeiten, denen man – in unterschiedlichen Variationen und Ausprägungen – bei den meisten Hochbegabten begegnet. Im Folgenden habe ich Ihnen eine Auswahl der hervorstechendsten Merkmale begabter Menschen zusammengestellt und sie mit ein paar Erläuterungen versehen. Im Anschluss an diese Aufzählung lege ich dar, wie diese Charakteristika zustande kommen und wie sie einzuordnen sind.

Das Gefühl des „Andersseins"

Menschen sind soziale Wesen. Es ist eines unserer Grundbedürfnisse, miteinander zu kommunizieren, Aufmerksamkeit und Anerkennung von anderen zu erhalten und ihnen unsererseits beides entgegenzubringen. Wir möchten Informationen bekommen, sie weitergeben, um daraus zu lernen und daran zu wachsen. Wenn ein Kind geboren wird, findet es all das zunächst bei seinen Eltern. Doch bald schon möchte es seine kleine Welt erweitern und sich im Umgang mit anderen Kindern erleben. Im Kontakt mit „Gleichartigen" vergleicht es sich selbst mit den anderen und das, was es bisher gelernt hat, mit deren Wissen und Können. Menschen tauschen sich schon in ihrer frühesten Jugend miteinander aus. Natürlich hat ein sehr kleines Kind nur begrenzte Möglichkeiten dazu, aber diese reichen ihm völlig, um festzustellen, ob sein Gegenüber ihm ähnlich ist. Dieser Vorgang ist wichtig, damit sich ein Mensch „verorten" kann. Das heißt, um zu erkennen, wo er in der Gruppe steht, und sich ihr auf diese Weise zugehörig zu fühlen. Dabei ist es auch nicht schlimm, wenn er auf ein paar „Artgenossen" trifft, die nur wenig Ähnlichkeit mit ihm selbst aufweisen, denn er wird vielen anderen begegnen, bei denen er Gemeinsamkeiten feststellen kann. So lernt ein Kind, dass es ein Teil der Gruppe ist, dort Aufmerksamkeit und Anerkennung bekommt und (s)einen Wert für diese Gruppe hat. Das ist sein erster Schritt, sich in unserer Gesellschaft wohlzufühlen und einzuordnen.

Bei begabten Kindern läuft dies jedoch weniger reibungslos ab, weil sie den anderen Kindern ihrer Altersgruppe in vielem voraus sind. Deswegen interessieren sie sich auch häufig für Dinge, die Gleichaltrige noch gar nicht aufregend finden. Im Klartext: Das Spiel mit Kindern, die ihm in ihrer kognitiven Entwicklung „hinterherhinken", stellt für das (hoch)begabte Kind einen Rückschritt in seinem Lernprozess dar und ist damit seinem natürlichen Verlangen nach innerem Wachstum diametral entgegengesetzt. Dadurch gerät das Kind in einen Konflikt, den es nicht zu lösen vermag. Das aber kann auch ein begabtes Kind noch nicht verstehen. Je häufiger solche Situationen auftreten und je deutlicher sie sich ihm einprägen, desto tiefer wächst in dem jeweiligen Kind die Überzeugung, dass es anders ist als alle anderen, dass es deshalb zu keiner Gruppe gehört und überhaupt nicht in diese Welt passt.

Diese Erfahrung machen begabte Kinder schon in sehr frühen Jahren und finden sie im Lauf ihres weiteren Lebens immer wieder bestätigt und damit bestärkt. Den Kindern in ihrem Umfeld entgeht dieses „Anderssein" der Begabten natürlich auch nicht. Sie bemerken, dass das begabte Kind andere Interessen hat, sich anders, meist gewählter ausdrückt als sie selbst, den unter Kindern üblichen Raufereien am liebsten aus dem Weg geht, und viele andere Dinge. Und weil ihnen ihre meisten anderen Spielgefährten viel ähnlicher und damit vertrauter sind als das begabte Kind, sind sie logischerweise auch lieber mit diesen „Gleichartigen" zusammen. Das führt häufig zur Ausgrenzung begabter Kinder – eine sehr schmerzliche Erfahrung, die heranwachsende oder erwachsene Begabte sich dann häufig zu ersparen suchen, indem sie sich aus Selbstschutz oder Enttäuschung lieber selbst aus dem sozialen Umfeld in ihr „Schneckenhaus" zurückziehen.

Hohes Denk- und Sprechtempo, vielleicht auch ein sprunghaft wirkendes, assoziatives Denken – wobei andere Menschen oft nicht folgen können

Begabte Menschen haben ständig Unmengen von Gedanken, Ideen und Fragen im Kopf, die sie auch mit anderen Menschen teilen möchten. Viele empfinden (oder befürchten) dabei, ihnen würde die Zeit nicht ausreichen, um all dies darzulegen und ihrem jeweiligen Gegenüber verständlich zu machen. Deshalb versuchen sie, in kurzer Zeit so viele Informationen wie möglich an die Frau oder an den Mann zu bringen, und das schlägt sich in einem mitunter drastisch erhöhten Sprechtempo nieder. Aufgrund ihrer geschärften Sinne und ihrer hohen Aufnahmekapazität schwirren den Begabten aber auch viele unzusammenhängende Einzelinformationen in den Köpfen herum, die sich im Gespräch oft in Windeseile zusammenfügen, wodurch wieder neue Gedanken, Ideen und Fragen entstehen, die sie dann (natürlich) auch einflechten. Das erweckt in ihren Gesprächspartnern häufig den Eindruck, sie schnitten immer wieder plötzlich ganz andere Themen an. Diese reagieren dann mit Äußerungen wie „Bleib doch endlich mal bei der Sache!" oder „Was hat das denn jetzt damit zu tun?". Aber die Begabten sind keineswegs von ihrem (Grund-)Thema abgewichen, sondern ihrem Gegenüber nur schon etliche „Gedankenlängen" voraus. Da ihnen selbst oft gar nicht bewusst ist, dass auf diesem Weg viele kleinere Zwischenschritte oder -stopps notwendig sind und andere Menschen diese tatsächlich brauchen, überspringen sie diese ihnen selbstverständlich erscheinenden Zwischenstationen im Gespräch einfach. Folge: Das Gegenüber kommt irgendwann nicht mehr mit, fühlt sich von der Wortlawine des Begabten überrollt, ist von seinen Gedankensprüngen im „Känguru-Stil" wahrscheinlich irgendwann ziemlich genervt und geht dem begabten Menschen deshalb in Zukunft vielleicht eher aus dem Weg. Dieser ist sich keiner „Schuld" bewusst, begreift meist überhaupt nicht, was der andere haben könnte, und fühlt sich – wieder einmal – unverstanden, weil für ihn doch alles völlig transparent ist. Da hilft nur eines: nachhaken, den Wortgewaltigen freundlich, aber bestimmt unterbrechen, ihm ganz dezidiert klarmachen, welche Infos man selbst braucht und in welchem Tempo man sie verarbeiten kann, um ihn zu verstehen und selbst auch Spaß an dem Gedanken-A*ustausch* (!) zu haben.

Sehr gutes sprachliches Ausdrucksvermögen, großer Wortschatz, oft eine „gewählte" Ausdrucksweise

Begabte Menschen erkennen sprachliche Feinheiten und unterschiedliche Nuancen oft schon, bevor sie selbst sprechen können, und begreifen rasch, dass ein Wort unter Umständen verschiedene Bedeutungen besitzt und unterschiedliche Wörter ein und dasselbe aussagen können. So lernen sie schnell, dass man sich einen sehr umfangreichen Wortschatz und eine präzise Ausdrucksweise zulegen muss, wenn man vielfältige Gedanken und Gefühle oder komplexe Sachverhalte verstehen und entsprechend differenziert mitteilen möchte – also eignen sie sich beides an. Dass dahinter der Wunsch nach Genauigkeit steckt und ältere Begabte diese Präzision auch für unabdingbar halten (wobei das gar nicht sein muss!), ist den meisten normalbegabten Mitmenschen nicht klar, weshalb sie diese differenzierte Ausdrucksweise häufig als „gewählt", manchmal aber auch abfällig als „hochgestochen" bezeichnen.

Große Abstraktionsfähigkeit und gutes logisches Denkvermögen

Dieses Merkmal der (Hoch)Begabten wird fast ausnahmslos mit im naturwissenschaftlichen/ mathematischen Bereich sichtbaren oder nutzbaren Fähigkeiten gleichgesetzt. Wenn Menschen das Wort „Logik" hören, denken sie zuallererst an Mathematik. Erst danach an Physik, möglicherweise an Technik im Allgemeinen, manchmal an Chemie und selten auch an Biologie. Aber sie denken so gut wie nie an soziale Situationen. Dabei sind diese Begriffe an sich völlig losgelöst von fachbezogenen Interessen oder Begabungen. Abstraktionsfähigkeit und logisches (schlussfolgerndes) Denken sind kaum voneinander zu trennen – beziehungsweise bedingt das eine das andere. Als *deduktives* logisches Denken bezeichnet man Schlussfolgerungen vom Großen zum Kleinen, also den Rückschluss von einem Gesamtkontext auf ein Detail. Das *induktive* logische Denken verläuft genau andersherum: Hier schließt man vom Detail auf das große Ganze. Beide Vorgänge erfordern eine gewisse Abstraktionsfähigkeit, allerdings kommt sie beim induktiven logischen Denken stärker zum Tragen. Das lateinische Verbum *abstrahere* bedeutet „entfernen", „trennen", „sich von etwas losmachen": Man abstrahiert also von etwas, indem man beispielsweise unwichtige Details vernachlässigt. „Abstraktionsfähig" ist ein Mensch, der es schafft, sich auf das Wesentliche einer Aussage, eines Sachverhalts zu beschränken und dabei Einzelheiten wegzulassen, damit der Kerngedanke erkennbar wird und man ihn verallgemeinern kann. Um Einzelheiten als solche zu erkennen und sie weglassen zu können, muss man sich häufig gedanklich und/oder emotional aus einer Situation, von einem Sachverhalt entfernen.

Um Zusammenhänge herstellen oder auch Differenzierungen vornehmen zu können, braucht man viele Informationen, wobei Begabte diese Informationen aufgrund ihrer hohen Wahrnehmungsfähigkeit meist unbewusst oder teilbewusst bereits irgendwo parat haben. So können sie aus einem großen Fundus von Einzelinformationen schöpfen, die ihnen helfen, Dinge miteinander in Beziehung zu setzen oder voneinander zu trennen, was auch wieder über Abstraktionsvorgänge geschieht: Sie entfernen sich gedanklich und/oder emotional aus einer konkreten Situation, um sie mit anderen Situationen zu vergleichen. Im Gespräch mit einem anderen Menschen oder beim Lesen eines Texts beispielsweise kommen ihnen Einzelinformationen zu Bewusstsein, die das Bild, das Verständnis, vervollständigen, wodurch sie zu einer Erkenntnis gelangen (können).

Ein Beispiel: Die fünfjährige Saskia stellt fest, dass ihr Schulkamerad Frank sein Pausenbrot nicht isst, und fragt ihn deshalb, ob er denn keinen Hunger habe. Frank antwortet, er habe Bauchschmerzen. Saskia fällt ein, dass das bei Frank schon öfter vorgekommen ist (das heißt, sie löst sich gedanklich und emotional aus der konkreten Situation) und dass die Bauchschmerzen immer dienstags auftreten (Saskia abstrahiert). Dienstags geht Frank nach Schulschluss nicht nach Hause, sondern wird von einer Tagesmutter betreut, weil seine Mutter an den Dienstagnachmittagen arbeitet (Saskia schließt über den Zwischenschritt „dienstags" auf „Betreuung durch die Tagesmutter"). Ihre Feststellung lautet daher: „Ach, du musst heute wieder zur Tagesmutter." Sie hat einen induktiv logischen Schluss gezogen.

Im umgekehrten Fall würde Frank auf die Frage „Hast du keinen Hunger?" antworten: „Ich muss doch heute Nachmittag wieder zur Tagesmutter." Darauf würde Saskia, wenn sie deduktiv logisch denkt, antworten: „Und deshalb hast du Bauchschmerzen." Sie kommt vom Ganzen zum Detail.

Ein einfacheres Beispiel für Abstraktionsfähigkeit und logisches Denken ist die Anwendung von „wenn – dann": Die dreijährige Valentina erzählt ihrer gleichaltrigen Freundin Amelie, sie könne am Nachmittag nicht mit ihr spielen, weil sie zu ihrer Oma in eine weit entfernte Stadt fahren und auch bei ihr schlafen werde. Logische Schlussfolgerung der kleinen Amelie: „Dann kommst du ja morgen gar nicht in die Kita."

Selbstverständlich können alle Menschen abstrahieren und logisch denken, das ist bis zu einem gewissen Grad auch erlernbar. Wenn solche Äußerungen wie in meinen Beispielen von einem achtjährigen Kind kommen, dürfen sie als „ganz normal" gelten. Doch bei einem erst drei- oder vierjährigen Kind sollten Sie Antworten mit derart klugen logischen Schlüssen zum Anlass nehmen, einmal genauer hinzuschauen und hinzuhören.

Ausgiebiges Reflektieren

Begabte Menschen besitzen ein ausgezeichnetes episodisches Gedächtnis, das heißt, sie können sich sehr gut an Situationen *erinnern*. Dies resultiert häufig aus ihrer ausgeprägten Fähigkeit zur Visualisierung und funktioniert folglich auch mit zukünftigen Situationen, weil sie sich diese lebhaft bildlich *vorstellen* können. „Reflexion" (vom Lateinischen *reflectere* für „zurückdrehen", „rückwärts wenden") bedeutet in diesem Fall nicht nur Rückschau, sondern auch Vorausschau. Das heißt, Begabte reflektieren nicht nur sich selbst und vergangene Situationen, sondern auch mögliche zukünftige Geschehnisse. Viele machen das täglich, beispielsweise nachdem sie von der Arbeit heimgekommen sind. Wenn sie ein bisschen Zeit und Ruhe haben, lassen sie den kompletten Tag noch einmal vor ihrem geistigen Auge Revue passieren, dabei werden Erfahrungen und Empfindungen (neu) bewertet und abgespeichert. Manche sitzen dabei sogar vor dem Fernseher und schauen zwar in Richtung Bildschirm, sehen und hören aber nicht wirklich, was sich dort abspielt, weil sie ihren Blick nach innen gerichtet haben. Einige „versenken" sich manchmal auch beim Lesen, um dann nach einigen Seiten festzustellen, dass sie diese Seiten eigentlich gelesen haben, aber nicht wissen, was drinsteht. Sie waren mit ihren Gedanken woanders: in ihrer Innenwelt. Bei Kindern lässt sich dieses außergewöhnliche episodische Gedächtnis oft schon sehr früh erkennen, und zwar an ihrem Erinnerungsvermögen. So kann es geschehen, dass beispielsweise ein dreijähriges Kind seiner Mutter bei einer Autofahrt erklärt, sie müsse jetzt langsamer fahren, weil hinter der nächsten Biegung ein Bahnübergang sei, wobei das Kind diesen Weg bisher allerdings nur ein einziges Mal gefahren ist – auch mit seiner Mutter, aber schon vor einem ganzen Jahr! Solchen und ähnlichen Beispielen begegnet man in vielen Berichten von Eltern hochbegabter Kinder.

Freude an kontroversen Diskussionen, kritisches Hinterfragen von Meinungen, Fähigkeit zum Perspektivwechsel

Bei diesem Punkt komme ich auf die gedankliche/ geistige Unabhängigkeit, den umfangreichen Wortschatz, das Streben nach Präzision und die meist sehr ausgeprägte Empathie von Begabten zu sprechen. In kontroversen Diskussionen vertreten sie oft vehement ihren eigenen Standpunkt, der anderen durchaus nicht immer eingängig erscheint. Ihre hohe Wahrnehmungsfähigkeit und ihr Wissensdurst haben die Begabten meist schon mit den unterschiedlichsten Themen in Berührung gebracht. Ihre Lieblingsfragen lauten „Warum?" und „Wenn das aber so und so wäre, dann …? Sie stellen sie sich selbst am laufenden Meter und hinterfragen auf diese Weise auch ständig die Meinungen anderer: „Wie kommst du darauf?" oder „Was genau bringt dich zu dieser Annahme?" oder „Hast du dieses oder jenes dabei berücksichtigt?". Dabei versuchen sie auch, sich in ihr Gegenüber hineinzuversetzen (Empathie), seine Perspektive einzunehmen, um seine Worte und Gedanken besser nachvollziehen und ihn leichter verstehen zu können. Einen solchen geistigen Austausch pflegen sie auch gern mit imaginären Gesprächspartnern. Das können Sie schon bei kleinen Kindern beobachten, wenn sie allein spielen und dabei Dialoge zwischen zwei, drei oder mehr Personen erfinden und mit ihren Plüschtieren oder Puppen sogar ganze „Theaterstücke" aufführen.

Die freiwillige Beschäftigung mit anspruchsvollen Themen

Ein aufnahmefähiger, reger und offener Geist (Verstand) will beschäftigt und möglichst ausgelastet werden. Genau wie unser Körper: Muskeln, Gelenken und Organen geht es auch nur dann wirklich gut, wenn sie auf die richtige Weise beansprucht und immer wieder an die Grenzen ihrer Leistungsfähigkeit gebracht werden. (Sie kennen doch bestimmt das geflügelte Wort *Use it or lose it*: „Benutze sie oder du verlierst sie", es trifft auch auf unser Gehirn zu.) Die körperliche Leistungsgrenze ist bei dem einen Menschen früher, bei einem anderen später erreicht. Doch hier geht es um die geistige Leistungsgrenze: Hochbegabte können besonders gut und schnell denken, also liegt ihre Messlatte in diesem Bereich sehr hoch und sie streben danach, diese Leistungsgrenze auch zu erreichen, ihre vorhandenen Kapazitäten möglichst effektiv auszuschöpfen und die Messlatte immer höher zu legen. Genau wie jeder andere Mensch auch. Weil Begabte aber, insbesondere in ihrer Kindheit, mit „normalen"(sprich altersgerechten) Themen meist hoffnungslos unterfordert sind, suchen sie sich anspruchsvollere Gegenstände, um ihren Geist zu schärfen und ihr Gehirn zu trainieren. Denken bereitet ihnen einfach besonderes Vergnügen, es macht ihnen Spaß, sich etwas zu *er*denken, so wie andere Menschen ihre besondere Freude an Musik, Technik oder Sport haben.

Individualismus und Nonkonformismus, ungewöhnliche Standpunkte und Anschauungen

Da wir alle Individuen sind, gibt es wohl kaum zwei Menschen, die exakt dieselbe Sicht auf eine Sache haben. Diese Unterschiede sind aber meist gering genug, sodass sie noch gut in die gesellschaftliche Norm passen und deshalb vom sozialen Umfeld nicht als „ungewöhnlich" oder gar „Abweichungen" wahrgenommen werden, weswegen wir sie auch nicht als „individualistisch" bezeichnen. Der Blick auf Individualisten kann – je nach Blickwinkel – ebenso positiv wie auch negativ sein. So schreibt man ihnen einerseits positive Eigenschaften zu, wie zum Beispiel Scharfsinn oder Zivilcourage, andererseits gelten sie als starrsinnig und nicht sozial verträglich. Begabte Menschen rutschen aber allein schon aufgrund ihrer Intelligenz aus dem Normbereich. Logischerweise sind dann die Ergebnisse ihrer Denkvorgänge ebenfalls nicht normgerecht (konform). Wer viel und intensiv reflektiert, dabei ständig die Perspektive wechselt, sowohl induktiv als auch deduktiv logisch denkt und sich ein umfangreiches und/oder breit gefächertes Wissen erworben hat, wird – gleichfalls logischerweise – zu anderen Ergebnissen gelangen als jemand, der von einer kleineren Basis ausgeht. Die Ergebnisse dieser (für Außenstehende unsichtbar langen und umfassend ablaufenden) Reflexionsprozesse werden als „ungewöhnlich", „individualistisch" und häufig auch als „nonkonform" wahrgenommen und bezeichnet – und sie sind das auch tatsächlich. Wobei sich die begabten Menschen hier allerdings nicht absichtlich oder gar zielgerichtet, ja oft nicht einmal bewusst so verhalten. Ihre Schlüsse resultieren aus ihrer (für sie völlig normalen) Denkweise. Oftmals stellen sie selbst nur fest, dass sie in ihrem sozialen Umfeld als Individualisten und Nonkonformisten gelten, ohne sich selbst so zu empfinden. Auch das kann bei den Begabten (wieder einmal) das schmerzliche Gefühl des Nicht-Verstandenwerdens hervorrufen.

Jugendliche, ganz gleich ob hochbegabt oder nicht, legen Idealismus und Nonkonformismus häufig im Übermaß an den Tag, das ist ihrer Persönlichkeitsfindungsphase zuzurechnen, es bildet ein Mittel der Abgrenzung, die „Anti-Haltung" zu den häufig als (über)angepasst empfundenen Eltern, den Ablösungsprozess vom Elternhaus, eine Station auf dem Weg zum Erwachsenwerden. Möglicherweise haben diese Eigenschaften bei Erwachsenen auch deshalb den negativen Beigeschmack von Unreife. Auf Hochbegabte trifft das aber ganz und gar nicht zu.

Sinn für Ironie und (absurden) Humor

Aufgrund ihrer hohen moralisch-ethischen Werte, aber auch durch ihre Freude am Umgang mit Sprache haben begabte Menschen einen anderen Humor. Sie können nicht über Witze lachen, in denen andere Lebewesen verunglimpft, gedemütigt oder verspottet werden. Ebenso ergeht es ihnen, wenn jemand über den erlittenen Schaden eines anderen lacht (Sie wissen schon: das Ausrutschen auf der berühmten Bananenschale …). Schadenfreude ist begabten Menschen gänzlich fremd. Auf der anderen Seite können sie herzhaft über sich selbst lachen, wenn ihnen ein Missgeschick passiert ist, und manchmal bersten sie schier vor Selbstironie. Sie lieben Wortwitz, Ironie und leisen Sarkasmus, nicht wenige sind Fans von schwarzem Humor. Viele gucken auch gern Karikaturen in Wort und Bild (Comics) an und können sich dabei vor Lachen kringeln. Doch es gibt Situationen und Momente, da ist ihnen gerade nicht nach Scherzen und Witzeleien zumute oder sie sind mit ihren Gedanken ganz woanders. Dann erkennen sie es nicht sofort, wenn eine Bemerkung ironisch gemeint ist, und nehmen sie persönlich, fühlen sich getroffen oder angegriffen. Die dadurch verursachte Missstimmung kann das Gegenüber durch eine Erklärung oder Entschuldigung aber meist schnell wieder verscheuchen und sogar ins Gegenteil verkehren – sodass dann beide gemeinsam über die „böse" Bemerkung lachen können.

Kreative oder auch künstlerische Fähigkeiten

Viele begabte Menschen haben kreative oder bildend-künstlerische Berufe oder betreiben etwas in dieser Art intensiv als Hobby. Das können so typische Dinge wie Malen, Zeichnen, Bildhauern in Holz und Stein, Komponieren, Singen, das Spielen eines Instruments, Fotografieren, Kochen, Basteln oder Nähen sein. Aber auch in den Domänen der geistigen Kreativität wie dem Schreiben, der Schauspielerei oder der Organisation von Projekten aller Arten begegnet man zahllosen (hoch)begabten Menschen. Sie leisten oftmals gerade bei der theoretischen Vorbereitung, in der Planungsphase Hervorragendes, vor allem dann, wenn viele unterschiedliche Aspekte miteinbezogen werden müssen. Die praktische Umsetzung überlassen sie dann aber gern anderen. Warum? Ganz einfach: Mit dem Abschluss der Planung haben die Begabten das jeweilige Themengebiet durchdrungen, verstanden und erobert. Ihre theoretischen Konzepte anschließend in die Praxis umzusetzen, wäre für sie ein Routinevorgang, der schreckliche Langeweile in ihnen auslösen würde – und genau deshalb haben viele Begabte mit Routinearbeiten ihre liebe Not.

Ausgeprägtes Gerechtigkeitsempfinden

Dieses Merkmal findet man bei nahezu allen Begabten – es ist geradezu der „Klassiker"! Vor allem bei Kindern tritt es oft überdeutlich zutage. Wobei sich der Gerechtigkeitssinn begabter Menschen allerdings in erster Linie nicht auf sie selbst bezieht. Wenn ihnen Ungerechtigkeit widerfährt, reagieren sie darauf häufig mit Rückzug und Sich-Abschotten. Werden aber Menschen in ihrem Umfeld Opfer von Ungerechtigkeiten, können sich die Begabten zu Kämpfern aufschwingen und regelrecht auf die Barrikaden gehen! Sie legen allergrößten Wert darauf, dass Lebewesen *gerecht und fair* (nicht gleich!) behandelt werden. So kann sich ein begabtes Kind beispielsweise einem Lehrer gegenüber heftig ereifern, weil er ein anderes Kind eines Fehlers bezichtigt, den es gar nicht begangen hat. Und genauso kann es buchstäblich „aus der Haut fahren", wenn ein anderes Kind in einer Klassenarbeit nur aufgrund seiner Handschrift eine schlechtere Note bekommen hat als es selbst, obwohl die Arbeit an sich genauso gut war. Begabte sind also ausgesprochen loyal und nehmen auch Nachteile auf sich, wenn es anderen oder einer (ihrer) guten Sache dient. Dies gilt ebenso für ihre Familie, ihre Freunde, ihre Arbeitgeber oder ihre Angestellten. In engeren persönlichen Zusammenhängen sind Begabte meist kompromisslos loyal und stehen immer zu den Menschen, mit denen sie sich in irgendeiner Weise verbunden fühlen. Es sei denn, andere treten ihre Werte massiv mit Füßen, das heißt, sie missachten den Begabten „heilige Dinge" und verletzen Grenzen. Dann kann es mit der Loyalität auch einmal ganz schnell und auch ganz vorbei sein. Dies geschieht jedoch eher selten, weil viele Begabte, insbesondere Kinder, grundsätzlich sehr nach Harmonie streben und von daher auch fast immer versöhnungsbereit sind. Da Kinder echte und vermeintliche Ungerechtigkeit insbesondere gegenüber anderen Kindern noch nicht so gut unterscheiden und abwägen können, ist ihr empfindlicher Gerechtigkeitssinn oft der Grund, dass sie einen bestimmten Erzieher oder Lehrer nicht mögen und allein deshalb in dem betreffenden Fach schlechte Leistungen zeigen. Für so betroffene Kinder ist es ohne Hilfestellung (Erklärungen) von außen oft unmöglich, diese Abneigung zu überwinden und ihre eigenen Interessen in den Vordergrund zu stellen.

Mit Lügen kommen begabte Kinder und Erwachsene gar nicht zurecht: Wird das Bild einer Situation durch Unwahrheiten verzerrt, können sie nicht mehr klar sehen und reagieren verunsichert, weil sie genau spüren, dass etwas nicht stimmt. Um andere vor solchen Irritationen zu schützen und weil Lügen in ihren Augen ohnehin keinen Sinn ergeben, lügen sie selbst auch nicht. Kleinere Notlügen wie „Ich habe keine Zeit" anstelle von „Ich habe keine Lust" sind davon natürlich ausgenommen. Hier hat die große Empathie der Begabten den Vorrang, ihr ausgeprägtes Bedürfnis, niemanden zu verletzen.

Erhöhte emotionale Sensibilität

Genauso, wie sie sich in mitunter kaum vorstellbarem Maß in andere einfühlen können, sind Hochbegabte auch sehr empfänglich für äußere Reize und leicht verletzbar, weil sie empfindsam darauf reagieren. So sind sie beispielsweise ausgeprägte Ästheten, auch was Menschen, Kleidung, Einrichtungsgegenstände oder ihre eigenen Konventionen angeht. Aber sie lassen es unerwähnt, wenn ihnen an jemandem etwas negativ auffällt. Werden sie nach ihrer Meinung über etwas in ihren Augen Negatives gefragt und ist dabei ersichtlich, dass es der Fragesteller jedoch als positiv und schön empfindet, ringen sie nach Worten, um dann bestätigend oder – wenigstens – neutral zu antworten. Dasselbe erwarten sie im Umkehrfall auch von anderen und können unverblümt ehrliche „Abfuhren" nur schwer ertragen, auch wenn sie sich das Außenstehenden gegenüber kaum oder gar nicht anmerken lassen.

Doch in ihrem Inneren sind sie fassungslos, und das Gesagte beschäftigt sie lange. Werden ihre Wertvorstellungen und Auffassungen nicht ernst genommen, gering geschätzt, ins Lächerliche gezogen oder gar negiert, sehen sie sich als Person infrage gestellt und fühlen sich dadurch oftmals tief verletzt. So etwa, wenn ihnen jemand eine Lüge oder illoyales Verhalten unterstellt. Als Folge können sie längerfristig verstimmt sein, sie sind in der Regel nicht nachtragend, behalten solche Ereignisse aber durchaus im Gedächtnis. Wenn sie bei einem Vorfall immer wieder nachhaken, bedeutet dies, dass der Sachverhalt für sie noch nicht hinreichend geklärt ist und sie das Ganze deswegen nicht *ad acta* legen können. Haben sie es verstanden, ist es nach dem Abklingen der Emotionen auch verarbeitet und vergeben, sofern sich die betreffende Situation nicht wiederholt.

Da Kinder ihre Emotionen grundsätzlich noch nicht so gut „im Griff" haben, reagieren sie impulsiver als Erwachsene. Weil bei begabten Kindern auch diese Persönlichkeitsfacette stärker ausgeprägt ist und bis an extreme Verhaltensweisen heran- oder gar hineinreicht, können sie regelrecht „ausrasten", was Eltern und anderen Zeugen nicht selten einen Riesenschreck einjagt und ernsthafte Sorgen bereiten kann.

Ungeduld, Langeweile und Konzentrationsmängel bei monotonen Aufgaben

Begabte Menschen sind anderen kognitiv weit voraus. Nicht nur, aber vor allem begabten Kindern ist dies natürlich meist gar nicht bewusst. Sie können nicht verstehen, warum andere nicht dieselben Fähigkeiten haben und nicht so „fix im Kopf" sind wie sie. Sie wissen nicht, dass ihnen viele Dinge *aufgrund ihrer Intelligenz* leichtfallen und dass die Intelligenz eben nicht bei allen Menschen gleichermaßen ausgeprägt ist. Aus ihrer persönlichen Sicht ist irgendeine Aufgabe leicht, also müssten sie doch alle locker lösen können. Das führt häufig dazu, dass Begabte mit anderen Menschen ungeduldig werden, weil diese ihrer Ansicht nach zu viel Zeit brauchen, um etwas zu begreifen oder zu bewältigen – eben weil sie den *realen* Schwierigkeitsgrad der jeweiligen

Aufgabe nicht einschätzen können. Doch sind Begabte nicht nur oft mit anderen Menschen ungeduldig, sondern setzen vor allem sich selbst unter Druck. Mit ihrem wachen Geist und ihrer enormen Beobachtungsgabe beherrschen sie viele Dinge in ihrer Vorstellung bereits nahezu perfekt. Allerdings ist ihnen bei ihrem ersten Versuch der praktischen Umsetzung eines nicht klar: Ihre Motorik ist weit weniger geübt als ihr Geist. Kinder werden immer wieder mal regelrecht durchgeschüttelt von Wutanfällen aus Hilflosigkeit, wenn ihnen etwas nicht gelingt, das sie innerlich bereits als perfekt abgehakt hatten. Doch auch erwachsene Begabte feuern mitunter Gegenstände durch die Luft, wenn ihnen erste Anläufe deutlich machen, dass ihre Praxis der Theorie weit hinterherhinkt und sie viel Übung (und Geduld – nicht wirklich ihre starke Seite!) werden aufbringen müssen. Geistiges Können, wie es ihnen zuzufliegen scheint, und die Motorik, die oftmals lange trainiert werden muss, sind wirklich „zwei Paar Stiefel", und es ist nicht leicht, sie „passend zu machen". Wenn man sich mit bereits bekannten Dingen noch einmal und noch einmal wieder beschäftigen soll oder gar muss, kommt zwangsläufig gähnende Langeweile in einem auf. Und in einer von Normen bestimmten (Lern-)Welt leiden begabte Menschen logischerweise besonders häufig darunter. Folge: Ihre Konzentration lässt nach, was die Entstehung und die Häufigkeit von Fehlern begünstigt, wodurch sich neuer Stoff für (innere) Konflikte ergibt, weil Fehler ja schon an sich mit dem Selbstanspruch Begabter kollidieren – und damit sind wir beim nächsten, sehr wichtigen Punkt.

Überhöhte Selbstansprüche, Selbstzweifel, Selbstkritik, Perfektionismus

Diese Eigenschaften bilden in vielen Fällen die größten Hürden und Blockaden für begabte Menschen. Sie sehen sich bei all ihren Unternehmungen mit einer solchen Fülle von Möglichkeiten konfrontiert, dass sie manchmal schier daran verzweifeln und vor lauter Angst, den falschen Weg einzuschlagen, ein Projekt gar nicht erst in Angriff nehmen. Sie stellen den Anspruch an sich, alles perfekt zu machen, sind auch dabei immer noch selbstkritisch und zweifeln an ihren Fähigkeiten. Fragen wie „Habe ich jetzt wirklich alles gründlich genug bedacht?", „Könnte ich dies nicht noch schöner, besser, größer machen?", „Haben andere wirklich einen Nutzen von meinem Vorhaben oder liege ich völlig falsch mit meiner Idee?", „Soll ich das wirklich machen, ist es tatsächlich neu oder gibt es das nicht schon längst?" und nicht zuletzt die vermeintliche Gewissheit, dass andere Menschen besser, klüger, weitsichtiger sind und handeln, können begabte Menschen, vor allem Erwachsene, in die Entscheidungsunfähigkeit treiben. Bei begabten Kindern führen diese Eigenschaften manchmal dazu, dass sie es rundheraus ablehnen, bestimmte Dinge zu tun, die von ihnen verlangt werden. Ein Beispiel hierfür ist das Malen. Einige Eltern haben mir berichtet, ihr Kind wolle in der Kita keine Bilder malen und halte strikt an dieser Weigerung fest. Ein solches Verhalten wird meist nicht hinterfragt, folglich oft fehlgedeutet und dann negativ bewertet. Begabte Kinder haben eine klare Vorstellung davon, wie Dinge aussehen (sollen). Und wenn sie sich dessen bewusst sind, dass sie diese Vorstellungen nicht in Zeichnungen, Malereien oder Tonfiguren umsetzen können, nicht einmal mit sehr viel Üben und Geduld, möchten sie sich (verständlicherweise!) lieber mit Dingen beschäftigen, die ihnen mehr liegen und vor allem Erfolg versprechen, anstatt unter ihren eigenen Ansprüchen zu bleiben und sich dabei entsprechend unzulänglich zu fühlen.

Besonderheiten der Sinneswahrnehmung (Empfindlichkeit gegenüber Licht, Lärm, Berührung, Geruch und anderem)

Hier geht es darum, wie sich Begabung (Intelligenz) in Form einer Hochsensitivität (umgangssprachlich „Hochsensibilität") auf der Körperebene bemerkbar macht – das kann in einem, mehreren oder allen Bereichen der sinnlichen Wahrnehmung der Fall und unterschiedlich stark ausgeprägt sein. Beispielsweise sind sehr viele sehr intelligente Menschen geräusch- und lichtempfindlich. Viele nehmen (auch) Gerüche verstärkt wahr und schrecken oftmals körperlich zurück, wenn sie ihnen unangenehm oder zu stark sind, wenn sie jemanden buchstäblich „nicht riechen können". Einige scheinen auch empfindlichere Geschmacksknospen zu haben, was ja tatsächlich gar nicht der Fall ist, denn es sind ja nicht die Geschmacksknospen empfindlicher – sondern es werden die dort ankommenden Reize im Gehirn anders (in Form einer höheren Intensität) umgesetzt. Andere reagieren verstärkt auf Berührungsreize. Viele Begabte können grelle Farben ("Neonfarben") und kleine gleichförmige Muster nicht oder nur schwer ertragen.

Die meisten Begabten *empfinden auch Schmerzen stärker* als Normalbegabte. Sie nehmen mehr Reize intensiver wahr, und das schließt die Signale (Informationen) aus ihrem Körperinneren mit ein. Darüber hinaus haben sie (oft) auch ein feines Empfinden für Zeit, Sprache, Temperatur, Raum, Farben, innere Organe, die relative Position ihres Körpers im Raum und nicht zuletzt den Ort ihrer eigenen Emotionen.

Die erhöhte Sensitivität begabter Menschen und ihre Ausdrucksformen

Einen hervorragenden Rahmen für das Verständnis, wie die genannten Merkmale begabter Menschen zustande kommen, wie sie sich äußern und einzuordnen sind, bilden die Forschungsergebnisse des polnischen Arztes, Psychiaters, Psychologen und Philosophen Prof. Kazimierz Dabrowski (1902–1980). Der Wissenschaftler führte während seiner gesamten Laufbahn vielfältige Studien mit und an herausragenden, kreativen Jugendlichen wie auch Erwachsenen durch. Auf der Grundlage dieser Forschungsarbeiten schuf er seine Theorie der Persönlichkeitsentwicklung, die *Theory of Positive Disintegration* (siehe auch S. 40). Sie wurde nach ihrer Veröffentlichung Mitte der 1960er-Jahre im nordamerikanischen Raum sehr schnell zu einem richtungsweisenden Konzept in der Hochbegabtenpädagogik. Sie ist zwar mittlerweile auch im deutschsprachigen Raum in der Hochbegabtenförderung angekommen, findet allerdings nicht dieselbe Beachtung wie in den USA, wo man uns Europäern auf diesem Forschungsgebiet schon ein ganzes Stück weit voraus ist. Der bedeutende

Begabungsforscher Prof. Franz-Josef Mönks schreibt, dass manche Fachleute Dabrowskis Lehre als „die wichtigste und gründlichste im Hinblick auf hochbegabte Menschen" bezeichnen.[14] In den USA orientieren sich daran unter vielen anderen vor allem Michael M. Piechowski, Sal Mendaglio, Linda Silverman, die das „Bilderdenken" genau beschrieb, und James T. Webb, dessen Bücher auch ins Deutsche übersetzt sind. Ich selbst erlebe die Realität von Dabrowskis Lehre täglich in meiner Praxis – an meinen Klienten, ganz gleich, ob es Kinder oder Erwachsene sind. Und viele meiner Kolleginnen und Kollegen teilen diese Erfahrungen. Ich kann Ihnen Dabrowskis bahnbrechende Theorie an dieser Stelle (leider!) nicht vollständig darlegen, das würde den Rahmen dieses Buchs sprengen, sondern muss mich auf die Erläuterung eines wesentlichen Teils beschränken, werde aber auch in anderen Kapiteln darauf zurückkommen.

Dabrowski stellte bei seinen Probanden übereinstimmend fest, dass eine hohe Intensität bei sämtlichen Reaktionen, Empfindlichkeit und Übererregbarkeit in einigen Bereichen zu den Primäreigenschaften von Menschen mit einem hohen Persönlichkeitsentwicklungspotenzial zählen. Er bezeichnete diese Merkmale als *konstitutionelle*, das heißt angeborene Unterschiede zwischen Hochbegabten und Normalbegabten. Dabrowski fasste Intensität, Empfindlichkeit und Übererregbarkeit in fünf Bereichen zusammen, die er *overexcitability* (OE) nannte, korrekt übersetzt heißt das *erhöhte Sensitivität*. Seine Theorie basiert auf der Erkenntnis, dass Hochbegabte schon auf die kleinsten wie auch immer gearteten Stimuli (Reize) stärker und länger reagieren als Normalbegabte. Dabrowski vertrat die Auffassung, dass diese *overexcitability* einen *Reiz-Reaktions-Unterschied* zur Norm bildet und ihre Ursache in einer Empfindlichkeit des zentralen Nervensystems liegt; dieser Teil des Nervensystems wird vom Gehirn und dem Rückenmark gebildet. (Hoch)Begabte Menschen sprechen etwa mit der Empfindlichkeit von Seismografen auf in ihrem Gehirn eingehende Reize an, sie nehmen wesentlich mehr davon wahr als normalbegabte Menschen. Diese erhöhte (mitunter sogar *über*höhte) Wahrnehmung läuft für Außenstehende in der Regel völlig unsichtbar ab. Mit ihrer Hilfe können die Begabten – unter für sie günstigen Umständen – auf allen möglichen Gebieten Hochleistungen erbringen. Dazu zählen auch bedeutende Erfindungen und Innovationen, denn Begabte haben ihre eigenen Vorstellungen davon, wie Dinge sein oder funktionieren sollten – und falls sie (noch) nicht perfekt sind, dann lässt sich daran ja vielleicht noch einiges verbessern …

Allerdings kann eine solche *overexcitability* (OE) einem Begabten auch sehr im Weg stehen und ihm sogar großen Kummer bereiten, nämlich dann, wenn er verzweifelt versucht, sich der geltenden Norm anzupassen, was im Klartext heißt, seine Begabung und sein damit verbundenes „Anderssein" zu verleugnen.

Laut Prof. Dabrowski verhält sich die OE analog zur Höhe der Intelligenz. Das heißt: Je höher die Intelligenz eines Menschen, desto ausgeprägter seine *overexcitability*.

Wie ich weiter oben bereits erwähnt hatte, bilden die begabten Menschen eine außerordentlich heterogene (uneinheitliche) Gruppe. Da die Unterschiede zwischen den einzelnen Individuen beträchtlich sind, weisen manche Begabte alle, andere einen Teil und wenige auch nur eine der unten beschriebenen Formen erhöhter Sensitivität auf. Die einen kennen fast alle der jeweiligen Form zugehörigen Empfindungen und Verhaltensweisen, andere nur wenige, wofür diese aber meist stärker ausgeprägt sind. Es sind also innerhalb der fünf Formen der OE und selbst innerhalb einer einzigen Form alle Varianten möglich – das macht die unglaubliche Vielfältigkeit begabter Menschen aus.

Im Folgenden stelle ich Ihnen die fünf Formen der OE im Einzelnen vor, damit Ihnen Ihre eigenen oder die Eigenschaften Ihres Kindes transparenter erscheinen, das heißt, damit Sie sich selbst und Ihr Kind tiefer verstehen (lernen) und auf dieser Basis auch von der Norm abweichendes Verhalten besser nachvollziehen können.

Die fünf Formen der erhöhten Sensitivität

1. Sensorische Sensitivität

Hier geht es um die erhöhte Wahrnehmungsfähigkeit unserer fünf Sinne Sehen, Hören, Riechen, Schmecken und Tasten. Menschen mit ausgeprägter sensorischer OE nehmen ihre Umwelt sehr deutlich und intensiv wahr. Sie sind Bilderbuch-Ästheten und empfinden oft ein starkes Verlangen nach allem, was für sie Schönheit repräsentiert – auch als Ausgleich, zur Ent-Spannung, wenn's bei ihnen mal wieder so gar nicht rundläuft. Sie lieben alles, was sie über ihre fünf Sinne erfahren und genießen können: Werke der bildenden Künste, Sehenswürdigkeiten, die Formensprache von herausragendem Design, Theater, Klänge (Musik, Konzerte, Oper), feine Geschmacksnuancen guten Essens, Wohlgerüche und erlesene Düfte, sanfte Berührungen und feine Texturen (beispielsweise Seide). Aufgrund ihrer Begabung mit der differenzierten Wahrnehmung sind in der Gruppe der sensorisch sensitiven Menschen häufig Künstler, Musiker, Fotografen, Köche oder auch Connaisseure und Parfümeure („Nasen") zu finden. Hinter der Berufswahl kann übrigens auch der Wunsch stecken, sich in der Öffentlichkeit zu zeigen, im Rampenlicht zu stehen. Denn manchmal suchen diese Begabten auch nach echten „Sinneskitzeln", um sich in eine stärkere innere Erregung zu versetzen und die dadurch intensivierten Empfindungen auszukosten. Laut Prof. Dabrowski kann sich das durchaus als Verlangen nach Komfort und Luxus ebenso wie in oberflächlichen Beziehungen zu anderen und häufigen Partnerwechseln äußern. Aufgrund der allgemein hohen Empfindsamkeit ihrer Sinne kann ein Zuviel die Lust dieser Begabten aber auch schnell ins Gegenteil verkehren. So wie sie ein Sonnenuntergang in schiere Verzückung zu versetzen vermag, kann sie ein kratzendes Firmenetikett im T-Shirt oder eine scheuernde Sockennaht buchstäblich in den Wahnsinn treiben. Sie schaffen es auch, bei einem Open-Air-Festival gleich mehrere Tage lang in der ersten Reihe zu sitzen und die wahrhaft ohrenbetäubende Veranstaltung von Anfang bis Ende toll zu finden, während ihnen an anderen Tagen schon das Klingeln der Türglocke oder des Telefons Kopfschmerzen verursacht. Die meisten so Begabten bemerken an sich meist zuallererst eine hohe Geräusch- und/oder Lichtempfindlichkeit, was in einer zunehmend lauter und greller werdenden Welt nicht weiter verwundert. Eltern entdecken an ihren Kindern oft zuerst deren taktile Empfindsamkeit, wenn die lieben Kleinen beispielsweise bestimmte Kleidungsstücke partout nicht anziehen wollen. Ganz oben auf der „Negativ-Hitliste" stehen kratzige Mützen und Schals, Socken mit Nähten, stramm sitzende Kleidungsstücke wie auch die Firmenetiketten in Pullovern und T-Shirts, die auf der Haut getragen werden. Zu dieser Gruppe gehören auch Kinder, die aufgrund ihrer hohen Berührungsempfindlichkeit nicht gern kuscheln, und solche, die wegen der potenziell sehr engen oder „ruppigen" Körperkontakte jeden Mannschaftssport rundheraus ablehnen.

Wirken zu viele sinnliche Reize auf einen solchen Begabten ein, kommt es häufig zu einer sogenannten Reizüberflutung, die unterschiedliche Stressreaktionen auslösen kann. Unter emotionaler Anspannung verstärkt sich die Licht- und Geräuschempfindlichkeit bei vielen bis ins Unerträgliche. Darauf reagieren viele mit Störungen im Essverhalten, indem sie etwa alles Mögliche in sich hineinstopfen oder -schütten; einige Menschen entwickeln sogar Allergien. Starker emotionaler Stress kann sich übrigens auch in Form eines sogenannten Kaufrauschs oder exzessiv ausgelebter Sexualität „Luft machen". Laut Prof. Dabrowski verspüren Kinder möglicherweise auch ein erhöhtes Bedürfnis nach Kuscheln, Küssen, engem Körperkontakt (Anklammern an die Mutter), permanentem Zusammensein mit anderen, manche werden sogar plötzlich zu kleinen Angebern, weil es sie drängt, im Mittelpunkt zu stehen. In solchen Fällen hilft Stille, und zwar beiden, Kindern wie Erwachsenen. Der Rückzug in eine reizarme Umgebung beruhigt die Sinne und eine als genussvoll empfundene Beschäftigung verändert den Fokus. Das kann – je nach persönlicher Interessenlage – beispielsweise der Besuch eines Museums oder einer Ausstellung, der Gang in eine Bibliothek, ein Spaziergang in der Natur, ein Entspannungsbad oder auch das berühmte gute Buch bei einer guten Tasse Tee sein. Einige Begabte kochen leidenschaftlich gern oder werkeln mit Begeisterung allein im Garten herum und wühlen dort glücklich in der Erde, andere betätigen sich künstlerisch oder hören ihre Lieblingsmusik. Was immer Sie entspannt und beruhigt – machen Sie es! Kindern ohne taktile Überempfindlichkeit hilft oft Kuscheln, den allermeisten Kindern tut es gut, sich in ihrem Zimmer eine Zeit lang allein zu beschäftigen, oder sie kommen wieder „runter", wenn man ihnen Geschichten erzählt oder vorliest, gemeinsam Fotos anschaut oder sonstige unaufregende Dinge mit ihnen unternimmt.

2. Psychomotorische Sensitivität

Darunter versteht man eine gesteigerte Erregbarkeit des neuromuskulären Systems, die sich im Positiven als hohes körperliches wie auch geistiges Leistungsvermögen äußern kann. Menschen mit einer stark ausgeprägten psychomotorischen Sensitivität sind die reinsten Energiebündel. Sie bewegen sich um der Bewegung willen, sind oft sportlich und lieben den Wettkampf. Sie sind handlungsorientiert, haben ein großes Verlangen nach „Action" und mögen es gern, wenn um sie herum immer „der Bär steppt". Still sitzen ist ihnen nahezu unmöglich. Sicher haben Sie bei einer Einladung schon mal erlebt, dass Ihre Gastgeberin ständig herumwirbelt, während sie sich mit ihren Gästen unterhält. Immer wieder springt sie auf, kocht Kaffee oder Tee, holt Tassen aus dem Schrank, um gleich wieder aufzustehen und Kekse herbeizuschaffen und anschließend sofort alles wieder wegzuräumen. Dann bietet sie andere Getränke an oder vielleicht Obst und sonstige Erfrischungen. Sie kann einfach nicht still sitzen und „nur" reden!

Andere müssen ständig irgendeinen Gegenstand (oft ist es ein Stift) in der Hand halten, ihn hin und her drehen, weglegen und wieder aufnehmen, oder sie putzen unentwegt ihre längst saubere Brille. Auch das Trommeln mit den Fingern auf den Tisch oder das Wippen mit den Beinen sind Anzeichen dieser OE, aber leider ebenfalls sehr dazu angetan, dem jeweiligen Gegenüber tüchtig auf die Nerven zu gehen.

Diese Ausprägung von Sensitivität äußert sich aber nicht nur in Form ständiger, oftmals jäh oder abgehackt wirkender körperlicher

Aktivitäten, das heißt als Rastlosigkeit, als die heute oft sogenannte Hyperaktivität. Die neuromuskuläre OE kann sich ebenso in der Sprachmotorik, als (über)reichliche Benutzung der Sprechmuskulatur bemerkbar machen. Diese Menschen sprechen oft sehr schnell und viel, sie können sich in ein Thema förmlich hineinsteigern und ihre Begeisterung im Gespräch auf andere übertragen. Sie haben Freude an ihrer eigenen verbalen Ausdruckskraft, was man ihnen auch deutlich anmerkt und ansieht. Manche haben eine ausdrucksvolle Mimik oder Gestik, sie reden „mit Händen und Füßen", andere wechseln beim Erzählen ständig die Körperhaltung und springen gar plötzlich auf, um etwas besser zu veranschaulichen oder jemanden zu imitieren. Diese Menschen wirken auf andere auch oft sehr energisch.

Einige Menschen mit dieser OE legen unter emotionaler Anspannung (Stress) unangenehme Verhaltensweisen an den Tag – meist ohne Absicht oder sogar gegen ihren eigenen Willen. So können sie rastlos, aufgeregt, impulsiv und/oder zwanghaft erscheinen. Erwachsene wirken häufig wie innerlich getrieben oder gar gehetzt, vernachlässigen ihr soziales Umfeld und vergraben sich in ihrer Arbeit (Stichwort „Workaholic"). Manche müssen wie unter Zwang ihr ganzes Leben organisieren, auch noch die kleinsten Kleinigkeiten vorausplanen und sich minutiös an diese Pläne halten. Sie reagieren mit Verzweiflung und/oder Zorn, wenn jemand ihre Pläne (auch ungewollt) durchkreuzt.

Kinder entwickeln eher (und häufig) nervöse Angewohnheiten, sie fangen beispielsweise an, Nägel zu kauen, fegen wie Brummkreisel durch die Wohnung oder benehmen sich einfach schlecht, was von verbalen Ausfällen sogar bis hin zu körperlichen Angriffen reichen kann. Sie zeigen möglicherweise insgesamt ein abweichendes („delinquentes") Verhalten und werden dafür oftmals mit der Diagnose ADHS („Aufmerksamkeitsdefizit-Hyperaktivitätsstörung") belegt. Doch motorische Aktivität, ganz gleich, ob friedlich oder aggressiv, stellt grundsätzlich auch eine Form des Stressabbaus dar – und der ist gesund und wichtig! Das ist vielen Menschen gar nicht bekannt oder nicht wirklich bewusst. Hier sind Sie als Eltern (oder Erzieher/Lehrer) gefragt, Ursachenforschung zu betreiben und die Situationen, in denen sich das Kind auf unerwünschte Weise verhält, genauer unter die Lupe zu nehmen. Denn bei Kindern steckt hinter einem solchen Verhalten häufig emotionaler Stress, der durch vieles hervorgerufen werden kann, wobei die sichtbare „Hyperaktivität" dann als Bewältigungsstrategie zu bewerten ist.

Erwachsene, die unter (psychischem) Stress stehen, hören oft den Rat, sie sollten Sport treiben. Doch auch Kindern können Spiele oder andere (spontane) Aktivitäten mit viel Bewegung an der frischen Luft helfen, ihre Bewältigungsstrategie zu ändern und von „schlechtem Benehmen" auf ein wünschenswertes und ihnen selbst zuträglicheres Verhalten umzusteigen. Eltern, Familie und Freunde können dabei positiv mitwirken, indem sie sich an den Aktivitäten beteiligen, denn dadurch bekommen die vermeintlich „ungezogenen" Kinder dann schlicht mehr Aufmerksamkeit (woran es ihnen vielleicht sonst mangelt) und können sich „beweisen". Und auch indem sie dem Redeschwall ihrer Kinder einfach nur mit deutlich erkennbarem Interesse zuhören und auf ihre Äußerungen eingehen, können Eltern viel zum Positiven wenden. Denn dadurch geben sie ihren Kindern den emotionalen Halt, der ihnen möglicherweise sehr gefehlt hat. Umtriebig werden solche Kinder und Erwachsene aber immer bleiben, da ihre große Agilität fest in ihrem Temperament verankert ist.

3. Imaginative Sensitivität

In diesem Bereich finden wir die Träumer, Dichter und Künstler, die mit ihrer unermesslichen Fantasie und ihrem immensen Einfallsreichtum unsere Welt bereichern. Ihre ausgeprägte Fähigkeit zur Visualisierung setzen sie häufig in Geschichten mit vielen kunterbunten Einzelheiten, in einprägsame Gedichte oder Bilder in lebhaften Farben um. Sie sind divergente Denker (siehe S. 44) und „echte" Kreative, die ihre künstlerische Inspiration aus ihrem eigenen Inneren beziehen. Sie haben einen Hang zu schöngeistiger Literatur, zu Poesie, Romanen, Märchen, Sagen und Fantasygeschichten. Ihre eigene Sprache gestalten sie durch die Verwendung zahlreicher Metaphern lebendig und plastisch. Sie träumen häufig, alles (natürlich) groß und bunt, erinnern sich deutlich an die Inhalte und reagieren stark darauf. Albträume, oft sind es sogar immer dieselben, verfolgen sie mitunter jahrelang. Viele der imaginativ-sensitiven Menschen beherrschen das sogenannte luzide Träumen, das heißt, sie können ihre Träume bewusst beeinflussen. Nicht wenige glauben an Magie und Mystik, vor allem als Kinder (Weihnachtsmann, Zahnfee, Engel, Elfen, Trolle), und es dauert lange, bis sich das „ausgewachsen" hat. Aber sie können durchaus auch Visionäre sein, sehen im Geist ganz deutlich eine bessere Welt, manchmal auch Utopien, die sie allerdings sehr konkret und detailliert beschreiben können. In der Realität sind sie jedoch häufig sehr zurückhaltend und empfinden Angst vor Unbekanntem.

Begabte Kinder mit einer starken Ausprägung dieser OE erschaffen sich oft imaginäre Spielgefährten, mit denen sie sich in ihre eigene Welt zurückziehen. Sie sind auch die kleinen Träumer, die in der Schule nicht voll Aufmerksamkeit den Ausführungen der Lehrer lauschen, sondern sich still und mit abwesendem Blick ihrer Fantasie hingeben, Geschichten erfinden, unter der Schulbank malen und zeichnen oder lesen, um die Schulstunden herumzubringen, um der aus Routine und Unterforderung resultierenden Langeweile zu entgehen. Diesen Kindern bereitet es häufig große Schwierigkeiten, dem bei uns üblichen trockenen akademischen Unterricht zu folgen, wo Fantasie und Kreativität kaum jemals wirklich ihren Raum bekommen, geschweige denn als etwas Wertvolles anerkannt werden. Leider birgt diese Rückzugstaktik die Gefahr, dass dem betreffenden Kind eine ungerechtfertigte ADS-Diagnose „angehängt" wird.

In emotionalen Stresssituationen leiden Kinder mit dieser OE vermehrt unter Albträumen und können bisweilen Fantasie und Realität nicht mehr unterscheiden. Manchmal gipfelt das in Erzählungen offensichtlich frei erfundener Geschichten, wobei die Kinder selbst jedoch darauf beharren, dass es sich um wahre Ereignisse handle – nichts und niemand vermag sie vom Gegenteil zu überzeugen. Außenstehende können sich dabei häufig des Eindrucks kaum erwehren, das Kind wolle sie bewusst „hinters Licht führen", aber das ist nicht der Fall! Die Erzähler glauben ihre

Geschichten wirklich selbst. Üblicherweise begegnet man diesem Phänomen öfter bei Kindern als bei Erwachsenen, doch Menschen, die während ihrer Kindheit in derartigen Situationen von ihren Eltern und anderen Erwachsenen nicht ernst genommen, die in ihrem Wesen nicht akzeptiert und bei ihrer Verortung in der Realität nicht unterstützt wurden, setzen diese Fabuliererei oft bis ins (hohe) Erwachsenenalter fort. Und manche missbrauchen ihre ausgeprägte Fantasie tatsächlich dazu, um andere Menschen gezielt hereinzulegen.

4. Intellektuelle Sensitivität

Unter „intellektueller Sensitivität" versteht man eine im Vergleich zu „Normalsterblichen" intensivere und schnellere Aktivität des Geistes. Diese OE wird landläufig wohl am ehesten mit Hochbegabung in Verbindung gebracht. Begabte mit einer stark ausgeprägten intellektuellen OE sind immer bestrebt, alles von Grund auf zu verstehen, und ständig auf der Suche nach Wahrheiten. Das hat jedoch nicht unbedingt etwas mit „Lernen" (Erwerb von Kenntnissen) im Sinn von Schule zu tun! Sie sind ausgesprochen wissensdurstig, fangen am liebsten bei „Adam und Eva" an, wollen alles möglichst erst mal in seine Bestandteile zerlegen („Analyse") und die verschiedenen Ansätze und Auffassungen später zu neuen Einheiten zusammenfügen („Synthese"). Es sind die aktiven Köpfe, die immer alles neugierig und sehr präzise beobachten, auffällig dabei ist ihre detailgenaue visuelle Wahrnehmungsfähigkeit. Sie verschlingen alles Gedruckte, was ihnen vor die Augen kommt, können sich ausdauernd auf ein Thema konzentrieren und nehmen bereitwillig Anstrengungen auf sich, wenn sie etwas wirklich interessiert. Fast alle sind Theoretiker und dem Denken verpflichtet, ihre Denkweise ist abstrakt und komplex. Dazu gehört die Metaebene „über das Denken nachdenken" ebenso wie die bewusste Beobachtung der eigenen Gefühle, Gedanken und Verhaltensweisen („Introspektion") und die intensive Beschäftigung mit ethisch-moralischen Fragen. Typischerweise haben sie einen ausgeprägten Gerechtigkeitssinn, hohe ethisch-moralische Standards und zerbrechen sich den Kopf über die Missstände in unserer Welt, beispielsweise über Kriege, Terrorismus und soziale Ungerechtigkeiten, aber auch über Tier- und Umweltschutz oder Nachhaltigkeit. Dabei setzen sie jedoch nicht erst auf der gesellschaftspolitischen Ebene an, sondern schon im Kleinen bei der eigenen Familie, im Freundes- und Bekanntenkreis. Dank ihrer enormen Reflexionsfähigkeit erkennen sie Probleme, Zusammenhänge und auch Unterschiede schnell in allen Feinheiten und auf allen Ebenen. In ihrem eigenen Denken sind sie auffallend unabhängig, eben echte „Freigeister“. Sie argumentieren logisch, schlüssig und nicht selten sehr kritisch. Dabei geht es ihnen aber fast immer um die Sache und kaum je um persönliche Befindlichkeiten. Bei Kindern gibt sich die intellektuelle Sensitivität oft schon früh zu erkennen: Sie stellen unablässig Fragen zu philosophischen, gesellschafts- und sozialpolitischen Themen und möchten auch alles über die Hintergründe wissen. Sie lieben Puzzles, Lernspiele und sind beim Memory unschlagbar. In dieser Gruppe sind die Visionäre und Erneuerer unserer Welt zu finden – wobei sie aber an den Ungerechtigkeiten und den Missständen unserer Welt leider auch grandios scheitern können.

Unter emotionaler Anspannung neigen intellektuell-sensitive Menschen noch mehr zum Perfektionismus als sonst, weshalb sie sich auch leicht verzetteln. Damit gehen starke Selbstzweifel und ausgeprägte Selbstkritik einher, diese stehen in einer Wechselwirkung. Intellektuell-Sensitive langweilen sich bei Routineaufgaben ohnehin meist schon unsäglich – unter emotionalem Stress werden sie diesbezüglich ganz bestimmt Probleme bekommen, was dazu führt, dass sich mehr und mehr Flüchtigkeitsfehler in ihre Arbeit einschleichen. Ihr auf Außenstehende schon immer sprunghaft wirkendes divergentes und assoziatives Denken kann in einem seelisch-emotional unausgeglichenen Zustand Formen annehmen, dass selbst gleich begabte Köpfe ihnen nicht länger folgen können und auf der Strecke bleiben.

5. Emotionale Sensitivität
Diese Form einer OE ist nach Prof. Dabrowski „eine Funktion der Erfahrung emotionaler Beziehungen“.[15] Menschen mit dieser

OE haben eine zum „Ausufern" neigende hochkomplexe Gefühlswelt, die sowohl in negativen wie auch in positiven Stimmungslagen die Extreme miteinschließt. Folglich kommt die jeweilige Empfindung auch äußerst intensiv zum Ausdruck. Sie kennen doch bestimmt das geflügelte Wort „himmelhoch jauchzend, zu Tode betrübt" – es stammt aus Goethes *Egmont* und beschreibt emotional sensitive Menschen sehr genau: Sie können bereits bei den geringsten Anlässen in Freudentränen ausbrechen, aber auch in abgrundtiefer Trauer versinken. Sie tanzen vor Glück, toben vor Wut und haben sehr differenzierte Gefühle gegenüber ihrem Selbst, die sie auch klar benennen und gut zum Ausdruck bringen können. Sie sind in der Lage, tief empfundene Bindungen einzugehen, und wünschen sich das auch. Ihre Art, diese Gefühlstiefe auszudrücken, mag Außenstehenden wie „Klammern" oder Eifersucht erscheinen, doch damit tut man den Menschen mit ihrer intensiven Emotionalität unrecht. Aus solchen Missverständnissen heraus sind sie oft enttäuscht von Freundschaften oder fühlen sich gar verraten. Zugleich empfinden sie sehr stark mit anderen Menschen mit und sind ausgesprochen empathisch, sie können sich gut mit den Gefühlen anderer identifizieren und das auch zeigen. Oft fühlen sie sich mit Tieren, Pflanzen und sogar Gegenständen (Möbel, Autos, Erinnerungsstücke) tief verbunden und vermögen sich deshalb kaum davon zu trennen. So ist beispielsweise der Tod eines geliebten Tieres für einen emotional sensitiven Menschen eine Katastrophe. Einige von ihnen haben auch tiefe Bindungen an Orte oder Gewohnheiten und können deshalb mit Veränderungen schlecht umgehen. Sie sind leicht zu beschämen und lassen sich auch leicht ins Unrecht setzen, sie entwickeln schnell Schuldgefühle, oftmals reagieren sie mit psychosomatischen Symptomen wie Erröten, Bauch- oder Kopfschmerzen. Eine wie auch immer geartete Beziehung aufgeben zu müssen, verursacht ihnen gewaltigen emotionalen Stress. Manchmal sind sie in der Tiefe ihrer Emotionen gefangen und dadurch geradezu gelähmt, sodass sie ihren normalen Alltag nur noch unter großen Schwierigkeiten bewältigen können und dafür dann auch noch hart mit sich selbst ins Gericht gehen. Ihre machtvollen Gefühle

„auszutarieren" und im Gleichgewicht zu halten, kann für sie zur Lebensaufgabe werden.

Menschen mit emotionaler Sensitivität wird die Intensität ihrer Gefühle häufig zum Vorwurf gemacht. Ihnen werden Sätze an den Kopf geworfen wie „Sei bloß nicht immer so empfindlich!", „Stell dich gefälligst nicht so an, das ist doch alles halb so wild!", „Reiß dich zusammen!" oder „Leg dir endlich eine dickere Haut zu!" und was der Lieblosigkeiten mehr sind – mit dem fabelhaften Ergebnis, dass sich diese Menschen nicht ernst und schon gar nicht angenommen fühlen. Das führt – vor allem bei Kindern – häufig dazu, dass sich weder ihre Selbstwahrnehmung noch ihr Selbstwertgefühl im gesunden (und notwendigen) Umfang entwickelt. Diese verkrüppelten Strukturen nehmen die Kinder dann mit in ihr Erwachsenenleben, wo sie die großen Wunden in ihrer Seele vielleicht auch nie mehr wirklich heilen können.

Unter emotionalem Druck oder Stress kann die emotionale Sensitivität auch im reiferen Alter – obwohl die meisten Menschen bis dahin längst gelernt haben, ihre Emotionen zu regulieren und/oder zu kompensieren – noch unkontrollierte Gefühlsausbrüche, Stimmungsschwankungen, Schlafstörungen und psychosomatischen Beschwerden hervorrufen.

Lange Zeit hielt sich die gänzlich verfehlte Auffassung, Emotionen hätten nichts zu tun mit Kognition, mit dem logischen Denken, und darauf gehen auch noch einige der Vorurteile über die Hochbegabung zurück. So etwa das heute noch gängige, völlig unangebrachte Klischee, mathematisch Hochbegabte wären „nicht sozial verträglich". Sehr wahrscheinlich verdanken wir diesem Irrglauben auch die leider immer noch sehr verbreitete Auffassung, Hochbegabung müsste sich immer in besonderen Leistungen äußern. Heute wissen wir längst, dass das in die Kategorie „erlesener Blödsinn" gehört. Prof. Dabrowski war Mitte des vorigen Jahrhunderts einer der Ersten, der klarstellte, dass unsere Emotionen alle anderen Bereiche unseres Lebens beeinflussen, und damit selbstverständlich auch das sogenannte logische Denken. Zur Beschreibung der hohen Intensität der sensitiven Wahrnehmungen von Begabten wählte er den Begriff *overexcitability*. Dazu sagte er in aller Deutlichkeit, dass die emotionale Form der OE maßgeblich sei, weil sie massiven Einfluss auf alle anderen Formen habe, sowohl positiv als auch negativ. Menschliches Verhalten resultiert also immer aus den zugrunde liegenden Emotionen, unabhängig davon, wie es als solches zu bewerten ist. Das ist eine für den Umgang mit Menschen insgesamt, aber vor allem für den Umgang mit (begabten) Kindern äußerst wichtige Erkenntnis!

(Hoch)begabte Kinder kommen bei allen fünf Formen dieser OE auf signifikant höhere Werte als Normalbegabte. Bei (hoch) begabten Erwachsenen sind hauptsächlich die Werte der sogenannten *Big Three* erhöht, dieser Begriff vereinigt die *imaginative*, die *intellektuelle* und die *emotionale* Sensitivität. Aber natürlich existieren die *Big Three* in individuell höchst unterschiedlichen Ausprägungen, die an Interessen, Talenten und Verhalten erkennbar werden und sich im Erwachsenenalter auch im jeweiligen Beruf, sofern er frei nach Neigung gewählt wurde, widerspiegeln können.

Diese Erläuterungen haben Ihnen (hoffentlich!) umfassend und klar vor Augen geführt, was Begabung und Begabte ausmacht, und darin war – wie Ihnen sicher längst aufgefallen ist – von einem IQ-Wert keine Rede. Natürlich trifft nicht immer alles und nicht alles im selben Ausmaß auf alle Hochbegabten zu. Dafür sind Menschen nun einmal zu unterschiedlich, außerdem ist jeder von uns anders sozialisiert und hat andere (Lebens-)Erfahrungen. Aber im Großen und Ganzen beschreiben uns Prof. Dabrowskis *overexcitabilities* so zutreffend, dass sich nahezu jeder Hochbegabte selbst oder die Eltern von Hochbegabten ihr Kind darin erkennen können.

Damit will ich keinesfalls die (gewagte) Behauptung aufstellen, IQ-Tests seien völlig überflüssig. Nein, ganz im Gegenteil: Ein Testergebnis kann bisher unerkannten (hoch)begabten Erwachsenen und Eltern von als (hoch)begabt „verdächtigen" Kindern Gewissheit darüber verschaffen, ob sie mit ihrer Vermutung richtig lagen, und ihnen die für den Umgang mit Erziehern und Lehrern oftmals notwendige (und sehr förderliche) Sicherheit geben. Doch behalten Sie bitte neben dem Testergebnis unbedingt auch immer ihre eigene oder die Persönlichkeit ihres Kindes im Blick und machen Sie ein Ja oder Nein nicht ausschließlich an dem ermittelten IQ-Wert fest. Ein im Test ermittelter „nur" überdurchschnittlicher IQ sollte für Sie kein Anlass zur Suche nach einem „Fehler" sein, sondern Ihnen nur als Aufforderung dazu dienen, mit sich selbst oder Ihren Kindern so umzugehen, wie es auch für Hochbegabte mit einem gemessenen IQ ab 130 angezeigt ist. Und damit meine ich nicht etwa, dass Sie Ihre Kinder oder sich selbst zu großen sichtbaren (Schul-)Leistungen antreiben sollen! Spüren Sie die Bedürfnisse, die Emotionen hinter Ihrem eigenen oder dem Verhalten Ihres Kindes auf und gehen sie annehmend, verständnis- und liebevoll darauf ein. Gleichen Sie Ihre eigenen Emotionen aus und helfen Sie Ihrem Kind mit den seinen – schaffen Sie eine stabile Emotionslage. Das kann in keinem Fall schaden! Der Begabungsdiagnostiker Thomas Eckerle drückt das auf seiner Website (www.hochbegabtenhilfe.de) wunderbar treffend aus: „Gute Hochbegabtenpädagogik ist gute allgemeine Pädagogik." Diesen Worten kann ich mich nur anschließen!

Kapitel 2

Wie zeigt sich (Hoch)Begabung bei Kindern?

Bis sie erwachsen sind, durchlaufen Kinder unterschiedliche Entwicklungsstufen, in denen sie auch unterschiedliche Verhaltensweisen ausbilden. Das ist grundsätzlich bei begabten Kindern nicht anders. Was die begabten Kinder dabei jedoch unterscheidet, ist die Geschwindigkeit, mit der sie von einer Entwicklungsstufe auf die nächste springen, dazu kommen noch ihre auffallend große Neugier und ihre Intensität (vgl. Dabrowski, S. 105 und 108).

Jedes gesunde neugeborene Kind kann seine fünf Sinne aktiv nutzen. Darüber hinaus hat es ein Temperaturempfinden und nimmt Reize/Signale aus seinem Körperinneren wahr, beispielsweise Bauchschmerzen. Es ist in der Lage, Bewegungen von Menschen oder Gegenständen mit seinen Augen zu verfolgen und sich auch selbst zu bewegen. So kann es von seiner ersten Lebensminute an mit seiner Umwelt interagieren. Das Sichtbarwerden dieser Interaktion bezeichnen die Psychologen als „Explorationsverhalten", es zeigt die Bereitschaft des Kindes, seine Umwelt zu erkunden. Der Volksmund nennt es schlicht „Neugierde" oder „Aufgewecktheit", bei Säuglingen oft auch „Wachheit". Diese Bereitschaft ist nachgewiesenermaßen genetisch festgelegt und angeboren – allerdings in individuell unterschiedlichem Ausmaß, deshalb verhalten sich Neugeborene auch immer unterschiedlich. Besonders deutlich zeigt sich dies in ihrem Aktivitätsniveau, also daran, wie stark ihre körperliche und geistige Agilität, ihre *Irritabilität* (Reizbarkeit) und ihre *Responsivität* (Reaktion auf Reize und Kommunikationssignale) ausgeprägt sind. Diese Indikatoren lassen schon sehr früh Unterschiede in der Persönlichkeit erkennen und auf die Begabung schließen. Jean Piaget (1896–1980), der Schweizer Wissenschaftler und Pionier auf dem Gebiet der kognitiven Entwicklungspsychologie, sagte bereits Mitte des letzten Jahrhunderts: „Intelligenz [kann man] bereits in der Wahrnehmung, in den Gewohnheiten und in den elementaren sensomotorischen Mechanismen finden [...]." [16]

Art und Umfang dieses bereits bei Säuglingen sichtbaren Erkundungsverhaltens, dieser Neugier, steht mit der kognitiven Entwicklung – speziell mit dem Problemlösungsverhalten (Handlungskompetenz) – eines jeden Kindes in engem Zusammenhang und hat damit einen erheblichen Einfluss auf seine sozio-emotionale Entwicklung. Es bildet die Grundlage für die Bewältigung seines Lebens.

Das Kind wird jeden neu entdeckten Reiz, das heißt, die damit verbundenen neuen Erfahrungen, in sein Gehirn integrieren, kognitiv verarbeiten und einsortieren – ob das nun ein neues Mobile ist, dessen tanzenden Figuren das Kind mit den Augen folgen kann, oder die Stimme eines bisher unbekannten oder seltenen Besuchers oder etwa Aktionen und Reaktionen der Bezugspersonen auf bestimmte Verhaltensweisen oder Ereignisse. Daraus entsteht ein sogenanntes kognitives Schema. Je mehr neue Erfahrungen das Kind machen kann, desto mehr solche kognitiven Schemata wird es anlegen und sie von diesem Moment an nutzen. Das heranwachsende Kind kann diese Schemata miteinander verknüpfen, um so zu neuen Erkenntnissen zu gelangen, oder sie mit weiteren Informationen (Reizen) anreichern, um ein differenzierteres Bild zu gewinnen. Auf diese Weise lernt das Kind, immer mehr neue Situationen selbstständig zu meistern. Diese Erfahrung vermittelt ihm die Erkenntnis von Selbstwirksamkeit („Ich kann etwas bewirken") und führt damit zu einer Steigerung seines Selbstvertrauens. Folge: Das Kind wird weiterhin gern Neues ausprobieren, weil in ihm die Gewissheit steckt, dem Ganzen auch „gewachsen" zu sein. Eine neue, eigenständig bewältigte Situation ruft in so einem kleinen Menschen (in größeren übrigens auch immer noch!) intensive Freude bis hin zu Triumphgefühlen hervor. Sicher kennen Sie das Leuchten in den Kinderaugen, wenn so ein „Zwerglein" zum ersten Mal erlebt, wie sich ein Gegenstand durch seine Berührung bewegt oder wenn es ohne Hilfe zwei Bauklötze aufeinandergestellt hat. Die Freude über seinen Erfolg ist ihm deutlich anzusehen und wird oft auch von dem so bezaubernden glucksenden Babylachen begleitet. Das Kleine hat eine Ursache-Wirkungs-Beziehung entdeckt, die es selbst steuern kann, beziehungsweise hat es selbst etwas erschaffen. Und es begreift: „Wenn ich diesen Gegenstand berühre, bewegt er sich; wenn ich einen Bauklotz auf den anderen packe, entsteht ein neues Gebilde (ein Turm)." Mit fortschreitendem Alter werden diese Erfahrungen immer mehr und umfassender, aber das Kind freut sich noch genauso über jeden eigenhändig errungenen Erfolg. Alle Eltern kennen diesen freudig-stolzen, nach Bestätigung suchenden „Guck mal, Mama!"-Gesichtsausdruck ihres Sprösslings. Der Psychologe Prof. Mihály Csíkszentmihályi bezeichnet dies als *Flow* und meint damit den Zustand des völligen Aufgehens in der jeweiligen Aktivität, der bis zur völligen Selbstvergessenheit reicht. Dies ist die Grundlage der intrinsischen, von innen heraus kommenden Motivation, die Menschen benötigen, um sich ihre Freude am Lernen zu erhalten und sie durch weitere Selbstwirksamkeitserfahrungen möglichst noch zu steigern.

Natürlich benötigt das Kind hier auch eine stabile und vertrauensvolle Bindung an seine engen Bezugspersonen, es muss sich sicher und angenommen fühlen, um immer wieder neue Dinge auszuprobieren. Es braucht das unbedingte Vertrauen seiner Bezugspersonen und deren Bestätigung, die ihm vermitteln, dass es Dinge „auf eigene Faust" bewerkstelligen kann. Fehlen dem Kind diese Voraussetzungen, etwa weil es vernachlässigt (nicht anerkannt) wird oder weil ihm die Erwachsenen ständig alles „aus der Hand nehmen", wird seine naturgegebene Neugier stark eingeschränkt oder geht gar völlig verloren. Erkundungsverhalten und Bindung sind kaum voneinander zu trennen, doch ist Ersteres angeboren und Letzteres eine (neue) Erfahrung. Je stabiler die Bindung des Kindes an seine Bezugspersonen ist, desto freier und ungezwungener kann es sein angeborenes Erkundungsverhalten und damit seine intrinsische Motivation ausleben. Ein Missverhältnis zwischen Erkundungsverhalten und Bindung – zu viel vom einen und zu wenig vom anderen – kann bei dem heranwachsenden Kind Unsicherheit, Ängstlichkeit und Unselbstständigkeit hervorrufen, was sich unter Umständen als negative Auffälligkeiten in seinem Sozialverhalten bemerkbar macht. Ältere Kinder müssen diese stabile, vertrauensvolle Form der Bindung allmählich auf weitere Bezugspersonen aus ihrer Verwandtschaft und dem Freundeskreis der Eltern und später auch auf Erzieher in der Kita und Lehrer ausdehnen. Denn obwohl die wesentlichen und wichtigen Grundlagen unseres (Sozial-)Verhaltens in der Kindheit gelegt werden, bleibt das Erkundungsverhalten dennoch sehr empfindlich und störanfällig – mindestens bis wir erwachsen geworden sind und manchmal auch noch länger.

So weit die Erkenntnisse aus der allgemeinen Entwicklungspsychologie, die verdeutlichen, dass die Entwicklung eines Kindes immer ein Resultat aus seinen angeborenen Anlagen und der Interaktion mit seiner Umwelt ist.

Ob die Entwicklung eines Kindes, also die allmähliche Veränderung seines Verhaltens, positiv oder eher negativ verläuft, hängt maßgeblich von der Qualität seiner Bindung an Bezugspersonen ab.

Je stabiler die Bindung eines Kindes an seine Bezugspersonen ist, desto besser kann es sein angeborenes Potenzial ausleben und für sich nutzen. Ist die Bindung eines Kindes an seine Eltern oder andere Bezugspersonen jedoch unsicher, wird das Existenzängste in ihm hervorrufen, die seine natürliche Neugier stark einschränken und dadurch – im schlimmsten Fall – seine kognitive Entwicklung verzögern können. Selbstverständlich gelten diese grundlegenden Erkenntnisse für alle Kinder. Wissenschaftlich gesicherte Erkenntnisse über diese Bindung speziell bei begabten Kinder gibt es nicht, weil dementsprechende Studien mit hochbegabten Säuglingen und Kleinkindern nicht durchgeführt werden, denn die Entwicklungspsychologie orientiert sich an der Norm. Aus einer Untersuchung der zu diesem Thema vorliegenden Forschungen schlossen die amerikanischen Forscher Berg und Sternberg,[17] dass Unterschiede im Interesse (Neugier) und in dem kompetenten Umgang damit (Handlungskompetenz) *Unterschiede in der Intelligenz* widerspiegeln. Begabungsforscher können auf ihre jahrelangen Erfahrungen zurückgreifen und auf viele Einzelfallbeschreibungen von Eltern, die sichtbare Unterschiede aufzeigen.

Demnach ist das Erkundungsverhalten begabter Kinder deutlich stärker ausgeprägt. Sie sind erheblich neugieriger auf *neue* Reize – und das lässt sich sogar schon an Säuglingen beobachten.

Natürlich kann man bei so kleinen Kindern noch keine *gesicherte* Aussage darüber abgeben, ob sie (hoch)begabt sind oder nicht. Doch wenn Sie feststellen, dass Ihr Kind seine Umgebung viel wacher beobachtet und schon sehr früh den Blickkontakt sucht, dass es agiler und neugieriger ist als andere Kinder, sollten Sie aufmerksam werden. In einigen Fällen konnten Eltern dies bereits direkt nach der Geburt ihres Babys feststellen. Dazu die folgende kleine Geschichte.

Eine Mutter erzählt

Als Ole geboren wurde, bemerkte ich noch im Kreißsaal, wie seine Augen das Licht suchten. Bei jedem neuen Geräusch, zum Beispiel als ein Arzt und eine Schwester hinzukamen, wurde er aufmerksam, riss seine Augen förmlich auf, und ich fühlte in seinem kleinen Körper eine angespannte Erregung. Ich weiß noch, dass ich damals dachte, was für ein aufmerksames, waches Kind ich da in meinen Armen hielt. Er schlief auch sehr wenig, war aber immer zufrieden, solange er nur ja alles mitbekam. Ein solches Verhalten war mir nicht neu – bei seiner älteren Schwester war das auch schon so gewesen, nur weniger ausgeprägt. Deshalb war das für mich normal. Erst als der Arzt mir nach der Erstuntersuchung sagte, er habe noch nie ein so waches, interessiertes Neugeborenes gesehen, wurde mir klar, dass wohl nicht alle Kinder gleich sind.

Anmerkung: Ole ist mittlerweile zwölf Jahre alt und besucht die neunte Gymnasialklasse …

Begabten Kindern kann man also ihre große Neugier, ihr aktives Interesse an der Umgebung anmerken, lange bevor sie sprechen können. Sie verfolgen bewegliche Sachen und Menschen schon sehr früh mit aufmerksamem Blick, greifen früh nach Gegenständen, die sie mit all ihren Sinnen zu erfassen versuchen, und sind immer auf der Suche nach neuen Dingen und Erfahrungen.

Die hoch entwickelte Neugier begabter Kinder, ihr ausgeprägtes Erkundungsverhalten und auch ihre erhöhte Reizbarkeit bleiben manchen Eltern zunächst verborgen. Zum einen fehlt ihnen beim ersten Kind noch der Vergleich, zum anderen lässt das Verhalten des Kindes dies nicht immer und nicht immer deutlich erkennen. Genauso wie begabte Erwachsene können auch begabte Kinder – und das bereits als Babys – die Grenzen des „Normalen" in alle Richtungen weit überschreiten.

Vielschläfer – Wenigschläfer

Manche begabte Säuglinge schlafen sehr wenig und werden quengelig, wenn sie in reizarmer Umgebung sind, oder beginnen laut und anhaltend zu schreien, sobald man sie hinlegen möchte. Sie können in ihrem kleinen Kosmos gar nicht genug entdecken und scheinen buchstäblich keine Zeit zum Schlafen zu haben. Natürlich verunsichert ein solches Verhalten die Eltern. Zu tief sitzt die althergebrachte Vorstellung, dass ein Säugling erst einmal ausschließlich trinkt, schläft und seine Windeln vollmacht. Die Eltern haben keine Ahnung, was mit ihrem Kind los ist oder sein könnte und befürchten, das Kleine leide unter Schmerzen. Haben sie sich von ihrem Kinderarzt – oder aus Unsicherheit oftmals gleich von mehreren (Fach-)Ärzten – bestätigen lassen, dass ihr permanent brüllender Sprössling kerngesund ist, sind sie mit dieser sehr belastenden Situation wieder allein. Oft genug haben sie nur gehört: „Ihr Kind ist ein Schreibaby, das geht vorbei!" Hält die Schreiphase jedoch länger an, ohne dass sich ein Grund für die Aufgeregtheit des Babys finden ließe, kann dies Eltern an ihre physischen und psychischen Grenzen bringen. Sicher gibt es neben körperlichen auch noch andere mögliche Ursachen, weshalb ein Kind so viel schreit. So kann es beispielsweise sein, dass Ihr Baby schlicht extrem neugierig ist und alles sehen und hören möchte. Das können Sie herausfinden, indem Sie Ihr Kind an allem teilhaben lassen und den Gedanken, es brauche unbedingt einen „geregelten Ablauf", wenigstens eine Zeit lang beiseiteschieben. Auch die Sorge, Ihr Kind könnte zu wenig Schlaf bekommen, dürfen Sie hier einmal zweitrangig behandeln und lieber darauf vertrauen, dass des Babys zwar kleiner, aber perfekt ausgestatteter Organismus sich holt, was er braucht und wann er es braucht. Das ist sicher alles andere als einfach und mitunter auch mit einem beträchtlichen Organisationsaufwand verbunden, der vor allem dann spürbar wird, wenn Sie als Eltern ohnehin schon erschöpft sind. Aber so kehren wenigstens zwischendurch mal Ruhepausen ein, in denen Sie und Ihr Kind ein wenig Entspannung finden können.

Andere Kinder sind in ihren Wachphasen dermaßen agil und nehmen in kurzer Zeit so viele Informationen auf, dass sie vor Erschöpfung bald wieder einschlafen. Sie haben ein hohes Schlafbedürfnis. In solchen Fällen machen Eltern sich naturgemäß wenig bis keine Gedanken, ob ihr Kind anders sein könnte als andere, denn es gilt ja bei Säuglingen als normal, dass sie ziemlich viel schlafen. Oft ist dies auch ein (verständlicher) Anlass zu Freude und Gelassenheit, weil den Eltern dadurch mehr Freiraum bleibt.

Bei einigen Kindern wechselt dieses Verhalten auch phasenweise: Während sie in den ersten Monaten viel schlafen, sind sie anschließend wochen- oder monatelang sehr aufnahmebegierig, um dann wieder mehr zu schlafen, und umgekehrt. Doch laut Prof. F. J. Mönks zeigen etwa 60 Prozent der begabten Kinder ein normales Schlafverhalten.

Frühläufer – Spätläufer

Während normalbegabte Kinder mit etwa 13 Monaten allein laufen können, gelingt das hochbegabten Kindern mitunter deutlich früher. Bei vielen ist die Krabbelphase stark verkürzt oder die Kleinen überspringen sie komplett und stellen sich sozusagen gleich auf die Füße. Ich habe von Fällen gelesen und gehört, wo Kinder bereits mit acht oder neun Monaten ohne Unterstützung laufen konnten.

Auf der anderen Seite gibt es hochbegabte Kinder, die es erst spät lernen, „auf eigenen Beinen" zu stehen. Ein möglicher Hintergrund dafür: Sie wollen erst perfekt laufen können, bevor sie es jemandem zeigen, und beobachten die entsprechenden Bewegungen und das Verhalten der anderen sehr genau. Manche der gewitzten Zwerge üben auch „klammheimlich", machen ihr „Lauftraining" also nur in Momenten, in denen sie sich unbeobachtet glauben, und führen ihre Künste erst dann vor, wenn sie ihren eigenen Ansprüchen genügen.

Frühsprecher – Spätsprecher

Von normal entwickelten Kindern hört man das erste klar und deutlich artikulierte und mit einer zielgerichteten Bedeutung versehene Wort, wenn sie etwa ein Jahr alt sind. Manche (hoch)begabte Kinder können das bereits mit sechs oder sieben Monaten und formulieren als Einjährige schon Zwei- oder gar Drei-Wort-Sätze.

Das andere Extrem bilden Kinder, die erst sehr spät (etwa als Zweijährige) zu sprechen beginnen, dann aber ihre Umwelt gleich mit ganzen, fehlerfrei gesprochenen und grammatikalisch korrekten Sätzen verblüffen. Hier sind wir wieder bei den Kindern, die erst so lange „Trockenübungen" machen, bis sie die jeweilige Sache perfekt beherrschen, bevor sie damit „herausrücken".

Eines fällt jedoch bei beiden Gruppen auf: Sie benutzen keine „Babysprache", egal, ob sie ihnen vorgemacht wird oder nicht.

Frühlerner – Spätlerner

Einige (hoch)begabte Kinder interessieren sich schon sehr früh für Zahlen, Buchstaben und Symbole. Sie bringen sich Lesen, Schreiben und Rechnen oftmals selbst bei – sozusagen klammheimlich, hinter dem Rücken der Eltern. Im Extremfall sind die Kinder gerade einmal zwei Jahre alt, wenn sie damit beginnen. Es bereitet ihnen ganz offensichtlich großen Spaß, wenn es ihnen gelingt, Muster (Zusammenhänge und Unterschiede) zu erkennen, sich präzise auszudrücken und die Welt zu begreifen. Viele dieser Kinder können bereits bei ihrem Schuleintritt „Erwachsenenbücher" lesen und ihren Sinn verstehen. Sie schreiben nahezu perfekt (wenn auch nicht immer schön) und bewegen sich im Hunderter- oder sogar im Tausenderraum in allen vier Grundrechenarten völlig sicher und fehlerfrei.

Auf der anderen Seite gibt es Kinder, denen diese Dinge völlig gleichgültig zu sein scheinen. Oft haben sie andere außergewöhnliche Fähigkeiten und Interessen wie beispielsweise (praktische) Technik, Natur, Kunst oder soziale Beziehungen. Sie bauen Sandburgen, deren grandiose Architektur jeden Erwachsenen vor Neid erblassen lässt, konstruieren die ausgefallensten Dinge aus Lego, Holz oder Papier, kennen alle heimischen Pflanzen mit ihrem lateinischen Namen, malen schönere und bessere Bilder als die meisten Erwachsenen. Oder sie fungieren gern als Schlichter („Mediatoren") in sozialen Zusammenhängen und haben immer ein offenes Ohr für ihre Freunde und Bekannten, weshalb sie bei ihren Mitmenschen sehr beliebt sind. Sie wollen aber weder lesen noch schreiben oder gar rechnen und zeigen nicht das geringste Interesse an irgendeinem Lernstoff. Das bleibt oft sogar noch lange nach ihrer Einschulung so. Sie können Schul-Matheaufgaben nicht immer (gut) rechnen, dafür aber schon früh Mengen und Größen richtig einschätzen und vollbringen echte Rechenleistungen aus Alltagssituationen heraus. So sagte beispielsweise der zweieinhalbjährige Tim zu seiner Mutter: „Mama, jetzt sind wir schon an drei ARAL-Tankstellen vorbeigefahren! Wann willst du denn endlich tanken?" Er hatte erkannt, dass seine Mutter immer an bestimmten Tankstellen tankte, hatte sich Farbe und Logo dieser Tankstellen gemerkt und sie gezählt. Die gerade dreijährige Lena interessiert sich zwar für Buchstaben, nicht aber für Zahlen. Die Aufforderung ihrer Mutter, zwei Messer und zwei Gabeln aus der Schublade zu holen, beantwortet sie mit der Feststellung: „Das sind ja vier Teile!" Lena hat addiert. Doch viele (hoch)begabte Kinder entwickeln sich auch in all diesen Bereichen zeitlich normal, also altersgerecht.

Dass die Entwicklung eines Kindes oder jungen Menschen schubweise verläuft, wobei die Übergänge jedoch fließend sein können, ist hinreichend belegt. Was sich jedoch nicht „festmachen" lässt, sind allgemeingültige Grenzen zwischen den einzelnen Entwicklungsschritten, weil diese individuell oft beträchtlich voneinander abweichen. Zeit- und Altersangaben können und sollen bestenfalls als Orientierung, als „Richtwerte" dienen, nicht zur Einteilung im Sinn einer Kategorisierung. Auch dass sich die verschiedenen Ebenen wie die körperliche, geistige (intellektuelle) und seelische (emotionale) in individuell unterschiedlichem Tempo und zu unterschiedlichen Zeiten entfalten und verändern, ist in der Entwicklungspsychologie bekannt. Dabei tritt ein Bereich in den Hintergrund und steht sozusagen für eine gewisse Zeit hintan, wenn ein anderer Bereich stärker forciert wird. Das heißt, die Entwicklung verläuft insgesamt und bei allen Kindern asynchron, nur fällt es bei Hochbegabten deutlicher auf, weil ihre Entwicklung insgesamt schneller voranschreitet und auch durch größere Auf- und Abwärtsbewegungen (Amplituden) gekennzeichnet ist. Leider wird diese für alle Kinder normale „asynchrone" Entwicklung bei einem Hochbegabten oft als Entschuldigung oder Erklärung dafür herangezogen, wenn irgendetwas bei ihm nicht so funktioniert, wie es nach Ansicht des sozialen Umfelds sein müsste. So heißt es oftmals von begabten Erstklässlern, die keine Bilder malen wollen, den Sportunterricht nicht mögen oder eine etwas krakelige Handschrift haben, ihre motorische Entwicklung wäre (noch) nicht altersentsprechend. Das gipfelt dann gern in der Empfehlung an die Eltern, ihr Kind in eine entsprechende Therapie zu schicken. Hier muss bei begabten Kindern allerdings genauer hingeschaut und differenziert werden, denn oft steckt hinter dem vermeintlichen „Entwicklungsrückstand" eine Verweigerungshaltung, die durchaus triftige und logische Ursachen oder Gründe hat. In solchen Fällen könnte sich eine Therapie kontraproduktiv auf die seelische/ emotionale Entwicklung des Kindes auswirken. Treten bei hochbegabten Kindern im sozialen Bereich Diskrepanzen auf – insbesondere im Vergleich mit Gleichaltrigen –, wird ihnen nur allzu oft eine Entwicklungsverzögerung in ihrem Sozialverhalten bescheinigt, und genau darum handelt es sich *nicht*. Oder sie werden aufgrund ihrer hohen emotionalen Intensität als „emotional unreif" eingestuft. Dazu zwei Dinge: Erstens hat jedes Kind seinen eigenen „Bauplan", und es sollte sich auch dementsprechend entwickeln dürfen. Zweitens gibt es – neben den Eigenheiten der individuellen „Blaupause" – für diese Verhaltensweisen bei begabten Kindern noch einige andere sehr schlüssige Erklärungen. Doch werden die wahren Gründe für das Verhalten des jeweiligen Kindes häufig nicht erkannt und berücksichtigt, sondern stattdessen versucht, den vermeintlich „zurückgebliebenen" Bereich mithilfe unterschiedlicher Therapien auf ein höheres Niveau zu bringen. Ein solches Vorgehen kann dem Kind insgesamt mehr schaden als nützen, da es ihm das Gefühl vermittelt, es genüge nicht, es sei „unzulänglich" oder „mit Mängeln behaftet". Ein begabtes Kind hat bis zum Schuleintritt längst begriffen, dass es anders ist – und damit klarzukommen ist schon schwer genug. Empfindet sich das Kind dann obendrein als „nicht genügend", wird es noch weiter verunsichert und belastet. Es wäre so wichtig und könnte unendlich viel Gutes bewirken, wenn sich Eltern, Erzieher und Lehrer darauf besännen, dass die unterschiedliche Entwicklung einzelner Bereiche und einzelner Fähigkeiten bei Kindern völlig normal ist, und sie als Konsequenz daraus gelassen(er) mit den „Erscheinungsformen" dieser nicht linearen Entwicklung umgingen.

Es wäre unendlich hilfreich für alle Beteiligten, wenn Eltern, Erzieher und Lehrer den unterschiedlichen, auch den für sie vielleicht nur schwer oder gar nicht nachvollziehbaren Verhaltensweisen der (hoch)begabten Kinder eine möglichst große Toleranz und Akzeptanz entgegenbrächten, denn Erwachsene können auch längst nicht alles gleich gut, und vieles können sie gar nicht!

Die teilweise extrem unterschiedlichen Verhaltensweisen der Kinder erschweren es, Begabungen schon früh zu erkennen. Ob man sie überhaupt schon früh erkennen muss oder nicht, darüber kann man sicher streiten. Schaden kann es jedoch auf keinen Fall, sich mit dem Thema „(Hoch)Begabung" zu beschäftigen, wenn sich bei einem Kind Anzeichen dafür zeigen. Wenn Eltern hier genau hinschauen und ihre Kinder in der Entwicklung möglichst wenig einschränken, wäre das schon eine große Unterstützung. Eltern begabter Kinder kann ihr Wissen über (Hoch)Begabung Erklärungen für ein außergewöhnliches Verhalten ihrer Sprösslinge liefern. Im Idealfall werden sie durch das Annehmen und einen adäquaten, gelassenen Umgang mit den „Spezialitäten" ihrer

Kinder die Entwicklung selbstbewusster Persönlichkeiten fördern und das Auftreten möglicher Verhaltensstörungen in späteren Jahren verhindern.

Die Liebe zu ihren Kindern im Verein mit dem Wissen um die Eigenheiten (hoch)begabter Persönlichkeiten wird Eltern auch den Rücken stärken und ihnen als „Schutzschild" dienen, wenn aus einem unverständigen Umfeld abwertende Äußerungen über ihre Kinder laut werden, wenn Unberufene unqualifizierte Diagnosen stellen oder gar Pathologisierungen vornehmen, das heißt, wenn (hoch)begabte Kinder „krankgeredet" werden.

Bei heranwachsenden Kindern werden die spezifischen Merkmale und Verhaltensweisen (Hoch)Begabter deutlicher erkennbar, obwohl auch hier große Unterschiede bestehen können und sich Dinge beobachten lassen, die einen scheinbaren (!) Widerspruch zu einer überdurchschnittlichen Begabung darstellen und in manchen Fällen als Ausschlusskriterien für das Vorliegen einer hohen Begabung missdeutet werden. Eltern und andere Bezugspersonen (Erzieher, Lehrer, Kinderärzte) gehen häufig von der irrigen Annahme aus, dass ein Kind mit einer hohen kognitiven, intellektuellen Begabung *sämtliche Merkmale* aufweisen müsse, die in den unterschiedlichen Checklisten enthalten sind, oder wenigstens diejenigen, die nach dem allgemeinen Expertenkonsens als Zeichen einer beschleunigten kognitiven Entwicklung gelten. Hierzu zählen das frühe Sprechen inklusive großem Wortschatz und gewählter Ausdrucksweise, früh ausgebildete oder mindestens erkennbare Fähigkeiten auf mathematischem und/oder technischem Gebiet und auch ein insgesamt reiferes Verhalten. Sind bei einem Kind diese Verhaltensweisen nicht alle drei sichtbar, erscheint vielen Fachleuten die Vorstellung einer höheren oder hohen Begabung als abwegig. Durch diese einschränkende (und eingeschränkte) Betrachtungsweise wird die Entdeckung, das Aufspüren von Begabungen verhindert. Denn begabte Kinder haben bestimmte Merkmale weitgehend gemeinsam, und zwar eher solche, die nicht unbedingt auf den ersten Blick sichtbar oder üblicherweise nicht (ohne Weiteres) mit Begabung in Verbindung gebracht werden. Und hier sind es *gerade* die Eltern besonders begabter Kinder, die ihre Kinder für völlig „normal" halten und nicht glauben können oder wollen, dass die von ihrem Nachwuchs gezeigten Leistungen (s)eine hohe Begabung widerspiegeln. Die Persönlichkeitsmerkmale (hoch)begabter Kinder unterscheiden sich im Grundsatz nicht von denen erwachsener (Hoch)Begabter (siehe Kapitel 1, S. 80 ff.). Kinder sind jedoch dank ihrer Jugend noch nicht im selben Ausmaß von Konventionen geprägt wie Erwachsene. Zudem fehlt Kindern prinzipiell weitgehend die Emotionsregulation, die bewusste Steuerung ihrer Gefühle, die sie anhand ihrer zunehmenden Lebenserfahrungen erst noch lernen müssen. Die Fähigkeit, die eigenen Emotionen bewusst zu lenken, hat einen entscheidenden Anteil an der Entwicklung der persönlichen Zufriedenheit eines Menschen und damit auch an seinem Sozialverhalten, denn zufriedene Menschen sind nun mal umgänglicher als unzufriedene. Seine Emotionen *regulieren* zu können heißt jedoch nicht, dass man sie unterdrücken oder „im Zaum halten" kann, sondern vielmehr, dass man in der Lage ist, angemessen damit umzugehen. Und weil (hoch)begabte Kinder hoch emotional sind, benötigen sie bei diesem Lernprozess aktive Unterstützung – in erster Linie von ihren Eltern und später auch von ihrem erweiterten Umfeld (Erzieher, Lehrer). Da sie sich aber auch kognitiv sehr schnell entwickeln, werden der intellektuelle und der emotionale Anteil in ihnen möglicherweise kollidieren, wenn die Kinder ungute Erfahrungen machen, für die sie keine Erklärung (Auf*lösung*) finden. Zudem können Kinder während ihrer Entwicklung Fähigkeiten und/oder Verhaltensweisen ausbilden, die bei Erwachsenen als „normal" betrachtet und deshalb nicht oder nur am Rande erwähnt werden. Dazu gehört beispielsweise das Talent, Gedanken sehr schnell zu verknüpfen oder die Neigung zum Systematisieren und Ordnen (nach bestimmten Kriterien sortierte Bücherregale, Fotoalben, Aktenordner etc.). Da beides unter Erwachsenen als ganz normal gilt, wird es bei Kindern häufig nicht als Zeichen von Begabung gewertet.

Eigenschaften und Fähigkeiten (hoch)begabter Kinder werden von Experten – in weitgehender Übereinstimmung – folgendermaßen beschrieben:

Diese Kinder haben einen *inneren Antrieb nach Wissen und ein ausgeprägtes Erkenntnisstreben* (intrinsische Motivation) und erstaunen ihre Umwelt dabei oft mit ihrem scheinbar nicht zu befriedigenden Wissensdurst. Da sie den Dingen immer auf den Grund gehen wollen, hinterfragen sie alles und jedes mit „Warum?". Sie sind grundsätzlich nie um eine Frage verlegen. Die Antworten und ihre eigenen Gedanken dazu können sie sehr schnell miteinander verknüpfen, und daraus entstehen dann wieder neue Fragen. Auf der Basis ihres altersuntypisch großen Wortschatzes und ihrer Fähigkeit, gut und exakt zu formulieren, fassen sie ihre Fragen – und auch ihre Antworten – oft in ungewöhnlich komplexe Sätze. Dabei sind sie präzise und sogar spitzfindig in ihrer Wortwahl, können schon recht früh Metaphern oder abstrakte Begriffe erkennen und auch selbst anwenden. So fragt der vierjährige Lucas seinen Vater: „Erinnerst du dich an unsere letzte Busfahrt?", und nicht etwa: „Weißt du noch, als wir mit dem Bus gefahren sind?" Die vierjährige Annalena ärgert sich über ihre Mutter, weil sich diese auch durch energisches Ziehen und Schieben nicht dazu bewegen lässt, mit ihr zu kommen: „Oh Mama! Du bist stur wie ein Esel!", und die dreijährige Sabrina beschwert sich im Kindergarten: „Es ist ungerecht, dass Jan ohne Schuhe in den Garten darf und Kim nicht!"

(Hoch)Begabte Kinder besitzen eine *sehr gute Beobachtungs- und Auffassungsgabe*. Häufig können sie Dinge bereits nach einmaligem Zusehen, sie brauchen grundsätzlich wenig Anleitung und Übung und lernen auch Grundfertigkeiten sehr schnell, ganz gleich, ob das Lesen, Schreiben oder Rechnen ist. Doch auch motorische Tätigkeiten fallen vielen von ihnen leicht, wie die folgende kleine Geschichte des vierjährigen Tim zeigt:

Tim möchte seiner Mutter beim Kochen helfen und unbedingt Kartoffeln schälen. Als seine Mutter erst mal zu einigen Erklärungen ansetzt, unterbricht er sie mit den Worten: „Weiß ich schon. Ich habe dir doch oft genug zugesehen." Dann nimmt er die erste Kartoffel in die Hand und beginnt sie zu schälen – zunächst ist er noch etwas unbeholfen, arbeitet aber sorgfältig und konzentriert und wird rasch immer sicherer und gewandter.

(Hoch)Begabte Kinder verfügen schon früh über eine *gute Abstraktionsfähigkeit* (logisches Denken). Daraus entwickelt sich folgerichtig bald die Fähigkeit zu komplexen Denkvorgängen, die wiederum zu schnelleren und tieferen Einsichten führt. (Zwei Beispiele dazu finden Sie in Kapitel 1 auf S. 85 f.) Aus diesem Grund verlieren (hoch)begabte Kinder oft rasch die Geduld mit sich selbst, wenn sie etwas nicht sofort verstehen oder den „Dreh" nicht gleich heraushaben. Ebenso ungeduldig sind sie oftmals auch mit anderen, vor allem mit Gleichaltrigen, weil sie nicht begreifen, wieso ein anderer nicht verstehen kann, was für sie selbst glasklar ist. Deshalb haben diese Kinder häufiger Schwierigkeiten im Umgang mit Gleichaltrigen und suchen gern den Kontakt zu (wesentlich) älteren Kindern und zu Erwachsenen. Viele klagen auch häufig über Langeweile, wobei zwischen „kreativitätsfördernder Langeweile" und „untätigem Warten" dringend unterschieden werden muss. Erstere hält meist nicht lange an, denn den geistig agilen (hoch)begabten Kindern fällt schnell etwas für sie Interessantes ein, womit sie sich beschäftigen können. Wenn sie über Langeweile in der Schule klagen, meinen sie damit nervtötendes untätiges Warten, bis alle anderen Klassenkameraden den gerade angesagten Lehrstoff auch „gefressen" haben. Denn in der Schule können und dürfen sie sich in den meisten Fällen nicht mit etwas anderem befassen, das ihren wachen Geist wirklich fesseln könnte. Wiederholtes untätiges Warten über einen längeren Zeitraum erzeugt Frustration und Gefühle von Sinnlosigkeit. Kinder, die während des Unterrichts nach Erledigung ihrer Aufgaben ihren eigenen Interessen nachgehen dürfen, klagen weit weniger über Langeweile in der Schule.

Sie beschäftigen sich oft schon sehr früh *mit nicht altersentsprechenden Themen*, setzen sich beispielsweise mit sozialen und gesellschaftspolitischen Problemen auseinander. Dazu gehören auch Fragen über den Tod wie „Was passiert mit Menschen, wenn sie sterben?" oder andere ihnen wichtige Themen wie „Warum lassen Eltern sich scheiden?" oder „Warum werden Tierversuche gemacht?", oder sie wollen grundlegende Dinge wissen, etwa „Warum sind manche Menschen arm und andere reich?". (Hoch)Begabte

Kinder erkennen Ungerechtigkeiten meist sofort, und sie hängen ihnen lange nach. Aufgrund ihres breit gefächerten Interessenspektrums besitzen die meisten schon früh einen großen Wissensschatz auf verschiedensten Sachgebieten, oft ist auch ihre Neigung für eine bestimmte Thematik besonders ausgeprägt. Ihre Fähigkeit, Dinge schnell zu erfassen und zu durchschauen, führt manchmal zu einem scheinbar plötzlichen Verlust des Interesses oder einem schnellen Wechsel ihrer Interessengebiete. Sie wollen immer etwas Neues lernen. Wenn sie ein Thema für sich durchdrungen haben und es ihrem Empfinden nach für sie nichts Neues mehr zu entdecken gibt, suchen sie sich häufig ein anderes Beschäftigungsfeld.

(Hoch)Begabte Kinder sind sehr *kreativ und erfindungsreich*, haben *große Freude am Experimentieren* und *machen leidenschaftlich gern alles anders* als allgemein üblich. Sie üben sich mit großer Begeisterung darin, neue und verschiedenartige Lösungswege zu finden und anzuwenden. Sie können Gedanken und Vorstellungen auf ungewöhnliche Art miteinander verknüpfen, die auch nicht für jeden (Erwachsenen) sofort nachvollziehbar ist (divergentes Denken). Manchmal sind Äußerungen, die diese Denkweise widerspiegeln, für Eltern eher gewöhnungsbedürftig: Sabrinas Vater erklärt seiner vierjährigen Tochter, weshalb ein rohes Ei in der Mikrowelle platzt. Das kleine Mädchen überlegt kurz und kommt zu dem Schluss, dass ihr Kanarienvogel dann in der Mikrowelle ebenfalls platzen würde. Sabrina beabsichtigt aber keineswegs, ein solches Experiment tatsächlich durchzuführen, sondern beweist mit ihren Worten lediglich, dass sie die väterlichen Ausführungen verstanden hat.

(Hoch)Begabte Kinder *ordnen und systematisieren* gern. Dabei haben sie das Bedürfnis, Dinge und Personen in komplexen Spielen oder nach bestimmten Schemata anzuordnen. Diese „Ordnungsliebe" kann sich beispielsweise auch in Fragen nach Verwandtschaftsverhältnissen äußern: Wer ist wie mit wem verwandt? Wie verhält sich das mit Cousinen, Großtanten und -onkeln und verschwägerten Verwandten? Manchmal möchten die Kinder gern ganze Stammbäume erstellen und geben keine Ruhe, bevor sie nicht alle Verwandten richtig eingeordnet haben.

Meist zeigt sich ihr Hang zum Systematisieren jedoch in einfachen Alltagsdingen: im Sortieren von Spielsachen und Büchern, bei kleineren Kindern sind es Wäscheklammern oder Knöpfe, die nach Form, Farbe, Größe und Struktur geordnet werden. Manche Kinder können sich stundenlang voll gebannter Aufmerksamkeit damit beschäftigen.

Sie legen mitunter schon sehr früh einen *ausgeprägten Gerechtigkeitssinn* an den Tag und besitzen ein insgesamt sehr *hohes ethisches und moralisches Empfinden.* Aufgrund dessen sind sie in Sachen „Sozialkompetenz" ihren Altersgenossen weit voraus, darauf gründen auch ihre geistige Unabhängigkeit und ihr Idealismus, der sich mit fortschreitendem Alter immer deutlicher ausprägt. Sie setzen sich häufig für Außenseiter oder in irgendeiner Weise benachteiligte Menschen ein und geben sich mit den Entscheidungen anderer nicht einfach zufrieden, sondern hinterfragen Autoritäten und Regeln relativ gnadenlos. Erscheinen ihnen die Autoritäten nicht kompetent und die Regeln nicht schlüssig, logisch und sinnvoll, nehmen sie sie nicht ohne Diskussion an. Erst wenn sie einen Sinn darin zu erkennen vermögen, können sie sich darauf einlassen und halten sich durchaus auch daran. Das macht den Umgang mit ihnen für ihre Eltern sowie später auch Erzieher und Lehrer oft sehr anstrengend. Doch das ständige Hinterfragen und das Verlangen, den Dingen auf den Grund zu gehen, bildet bei begabten Kindern einen sehr wesentlichen Aspekt in ihrer psychischen Entwicklung und ihrem Verständnis der Welt. Und genau diese Persönlichkeitsmerkmale führen am häufigsten zu Fehleinschätzungen durch Erwachsene, denn diese fühlen sich nur allzu oft durch die gerade beschriebenen Verhaltensweisen der Kinder provoziert, persönlich angegriffen und in ihren Kompetenzen missachtet. Wenn die Kinder heranwachsen, spitzt sich diese Problematik noch zu. Doch das geschieht von ihnen völlig unbeabsichtigt. Ihr Verlangen richtet sich auf Klarheit, Wahrheit und Verstehen und nicht etwa darauf, andere Menschen anzugreifen oder gar zu verletzen. Im Gegenteil: Sie möchten ihr Wissen und ihre Erkenntnisse (mit)teilen, weil sie geistig weiterkommen wollen!

Beim Lernen gehen (hoch)begabte Kinder *sehr selbstständig* vor. Sie arbeiten gern allein und *selbstbestimmt* und können sich intensiv und lange in Themen versenken, die sie interessieren („Flow", siehe S. 243 ff.). Dann sind sie aufmerksam, zielgerichtet und ausdauernd. Doch bei von anderen vorgegebenen Themen oder Tätigkeiten, die sie nicht interessieren oder die sie bereits beherrschen und die für sie deshalb öde Wiederholungen darstellen, haben sie häufig große Konzentrationsschwierigkeiten. Wiederholungen sind reine Routine. Weil sie weder neues Wissen noch neue Erkenntnisse bieten, können sie die natürliche Neugier und den schier unerschöpflichen Wissensdurst der Kinder nicht befriedigen.

(Hoch)Begabte Kinder haben ein ausgesprochen *gutes Gedächtnis,* weshalb sie sich gern mit Puzzles und anderen Gedächtnisspielen beschäftigen, wie beispielsweise dem altbekannten Memory. Ihre oft erstaunliche Erinnerungsfähigkeit erweist sich aber auch in vielen anderen Alltagsdingen. So erzählt die Mutter von Benjamin, dass sie ihren Sohn schon als Vierjährigen immer fragte, wenn sie irgendeinen Gegenstand verlegt hatte. Und der Kleine wusste auch immer, wo die Dinge zu finden waren: auf dem Küchentisch, im Garderobenschrank, im Keller, in der Garage oder im Auto – Benjamin überlegte kurz und nannte seiner Mutter dann den Ort oder lief einfach los und holte ihr den gesuchten Gegenstand.

Ihr ausgeprägter, allerdings oft *ungewöhnlicher Humor* lässt viele begabte Kinder ebenfalls schon früh spüren, dass sie anders sind. Aufgrund ihrer Sprachgewandtheit lieben sie Wortspiele, die Gleichaltrige noch nicht verstehen, und ihr Sinn für feine Ironie und milden (!) Sarkasmus wird auch von Erwachsenen häufig fehlinterpretiert, die deshalb mit deutlichem Unverständnis oder gar offener Ablehnung reagieren.

Die außergewöhnliche *emotionale Tiefe* (hoch)begabter Kinder fällt ihren Eltern häufig am deutlichsten auf und führt auch bei Erziehern und Lehrern nicht selten zu Unverständnis, Verwirrung und Fehleinschätzungen. Die Kinder haben intensive Gefühle, zeigen sie auch und reagieren mitunter sehr heftig emotional. Sie sind auf der Gefühlsebene sehr empfindlich, sehr verletzbar, und auch ihre Sensitivität ist (weit) überdurchschnittlich hoch – bei allen fünf Sinnen. Oft sind sie tief in ihre eigenen Gedanken versunken und reagieren auf plötzliche Störungen von außen (extrem) schreckhaft. Mit ihrem ausgeprägten und lebhaften Vorstellungsvermögen erfinden sie gern imaginäre Spielkameraden und neigen zum Tagträumen. Zugleich besitzen diese Kinder ein großes Einfühlungsvermögen, sorgen sich eigentlich immer um das Wohlergehen anderer, fühlen und leiden mit ihnen. Dabei muss es sich keineswegs nur um Menschen handeln, sie wenden sich auch Tieren, Pflanzen, Spielsachen und anderen Dingen zu.

Ich vertrete ein naturalistisches Menschenbild. Kurz gefasst könnte ich es so ausdrücken: „Der Mensch ist ein Teil der Natur, und die Natur weiß schon, was sie tut." Das folgende Goethe-Zitat bringt meine Haltung sehr gut auf den Punkt:

„Die Natur versteht keinen Spaß,
sie ist immer wahr, immer ernst, immer strenge,
sie hat immer recht,
und die Fehler und Irrtümer sind immer des Menschen."
Goethe, Gespräche mit Johann Peter Eckermann,
13. Februar 1829

Dabei bilden Körper, Geist (Verstand, Kognition) und Seele (Psyche, Emotionen) eine Einheit, wobei alle „Partner" in einem Bezugssystem zueinander stehen, also voneinander abhängig sind: Ist ein Teil irgendwie beeinträchtigt, bringt das die gesamte Einheit aus dem Gleichgewicht, und darunter leiden über kurz oder lang auch die anderen Bereiche. Ich veranschauliche dies gern anhand eines dreibeinigen Melkschemels: Wird ein Bein beschädigt, gerät die Sitzfläche in Schieflage. Wenn ein Mensch in eine „Schieflage" gerät, nicht mehr „rundläuft", nicht mehr einwandfrei funktioniert, muss man also herausfinden, an welchem Teil das möglicherweise liegt, genau dort ansetzen und Heilung bewirken, damit wieder ein Gleichgewicht entstehen kann. Leider wird heute nur noch selten eine echte Ursachenforschung betrieben. Aus unserem Umgang mit der Schulmedizin, die für jedes Symptom mindestens ein Mittel bereithält, sind wir es bereits seit Jahrzehnten gewöhnt, nur noch an Symptomen herumzukurieren. Symptome sind unangenehm, deshalb wollen wir sie nicht aushalten (müssen). Also greifen wir zur Tablette, wenn uns Kopfschmerzen heimsuchen, und bahnt sich ein grippaler Infekt an, sind wir nur allzu schnell mit Antibiotika bei der Hand. Wir fragen uns nicht mehr, welches Ungleichgewicht in uns bewirkt, dass unser Körper mit diesen oder jenen Symptomen reagiert. In den anderen Bereichen läuft es ähnlich: Ein Kind lernt nicht oder nicht gut, „Symptome" dafür sind seine schlechten Schulnoten. Dagegen bekommt es Nachhilfe oder muss eine Klasse wiederholen oder gar die Schulform wechseln. Jemand anderer ist ständig aufgeregt, wird leicht aggressiv oder leidet häufig unter Depressionen, also erhält er entweder eine „geeignete" chemische Unterstützung in Form von Tabletten oder es wird zur Beseitigung der Symptome eine andere Maßnahme ergriffen und ihm beispielsweise ein „Sozialkompetenztraining" verordnet. Symptome sind aber immer das Signal für ein Ungleichgewicht in der Einheit aus Körper, Geist und Seele. Gehen wir dann her und beseitigen nur die Symptome, bleibt das Ungleichgewicht bestehen und beeinträchtigt uns auch weiterhin. Nur geschieht das dann vielleicht auf eine andere Weise und wir merken es dann weniger deutlich und auch nicht sofort. Unser eigentliches Problem: Wir haben verlernt, nach dem Warum zu fragen. Warum tritt gerade dieses Symptom gerade zu diesem Zeitpunkt auf? Worin liegt es begründet, welcher „Partner" ist beeinträchtigt: Körper, Geist oder Seele? Und was lässt sich tun, damit wir zur Wurzel des Übel vordringen, es dort packen können, die Ursache beseitigen, um diesen Bereich zu heilen und so das Gleichgewicht wiederherzustellen?

Da es mir sehr wichtig ist, Ihnen diese Sichtweise näherzubringen, werde ich in den folgenden Kapiteln alle Seiten der (hoch) begabten Menschen etwas näher beleuchten. Dabei beginne ich mit der kognitiven Seite, denn sie ist immer das erste „Symptom", anhand dessen sich eine überdurchschnittliche oder sogar (Hoch) Begabung bemerkbar macht.

Die kognitive Seite

Zweifellos sind begabte Kinder ihren Altersgenossen auf der kognitiven Ebene voraus. Aber was bedeutet das eigentlich genau? In den meisten Fällen orientieren Eltern sich dabei an besonderen Leistungen ihres Kindes. Wenn es beispielsweise (sehr) früh zu sprechen beginnt und/oder reges Interesse an Lesen, Schreiben, Rechnen zu erkennen gibt. Manchmal fallen dem sozialen Umfeld auch der große Wortschatz und die gewählte Ausdrucksweise eines Kindes auf. Doch wenn sich all dies nicht in einem deutlich über der Norm liegenden Ausmaß zeigt, sind viele Eltern unsicher, ob bei ihrem Kind überhaupt eine hohe Begabung vorliegen kann, oder gehen gleich von deren Nicht-Vorhandensein aus. Zur Veranschaulichung zwei exemplarische Aussagen von Eltern:

„Meine fünfeinhalbjährige Marie ist schlau. Manchmal redet sie wie eine Erwachsene. Sie weiß immer, wo alles liegt, sie weiß aber auch immer alles besser. Lesen, Schreiben oder Rechnen kann sie aber nicht. Wenn ich ihr Fragen zu ihrem Wissen stelle, antwortet sie oft bewusst falsch. Ich weiß gar nicht, ob sie überhaupt etwas kann, außer vielleicht Malen. Das macht sie außergewöhnlich gut. Woran kann ich erkennen, ob sie hochbegabt ist?"

„Mein vierjähriger Sohn Gregor hat einen riesigen Wortschatz. Er erinnert sich an jede Kleinigkeit, auch an Sachen, die schon zwei Jahre zurückliegen. Wenn er allein ist, spielt er am liebsten mit Spielzeug, das für ältere Kinder gedacht ist. Jetzt beginnt er, sich für Buchstaben zu interessieren, und schreibt auch schon seinen Namen. Das machen aber viele Kinder in diesem Alter. Er ist wohl hochsensibel, aber wo ist da eine Hochbegabung?"

Sicher ist es gut und sinnvoll, wenn Eltern und das soziale Umfeld auf diese – inzwischen allgemein bekannten – Anzeichen einer überdurchschnittlichen Begabung bei Kindern achten, das ist jedoch bei Weitem nicht alles, woran sich eine hohe Intelligenz im frühen Kindesalter zu erkennen gibt oder zu erkennen geben kann. Die oben zitierten Beispiele bilden natürlich nur sehr kleine Ausschnitte der beiden Kinderpersönlichkeiten ab, dennoch lässt sich dabei auch zwischen den Zeilen auf Anzeichen von hoher Intelligenz schließen. Bei beiden Kindern wird ihr *gutes Gedächtnis* ausdrücklich erwähnt. Dass Marie auf Fragen bewusst falsche Antworten gibt und bei Gregor die Einschränkung „mit Spielzeug, das für ältere Kinder gedacht ist, beschäftigt er sich, wenn er allein ist" genannt wird, deutet auf *Anpassungsbestrebungen* durch das *Verstecken von Fähigkeiten* hin. Bei Marie kann ihr außergewöhnliches Maltalent als Hinweis auf eine *ausgeprägte Kreativität* und *fortgeschrittene feinmotorische Fähigkeiten* gelten. Bei Gregor kommen das *frühe Interesse an Buchstaben* und ebenfalls die feinmotorische Fähigkeit sowie der Hinweis auf eine möglicherweise („wohl hochsensibel") vorhandene *Hochsensibilität* hinzu. Diese Anzeichen reichen zwar auch in der Summe noch nicht aus, um eine hohe Begabung einwandfrei zu identifizieren, doch bieten sie meiner Auffassung nach den Eltern und dem Umfeld ausreichenden Anlass, bei beiden Kindern genauer hinzuschauen. Weitere Eigenschaften und Verhaltensweisen von Marie und Gregor, die aus diesen Beispielen nicht hervorgehen, die ein fachkundiger Begabungsdiagnostiker jedoch sicher aufspüren kann, werden hier mehr Aufschluss geben. In solchen Fällen empfehle ich den Eltern, zunächst Kontakt zu Beratungsstellen aufzunehmen, wie zum Beispiel zur *Deutschen Gesellschaft für das hochbegabte Kind* (DGhK). Sie unterhält (fast) überall Regionalbüros und hat in vielen Städten Gesprächskreise oder Stammtische für Eltern (hoch) begabter Kinder eingerichtet, die von sachkundigen Eltern geleitet werden. Hier sind auch Eltern willkommen, deren Kinder (noch) nicht getestet sind oder deren IQ „nur" überdurchschnittlich ist.

Zur kognitiven Seite gehören auch die enorme Beobachtungs- und schnelle Auffassungsgabe, die schon Säuglinge an den Tag legen – durch ihre Bereitschaft, ihre Umwelt zu erkunden („Explorationsverhalten", siehe S. 113). Bei älteren Kindern fällt sie oft als große Neugier, hohe Detailwahrnehmung und durch die bereits angesprochene Gewohnheit, anderen permanent Löcher in den Bauch zu fragen, auf. Bei Kindern, die erst spät zu sprechen beginnen oder (noch) nicht viele Fragen stellen, kann man diese Fähigkeiten daran erkennen, dass sie schier in Lichtgeschwindigkeit Puzzles zusammensetzen, andauernd beim Memory gewinnen oder außergewöhnlich detailreiche Bilder malen, wobei es unerheblich ist, ob diese Bilder technisch perfekt sind oder unserer (Erwachsenen-)Auffassung von „schön" entsprechen.

Der Hang zum Ordnen und Systematisieren gehört ebenfalls in den Bereich der kognitiven Leistung, zudem ist er ein Zeichen für das ausgeprägte Erkenntnisstreben begabter Kinder. Hierbei erwerben sie sich viele Wissensgrundlagen und zeigen die Anwendung dieses Wissens wie beispielsweise das Erkennen von Mustern oder den Umgang mit Größen- und Mengenverhältnissen. Anhand anderer, immer wieder neuer Anordnungen lernen sie, mit verschiedenen Schemata umzugehen, Zusammenhänge herzustellen und Differenzierungen vorzunehmen (divergentes Denken) – und das fördert die Kreativität. Je nach Art der Gegenstände, die geordnet und systematisiert werden, können die Kinder auch ihre Feinmotorik gut üben. Dazu brauchen sie kein ausgeklügeltes „pädagogisch wertvolles" Spielzeug. Eine große Kiste mit den unterschiedlichsten Knöpfen oder ein Korb voller Wäscheklammern in verschiedenen Größen, Farben und Materialien eignet sich ganz fabelhaft dafür. Wie das Kind mit diesen oder anderen Gegenständen umgeht, ob es mit Ausdauer bei diesem Ordnungsspiel bleibt, aber auch, ob und wann es bei seiner „Arbeit" die Geduld verliert, gibt einige deutliche Anhaltspunkte für seine kognitiven und gegebenenfalls auch seine motorischen Fähigkeiten.

Ein weiterer Hinweis auf die kognitiven Fähigkeiten eines Kindes ist seine Beschäftigung mit nicht altersentsprechenden Themen. Hier treffen gleich mehrere positive Merkmale zusammen: die gute Beobachtungs- und rasche Auffassungsgabe, Neugier, Erkenntnisstreben, analytisches und divergentes Denken. Viele begabte Kinder machen sich schon früh Gedanken über soziale und gesellschaftspolitische Themen oder interessieren sich für nicht alterstypische Gegenstände wie zum Beispiel Astronomie, die Funktionsweise von Motoren aller Art oder die Prinzipien des ökologischen Gartenbaus. Das sprengt bei Kindern im Vorschulalter sicher den Rahmen des „Normalen" und sollte für Eltern und Erzieher immer Anlass sein, diese Kinder genauer zu beobachten.

Apropos normal: Die Alltagstheorien über diejenigen Leistungen oder Fähigkeiten, die bei einem Kind eine Hochbegabung vermuten lassen, unterscheiden sich stark. Eine Mutter erklärte mir die außergewöhnlichen Fähigkeiten und Interessen ihrer Tochter folgendermaßen:

„Meine Tochter Sophia (6) hat einen großen Wortschatz und kann sich gut ausdrücken. Man kann mit ihr reden wie mit einer Erwachsenen. Sie interessiert sich auch für viele unterschiedliche Dinge wie zum Beispiel Astronomie, Naturkunde und Geschichte. Sie wollte schon mit drei Jahren lesen lernen, und ich habe es ihr beigebracht. Kinderspiele hat sie nie gespielt, das hat sie von mir. Wir haben immer vernünftig mit ihr gesprochen, sie an unseren Interessen und Hobbys teilhaben lassen und ihr auch immer erklärt, was wir machen. Sophia war immer überall dabei und dadurch viel unter Erwachsenen. Natürlich erweitert so etwas den Horizont und ein Kind – jedes Kind – lernt dann viel mehr, als wenn es immer unter Gleichaltrigen ist. Aber das alles hat doch mit Hochbegabung nichts zu tun. Das ist Erziehung."

Grundsätzlich hat Sophias Mutter recht. Was sie nicht erkennt, ist, dass man einen Topf immer nur entsprechend seinem Fassungsvermögen füllen kann. Gießt man ständig Wasser nach, läuft es über, ist also für den Topf nutzlos, fließt einfach außen an ihm herunter. Mit anderen Worten: Das Ausmaß der Fähigkeit zu lernen, Wissen zu erwerben, hängt immer von dem vorhandenen (angeborenen) Potenzial ab. Ist das vorhandene kognitive Potenzial groß, wird die von der Mutter in meinem Beispiel geschilderte Erziehung entsprechende Früchte tragen. Ist das vorhandene kognitive Potenzial geringer, werden viele Anregungen das Kind gar nicht erreichen, sondern ungenutzt an ihm „herunterfließen". Ein vorhandenes Potenzial kann, ja *muss* (!) auf jeden Fall vollständig ausgereizt werden, und sehr wahrscheinlich lässt es sich durch entsprechende Übung auch in gewissem (allerdings begrenztem) Maß erweitern. Sophias Mutter spricht in ihrer Geschichte nicht davon, dass sie und ihr Mann mit der Kleinen irgendetwas gezielt „geübt" oder „trainiert" hätten. Von daher dürften Sophias überdurchschnittlich entwickelte kognitive Fähigkeiten nicht ausschließlich auf das Konto der anregungsreichen, fördernden Erziehung gehen, sondern ein Produkt aus dem in Sophia vorhandenen Potenzial und ihrem verständnisvollen, inspirierenden Elternhaus sein. Ich halte es für unwahrscheinlich, dass Sophia ein normalbegabtes Kind ist, wobei sich auf der Basis der mütterlichen Schilderung allerdings nicht feststellen lässt, ob Sophia eine Hochbegabung *per definitionem* aufweist, also einen IQ von mindestens 130 Punkten besitzt.

Das Abhängigkeitsverhältnis zwischen möglicher Leistung und Anforderung/ Lernangebot sowie vorhandenem Potenzial besteht natürlich nicht nur bei Menschen mit überdurchschnittlicher und (Hoch)Begabung, sondern grundsätzlich bei allen. Und obwohl diese Begriffe („Leistung", „Anforderung", „Lernangebot") und die Notwendigkeit der Betrachtung dieser Abhängigkeit meist in Verbindung mit schulischem Lernen stehen, ist sie von Geburt an wichtig und maßgeblich, nicht nur für den Lernerfolg, sondern für die gesamte Persönlichkeitsentwicklung.

Die folgenden Abbildungen sollen das Abhängigkeitsverhältnis zwischen dem vorhandenen Potenzial und der Anforderung (Lernangebot) veranschaulichen:

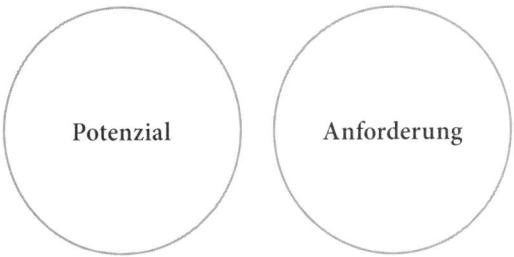

Sind die Anforderungen (das Lernangebot) genauso oder annähernd so groß wie das vorhandene Potenzial, wird das Kind die

Anforderungen bewältigen und dies in der Regel auch zum Ausdruck bringen können. Beim Lernangebot der Regelschulen trifft dies auf den größten Teil der Kinder zu, rein statistisch gesehen sind das die Kinder mit einem IQ von 85 bis 115.

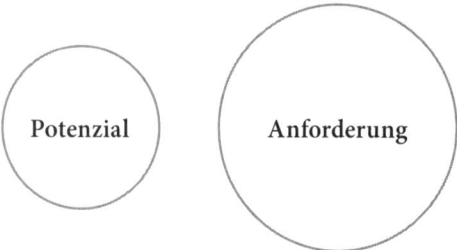

Übersteigen die Anforderungen (das Lernangebot) das vorhandene Potenzial, wird das Kind ihnen nicht gerecht werden können, die Leistungen, die hier als „normal" von ihm erwartet werden, nicht erbringen. Es ist *überfordert*. Dies trifft, wieder aus rein statistischer Sicht, auf Kinder mit einem IQ unter 85 zu. Das Ungleichgewicht zwischen Potenzial und Anforderung (Lernangebot) bringt seinerseits die Persönlichkeit des Kindes aus dem Gleichgewicht, heißt, es verursacht dem Kind Stress. Und diesen offenbart es, ganz natürlich und ganz kindgerecht, durch sein Verhalten. Möglicherweise zieht sich das betroffene Kind zurück und wird ganz still, vielleicht wird es aber auch nervös und weint viel oder beginnt zu stottern oder es wird vor lauter Nervosität hyperaktiv, um das soziale Umfeld von seiner „Unfähigkeit" abzulenken. Natürlich wird dies bei einem Kind mit einem IQ von 84 weniger deutlich sichtbar als bei einem Kind mit einem IQ von 72, doch in jedem Fall besteht hier eine Überforderungssituation. Kinder flüchten sich in viele, oft sehr unterschiedliche Verhaltensweisen, die alle auf eine Überforderung hindeuten können. Hier fungieren die gezeigten (Schul-)Leistungen oft als wichtige Indikatoren zur möglichst raschen Feststellung einer solchen Überforderung, um die Anforderungen (das Lernangebot) dem Potenzial des betreffenden Kindes anzupassen und ihm möglichst schnell helfend „unter die Arme zu greifen". Wahrscheinlich haben die Kinder aus diesem IQ-Segment schon in der ersten Schulklasse keine guten bis sehr guten Noten erzielt, mussten sich bei allen Aufgaben deutlich sichtbar (mehr) anstrengen und brauchten auch länger als ihre Klassenkameraden. Eine leichte Überforderung lässt sich vielleicht mit mehr Übung oder Nachhilfe „auffangen" und ausgleichen. Bei einer gravierenden Überforderung wird das jedoch nicht reichen, da muss das Lerntempo spürbar gedrosselt und möglicherweise auch das Anforderungsniveau gesenkt werden. Da sich dies an einer Regelschule nicht realisieren lässt, gibt es Förderschulen, die sich individuell auf die einzelnen Kinder einstellen können. Wenn die Kinder in einem Umfeld lernen dürfen, das auf ihr Potenzial zugeschnitten ist, verschwinden meist auch ihre Verhaltensauffälligkeiten: Die Balance ist wiederhergestellt.

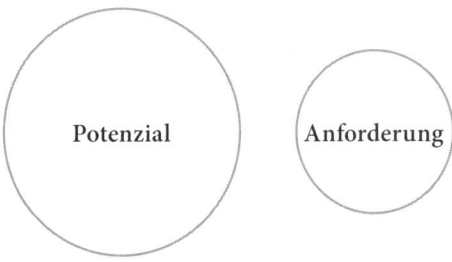

Sind die Anforderungen (das Lernangebot) geringer als das vorhandene Potenzial eines Kindes, und das betrifft rein statistisch gesehen alle Kinder mit einem IQ ab 115, wird allgemein davon ausgegangen, dass das Kind die Leistungen, die bei seiner Intelligenz als „normal" gelten, mit Leichtigkeit erbringen kann. Rein theoretisch stimmt das natürlich. Doch in Wahrheit ist das Kind *unter*fordert. Und auch bei einer *Unter*forderung bewirkt die Diskrepanz zwischen Potenzial und Anforderung ein Ungleichgewicht in der Persönlichkeit des Kindes, führt also zu Stress. Wo soll das Kind denn mit seinem überschüssigen Potenzial hin? Es ist ja nun mal da und es will ausgeschöpft werden! So begehrt es ständig auf und fordert: „Mehr! Gib mir mehr! Ich möchte mehr wissen, mehr können, mehr verstehen! Alles, was ich habe, weiß ich schon, kann ich schon, verstehe ich schon!" Diesen

psychischen Stress nimmt das Kind als diffuses Gefühl von Unzufriedenheit und nicht selten als Empfindung von Sinnlosigkeit
wahr. Und wie soll ein Kind das anders ausdrücken als über seine Emotionalität, also in Form emotionaler Reaktionen? Selbst
Erwachsene sind oft nicht fähig, eine diffuse Unzufriedenheit in
Worte zu fassen, und setzen bei jedem Versuch mehrfach an, um
irgendwann irritiert festzustellen, dass sich ihre seltsame, uner-
gründliche Unzufriedenheit dem verbalen Zugriff entzieht. Wie
soll das dann ein Kind bewerkstelligen, in dem Emotionen zwar
immer – und manchmal übermächtig – anwesend sind, das aber
noch nicht gelernt hat, für sich selbst adäquat damit umzugehen
und sie zu regulieren? Natürlich wird es versuchen, diese nicht
oder kaum fassbaren Gefühle über sein Verhalten auszudrücken,
in der (unbewussten) Hoffnung, dass ihm jemand seinen Zustand
erklären und ihm (heraus)helfen kann. Die in solchen Fällen auftretenden Verhaltensweisen ähneln denen, die Kinder als Folge
einer möglichen Überforderung an den Tag legen. (Hierbei gibt
es allerdings noch eine andere Variante, auf die ich in Kapitel 4
näher eingehen werde, siehe S. 276.) Auch um eine mögliche Unterforderung bei einem Kind festzustellen, eignen sich die (Schul-)
Leistungen sehr gut als Indikatoren, denn in den meisten Fällen
hatten (hoch)begabte Kinder einen sehr guten Schulstart. Auch in
den Fällen unterforderter Kinder werden wahrscheinlich diejenigen mit einem IQ von beispielsweise 118 (leichte Unterforderung)
weniger auffallen als Kinder mit einem IQ von 128 (deutliche Unterforderung) oder gar 142 (sehr deutliche Unterforderung). Doch
spielt in diesem Zusammenhang ein weiterer Aspekt eine große
Rolle: die sensorische Empfindsamkeit von (hoch)begabten Kindern und Erwachsenen (siehe auch S. 99). Sie tritt seit etwa zwei
Jahrzehnten auffällig verstärkt in Erscheinung, weil sich unsere
Welt entsprechend verändert hat. Eine leichte Unterforderung allein wird bei einem Kind nicht notwendigerweise zu Verhaltensauffälligkeiten führen, kommt jedoch eine (unter Umständen
stark ausgeprägte) sensorische Empfindsamkeit mit ihren ständig
wiederkehrenden Reizüberflutungen dazu, wächst das Gefühl der
Unzufriedenheit. Das kann den Ausschlag geben.

Viele Fachleute vertreten beim Thema „Unterforderung von Schulkindern" völlig andere Ansichten, als man erwarten würde, wenn man ihre Auffassungen zur Überforderung danebenhält. Anders ausgedrückt: Sie ziehen nicht den Analogieschluss zu den (völlig richtigen) Auffassungen, die oben bei der Überforderung beschrieben werden. So gehen sie leider nicht davon aus, dass die überdurchschnittlich bis hochbegabten Kinder schneller und mehr lernen, weil sie gar nicht anders *können*. Diese Kinder erhalten an Regelschulen nicht ganz selbstverständlich weitere Lernangebote oder die Möglichkeit, das Lerntempo zu steigern. Ganz im Gegenteil: Von den begabten Kindern wird erwartet, dass sie auf die Befriedigung ihres Wissensdursts verzichten und ihre hohe Lernmotivation herunterfahren. Sie sollen ihr Lerntempo drosseln, werden sozusagen auf „geistige Schonkost" gesetzt. Darüber hinaus wird nicht auf ihre individuellen Begabungen eingegangen, vielmehr verlangt man von ihnen gleich gute Leistungen auf allen Gebieten. Und das nicht nur in kognitiven Bereichen (etwa in der Sprache oder in den naturwissenschaftlichen Fächern), sondern auch in der Motorik (Schönschreiben) und in ihrer Emotionalität. So haben wir bei den (hoch)begabten Kindern auf der einen Seite jede Menge nicht ausgeschöpftes, brachliegendes Potenzial und auf der anderen Seite die Überforderung (differentes Fähigkeitsprofil, Motorik, Emotionalität, sensorische Empfindsamkeit). Das alles zusammengenommen kann bei den Kindern eine massive Orientierungslosigkeit verursachen, die einen immensen inneren Druck erzeugt. Dieser findet sein Ventil in vielfältigen emotionalen Überreaktionen, auch als „Verhaltensauffälligkeiten" bezeichnet, er bricht sich also buchstäblich Bahn. Sind solche Verhaltensauffälligkeiten dann öfter mal vorgekommen, wird Eltern häufig dazu geraten, ihre Kinder in diverse Therapien (Psycho-, Ergo- oder Physiotherapie, Sozialkompetenztraining) zu schicken, wodurch die sozial „störenden" Symptome beseitigt werden sollen. Was durch diese Maßnahmen allerdings nicht beseitigt wird, ist die Ursache für die Überreaktionen, der intrapersonale Stress, weil sich die meisten Therapeuten über die Ursache(n) des Verhaltens der Kinder überhaupt nicht im Klaren sind. Sie haben keine Ahnung von den spezifischen Eigenheiten begabter Kinder, weshalb sie diese auch nicht berücksichtigen können und folglich „normale" Maßstäbe ansetzen. Und genau deshalb zeigen diese Therapien in vielen Fällen keine, wenig oder nur eine kurzfristige Wirkung. Im schlimmsten Fall verstärken sie das Gefühl des Kindes, „ungenügend" und „mit Mängeln behaftet" zu sein, was seine Situation nur noch schmerzlicher werden und das Kind immer mehr verzweifeln lässt.

In den letzten Jahren sind Erzieher und Lehrer auch vermehrt dazu übergegangen, bei Kindern, deren Verhalten sie als störend oder „auffällig" empfinden, aber nicht einordnen können, „Verdachtsdiagnosen" auszusprechen und den Eltern nahezulegen, ihr Kind psychiatrisch untersuchen zu lassen. Ich kenne Fälle, in denen Eltern sogar unter Androhung eines Schulverweises ihrer Kinder dazu genötigt wurden. *Doch kaum jemand kommt auf die (an sich naheliegende) Idee, die Unterforderung der Kinder abzustellen und ihnen die Möglichkeit zu geben, ihr Potenzial auszuschöpfen.* In manchen Fällen können Eltern dies erreichen – durch die Vorlage eines IQ-Tests, der ihrem Kind einen IQ von mindestens 130 Punkten bescheinigt. Doch die Kinder mit einem IQ zwischen 115 und 129, die ja ebenfalls überdurchschnittlich begabt sind, fallen durch das Raster, man lässt sie sozusagen „am ausgestreckten Arm verhungern".

Natürlich gelten die hier beschriebenen Zustände nicht für alle Regelschulen. Es gibt durchaus einige, deren Lehrer die Eigenheiten der – potenziell – (hoch)begabten Schüler erkennen, um die Problematik wissen und daher einfühlsam und verständnisvoll mit ihnen umgehen. Es gibt auch (verhältnismäßig selten) weiterführende Regelschulen mit Hochbegabtenzügen und es existieren mittlerweile (allerdings noch seltener) reine Hochbegabtenschulen und -internate. Doch in allem, wo „Hochbegabung" draufsteht, muss ein IQ von mindestens 130 drin sein. Hier werden die „nur" überdurchschnittlich begabten Kinder benachteiligt. Dazu gehören auch die Kinder, die „falsch-negativ" getestet wurden, und das sind nicht wenige! Rein statistisch sind in einem Zug einer Jahrgangsstufe 2,3 Prozent Hoch- und Höchstbegabte (ab einem IQ von 130 beziehungsweise ab einem IQ von 145) und weitere etwa 13 Prozent überdurchschnittlich Begabte. Das macht in einem Zug von insgesamt 60 Schülern etwa 2 Hoch- bis Höchstbegabte und 8 bis 9 überdurchschnittlich Begabte, also insgesamt 10 bis 11 (!!!) unterforderte Kinder. Das ist durchaus eine relevante Anzahl von Schülern, um die man sich dringend kümmern muss!

Häufig werden in Förderprogramme auch „Hochleister" aufgenommen, bei denen unklar ist, ob sie hochbegabt sind. Sie werden nur nach ihren Schulnoten ausgewählt. Das ist durchaus nicht verkehrt, geht aber so lange am Sinn der Begabtenförderung vorbei, wie diejenigen Kinder, die unter Passungsproblemen (siehe S. 72) leiden und deshalb weniger gute oder gar schlechte Noten davontragen, nicht entsprechend beachtet und unterstützt werden.

Auch zu außerschulischen Begabtenförderprogrammen erhalten häufig nur Kinder mit einem IQ von mindestens 130 Zugang, wodurch sich ebenfalls die gerade geschilderte Problematik ergibt. Private Anbieter solcher außerschulischen Förderprogramme lassen häufig auch „nur" überdurchschnittlich Begabte teilnehmen. Grundsätzlich muss hier die Frage erlaubt sein, ob es gerecht und fair ist, dass die begabten Schüler ihr Potenzial *außerhalb der Schule* ausschöpfen und ihren Wissensdurst anderswo stillen sollen/müssen, während die minderbegabten Schüler *in der Schulzeit* Unterstützung bei der Bewältigung des Lernstoffs bekommen.

Ein weiteres Problem bildet die Flächendeckung. In Großstädten sind die Angebote naturgemäß reichhaltiger und vielfältiger. Kinder, die in eher ländlichen Gegenden leben, sind nach wie vor benachteiligt – ganz gleich, ob sie einen IQ von 130 und mehr oder einen IQ zwischen 115 und 129 haben.

Und grundsätzlich gilt: Solange das Problem der *Unter*forderung von Schulkindern nicht wirklich ernst genommen und dem der *Über*forderung gleichgestellt wird und die begabten Schüler keine im Umfang vergleichbaren, auf ihre besonderen Eigenheiten zugeschnittenen Fördermaßnahmen bekommen, werden die besonders begabten Menschen in unserem Land benachteiligt – ein klarer Verstoß gegen den Gleichbehandlungsgrundsatz in Artikel 3.3 unseres Grundgesetzes.

Die emotionale Seite

Der Begriff „Emotion" ist heute jedem geläufig. Wir verwenden ihn im Alltag oftmals synonym für „Gefühl", „Befindlichkeit" oder auch „Stimmung". Fragt man jemanden, was genau Emotionen sind, kommt meistens ganz spontan die Antwort „Gefühle". Tatsächlich existiert – wie auch für viele andere theoretische Begriffe – für „Emotion" keine einheitliche Definition. Zudem wird dieses Thema auch aus unterschiedlichen Perspektiven, verschiedenen Blickwinkeln, betrachtet.

In der Psychologie wird zwischen Gefühlen und Emotionen häufig unterschieden. Dieser Trennung folgend sind Gefühle nach innen gerichtet, sie werden von einer Person empfunden. Emotionen sind nach außen gerichtet, sie werden also über Interaktion und Kommunikation zum Ausdruck gebracht. Dementsprechend ist eine Emotion kein einzelnes Gefühl, sondern ein ganzer Komplex, der sich aus unterschiedlichen Bestandteilen zusammensetzt:

- Gefühl
- Anlass des Gefühls
- Bewertung des Erlebnisses
- Körperliche Reaktion
- Emotionsausdruck

Das *Gefühl* unterliegt hier der Definition der sogenannten Grundemotionen, die bei jedem Menschen kulturübergreifend bereits im Säuglingsalter erkennbar sind. Bezüglich der Anzahl und der Benennungen dieser Grundemotionen gehen die Auffassungen der Fachleute allerdings auseinander: Einige Wissenschaftler „begnügen" sich mit vier Grund- oder Basisemotionen, andere identifizieren acht und wieder andere kommen sogar auf zehn. Einige teilen sie in Gruppen oder Paare ein, und manche unterscheiden zwischen Primär- und Sekundäremotionen, wobei Letztere von außen indiziert sein sollen. Ich beschränke mich hier auf einige wesentliche Grund- oder Basisemotionen, die immer wieder genannt werden: Angst, Wut, Interesse/Neugier, Freude, Trauer, Überraschung und Ekel/Widerwillen. Diese Gefühle lassen sich allen Menschen vom Gesicht ablesen. Es liegt ihnen immer ein *Anlass*, ein Erlebnis, zugrunde. Dieses Erlebnis wird *bewertet*, zunächst ganz grob einfach mit „gut" oder „schlecht".

Beide Bewertungen lösen *körperliche Reaktionen* aus, die bei einer negativen Bewertung auch als „Stressreaktionen" bezeichnet werden: erhöhter Puls, Zittern, Schweißausbrüche und Ähnliches. Bei positiven Bewertungen bezeichnet man diese körperlichen Reaktionen nicht als „Stresssymptome", obwohl es im Wesentlichen dieselben sind und es bekanntlich auch positiven Stress („Eustress") gibt. In beiden Fällen kommt es zu einer körperlichen Erregung.

Der *Ausdruck* dieser Emotion kann in verbaler oder nonverbaler Form durch das Verhalten geschehen. Ein Beispiel:

Ein Kind empfindet Angst (Gefühl) *aufgrund eines fremden, lauten Geräuschs* (Anlass). *Dieses Geräusch wird als negativ empfunden* (Bewertung), *und das Kind ist einer starken inneren Erregung ausgesetzt* (körperliche Reaktion). *In der Folge weint es* (Emotionsausdruck). *Ein älteres Kind würde es, möglicherweise zusätzlich, verbal ausdrücken: „Dieses Geräusch macht mir Angst."*

Daraus wird deutlich, dass kognitive Fähigkeiten im Bereich der Emotionen eine wichtige Rolle spielen, und zwar dienen sie dazu, den Anlass zu erkennen und zu bewerten und die Emotion verbal auszudrücken. Ebenso ist der Körper an Emotionen und ihrem Ausdruck beteiligt.

Betrachtet man Emotionen aus dem Blickwinkel ihrer Entstehung und ihres Verlaufs, wird man feststellen, dass mehrere Komponenten daran beteiligt sind, die ebenfalls deutlich zeigen, dass Emotionen immer den ganzen Menschen, die Gesamtheit von Körper, Geist und Seele, betreffen:

Als Erste sei hier die *sensorische* Komponente (körperlich) aufgeführt, denn unsere Wahrnehmung beginnt bei unseren Sinnen, womit primär Sehen, Hören, Riechen, Schmecken und Tasten gemeint sind. Doch wir besitzen noch einige Sinne mehr, die ich bereits aufgeführt habe (siehe S. 95 ff.). *Wir nehmen eine Situation immer zuerst über unsere Sinne wahr.*

Über die *kognitive* Komponente (geistig) erkennen und

bewerten wir. Wir bemühen (bewusst oder unbewusst) unsere Erinnerung und können mit ihrer Hilfe Unterschiede und Zusammenhänge mit anderen Situationen feststellen. Dabei spielen unsere Erfahrungen, aber auch unser Wertesystem eine wichtige Rolle. Damit können wir unterschiedliche Situationen gleich bewerten oder gleiche Situationen unterschiedlich bewerten.

Die *physiologische* Komponente (körperlich) hängt von der Bewertung der jeweiligen Situation ab. Wird sie negativ bewertet, schüttet der Körper andere Hormone aus als bei einer positiven Bewertung. Intensität und Dauer einer Emotion werden in hohem Maß dadurch bestimmt, wie intensiv die betreffende körperliche Reaktion ist und wie lange sie anhält.

Die *Motivation* als Komponente regt zu Handlungen an. Sie hängt von der Bewertung der Situation ab und damit auch von der körperlichen (physiologischen) Intensität und Dauer. Bei negativ bewerteten Emotionen sollen die Handlungen dazu dienen, die unguten Empfindungen zu reduzieren oder sie ganz auszulöschen, bei positiv bewerteten Emotionen sollen Handlungen das gute Gefühl verstärken oder verlängern. Stark empfundene Angst führt möglicherweise zur Flucht (Handlung). Stark empfundene Freude kann dazu motivieren, möglichst lange in der angenehmen Situation zu verweilen oder sie – gedanklich oder real – immer wieder herbeizuführen (Handlung).

Die *expressive* Komponente beschreibt den körperlichen, nonverbalen Emotionsausdruck, zum Beispiel Mimik oder Gestik. Hierbei handelt es sich um eher unbewusste Ausdrucksformen.

Wie diese Ausführungen zeigen, haben Emotionen einen wesentlichen Einfluss auf unser Denken, Fühlen und Handeln. Das schließt auch unsere Motivation und unsere Kommunikation mit ein, also die Interaktion mit unserer Umwelt. Ebenso haben unser Denken, Fühlen und Handeln, unsere Motivation und die Interaktion mit unserer Umwelt Auswirkungen auf unsere Emotionen.

Nach Auffassung vieler Wissenschaftler sind (hoch)begabte Menschen „hochsensibel" im Sinn von Prof. Arons „*sensory processing sensitivity*" oder Prof. Dabrowskis „*overexcitability*". Und man vermutet – auf der Grundlage von Erfahrungswerten –, dass mit steigender Intelligenz auch diese Sensibilität (Sensitivität) ansteigt. Als gesichert gilt, dass Begabte „reizbarer" sind, also stärker und länger auf Sinnesreize reagieren. Die häufige Erwähnung der Geräusch- und Lichtempfindlichkeit in der Literatur bestätigt dies. In vielen Ausführungen über Hochbegabung ist auch von der taktilen Empfindsamkeit („Berührungsempfindlichkeit") die Rede, beispielsweise: „Reagiert empfindlich auf eingenähte Etiketten in Kleidungsstücken". Auch dass Emotionen bei Begabten lange nachhallen, wird immer häufiger nicht nur in der Literatur über Hochsensibilität, sondern auch in Artikeln über Hochbegabung angesprochen. Erklärungen hierfür bieten mindestens die ersten vier der fünf Komponenten des Lebenszyklus von Emotionen. Die hohe sensorische Empfindsamkeit geht natürlich auch mit einer größeren Spannbreite von Reaktionen auf sensorische Reize einher. Dass sich diese Reaktionsspanne jedoch nicht auf die Reize der fünf Sinne beschränkt, sondern auch die physiologische Komponente mit einschließt, wird an der Aussage „Emotionen hallen bei Begabten lange nach" deutlich. Folglich ist auch die Spannbreite der Reaktionen auf emotionale Reize größer, sowohl bei negativ als auch bei positiv bewerteten Emotionen.

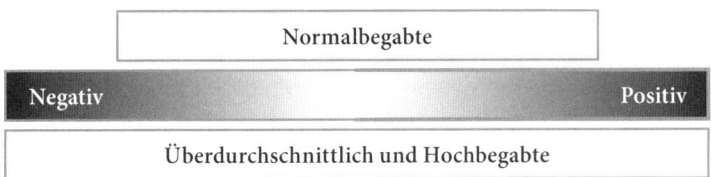

Abbildung 7: Die emotionale Reaktionsspanne bei Menschen mit unterschiedlich hoher Begabung.

Das empfindsamere Nervensystem spricht schneller und intensiver auf Reize an, weshalb sich die physiologische Komponente bei (hoch)begabten/hochsensitiven Menschen sehr viel stärker bemerkbar macht als bei Normalbegabten/ Normalsensitiven und daher als Teil der Emotionen deutlich stärker zum Tragen kommt. Auf die Funktionsweise unseres Nervensystems haben wir wenig bis gar keinen Einfluss. Wir können aber lernen, mit seinen Reaktionen so umzugehen, dass sie uns nicht überwältigen oder gar „aushebeln" („Ich stand auf einmal völlig neben mir …"). (Hoch)Begabte Kinder sind dabei auf die aktive Unterstützung ihres sozialen Umfelds angewiesen. Das Wissen um die Empfindsamkeit ihres Nervensystems, um die Notwendigkeit, dass die begabten Kinder erst lernen müssen, mit dessen Reaktionen klarzukommen, und vor allem eine gewisse Rücksichtnahme darauf ist ein wesentlicher Aspekt im Umgang mit begabten Kindern, was jedoch leider häufig übersehen wird.

Viele Wissenschaftler vertreten heute die Ansicht, dass die Basisemotionen angeboren sind, der Umgang mit diesen Gefühlen jedoch erst erlernt werden muss. Ziel ist es hier, eine „emotionale Kompetenz" aufzubauen. Darunter versteht man die Fähigkeit, die eigenen und fremde Gefühle wahrzunehmen, sie zu verstehen und (mindestens die eigenen) zu beeinflussen. Das ist bei begabten Kindern nicht anders. Die emotionale Entwicklung eines Menschen ist eng mit seiner

- kognitiven,
- sozialen und
- sprachlichen

Entwicklung verknüpft, ihre einzelnen Komponenten stehen in Wechselbeziehungen zueinander. Die Bestandteile der emotionalen Kompetenz bauen aufeinander auf, entwickeln sich aber zeitlich gesehen weitgehend parallel zueinander. Hier sind zu erwähnen:

- Emotionsausdruck
  - Mimisch ausdrücken
  - Bei anderen erkenne
  - Sprachlich ausdrücken
- Emotionsverständnis
  - Emotionen bei sich selbst und anderen verstehen
- Emotionsregulation
  - Emotionen selbst regulieren

Die grundlegende Entwicklung soll bis zum Schuleintritt mit etwa sechs, sieben Jahren weitgehend abgeschlossen sein. Über die Zeitdauer der einzelnen Entwicklungsschritte existieren keine konkreten Angaben. So etwas würde auch gar keinen Sinn machen, denn die emotionale Reifung eines Menschen vollzieht sich – wie seine Entwicklung in allen anderen Bereichen auch – höchst individuell und hängt von vielen äußeren, ebenfalls individuell unterschiedlichen Einflussfaktoren ab. Über die Abfolge der einzelnen Entwicklungsschritte, die bei allen Kindern bis zum regulären Schuleintritt relativ gleich ist, herrscht aber im Wesentlichen Einigkeit.

So sollen Säuglinge etwa ab der sechsten, siebten Lebenswoche Emotionen bei anderen Menschen erkennen können. Sie können andere gezielt anlächeln oder die aktuelle Stimmung einer Person an deren Stimme oder genauer an der Tonlage erkennen.

Ab etwa dem dritten Lebensmonat können Babys die Basisemotionen empfinden und zum Ausdruck bringen. Bald darauf fangen sie an, bei Freude gezielt zu lachen.

Ab dem siebten Lebensmonat können Kinder durch den gezielten Emotionsausdruck Kontakt mit ihrem sozialen Umfeld aufnehmen (lächeln) oder verweigern (fremdeln).

Im Alter von etwa einem Jahr erkennen sie Gefühle bei anderen schon recht gut, können sich aber noch nicht in sie hineinversetzen (Empathie), die Gefühle des anderen Menschen nicht miterleben. Aber sie können sich „anstecken" lassen und lachen oder weinen beispielsweise mit.

Als Ergebnis der Sprachentwicklung im zweiten Lebensjahr wird der Emotionsausdruck der Kleinen wesentlich facettenreicher und ihr Emotionsverständnis wächst. Die Kinder können jetzt einzelne gefühlsgesteuerte Verhaltensweisen „beim Namen nennen" wie auch die ihnen zugrunde liegenden Emotionen. So etwa dass Weinen Trauer bedeutet und Lachen Freude. Sie können einzelne Emotionen auch schon als positiv oder negativ einordnen und bewerten.

Mit Beginn des dritten Lebensjahres haben die Kinder gelernt, dass Gefühle im Inneren von Menschen entstehen und sich dort abspielen, wobei sie nicht unbedingt etwas mit der jeweils aktuellen Situation zu tun haben müssen. Sie haben Wissen über mögliche Ursachen/ Hintergründe von Gefühlen gesammelt, und damit wächst auch ihre Fähigkeit, ihre eigenen Emotionen zu regulieren. Solche „Regulierungswerkzeuge" sind die Selbstberuhigung oder auch Selbstgespräche, sogenannte interne Strategien. Doch zum großen Teil bedürfen die Kinder in diesem Bereich noch der Hilfe und Unterstützung Erwachsener, die sie aber inzwischen gezielt einfordern können. Sie lernen auf den Umgang mit Emotionen bezogene gesellschaftliche Konventionen kennen und anwenden, indem sie beispielsweise ihre Gefühle nur abgeschwächt zeigen oder ganz verbergen. Jetzt beginnen die Kinder auch, auf die Gefühle anderer Menschen zu reagieren und sich in sie hineinzuversetzen – und das ist bereits eine enorme kognitive Leistung! Sie haben ein eigenes Wertesystem ausgebildet und können sich auch schon mit anderen vergleichen, was Gefühle wie Stolz, Neid, Scham oder Schuld in ihnen erzeugen kann.

Das war ein kurzer Ausflug in die allgemeine Entwicklungspsychologie, um Ihnen ein paar Grundlagen über Emotionen als solche zu vermitteln, doch jetzt möchte ich Ihren Blick wieder zurück auf die überdurchschnittlich begabten und hochbegabten Kinder lenken.

Interesse/Neugier ist eine Basisemotion, und begabte Kinder können sie schon vor dem (dafür üblichen) Alter von drei Monaten empfinden und zeigen. Oftmals bringen diese Kinder bereits von Geburt an ihre Neugier, ihr Interesse an der Welt sehr stark zum Ausdruck, Fachleute bezeichnen das als „mitunter stark erhöhtes Explorationsverhalten". Damit sind diese Kinder den normalbegabten Gleichaltrigen in ihrer emotionalen Entwicklung bereits weit voraus. Auch Kontakt mit anderen Menschen können sie oft schon weit früher aufnehmen als im siebten Lebensmonat, beispielsweise durch bewusstes Folgen mit den Augen, gepaart mit entsprechenden fordernden Lauten oder durch gezieltes Anlächeln. Viele begabte Kinder „fremdeln" nicht oder nur wenig, denn ihre Neugier auf die Welt ist riesig, was sie befürchten lässt, sie könnten etwas verpassen, wenn sie einen Kontakt verweigern. Falls sie doch fremdeln, dann oft bereits ab dem vierten oder fünften Lebensmonat. Mit etwa zwölf Monaten besitzen sie bereits ein ausgeprägtes Sprachverständnis, auch wenn sie sich selbst noch nicht mit Worten artikulieren. Die „Spätsprecher" lassen deutlich erkennen, dass sie bereits sehr früh sehr genau wissen, was sie möchten und das auch klar zum Ausdruck bringen können. Dank ihrer ausgezeichneten Beobachtungsgabe kennen sie die Emotionen ihrer Bezugspersonen bereits sehr genau und gehen teilweise auch schon darauf ein (Empathie), indem sie beispielsweise still sind, wenn sie sehen, dass sich die Mutter nicht wohlfühlt. „Hochbegabte Kinder haben anscheinend ein ausgeprägtes emotionales Gespür beziehungsweise eine besondere Wahrnehmung, die jeden Anflug von Emotionen aufgreift. Schon als Säuglinge und Kleinkinder können sie Körpersprache deuten und die Emotionen der anderen am Klang ihrer Stimme erkennen."[18]

Ihre hohe kognitive Leistungsfähigkeit – verbunden mit ihrer herausragenden Beobachtungs- und Auffassungsgabe und dem hohen Sprachverständnis – ermöglicht es bereits eineinhalb- bis zweijährigen (hoch)begabten Kindern, ihre Emotionen sehr klar und mit allen Facetten auszudrücken. Sie können Emotionen bei anderen gut wahrnehmen, erkennen und sie auch benennen. Sie empfinden und zeigen Mitgefühl. Ihre frühe Beschäftigung mit altersuntypischen Themen wie beispielsweise Tier- oder Umweltschutz, die Fragen, die sie dazu stellen, und ihre Reaktionen auf die Antworten zeugen von ausgeprägter Empathie. Die meisten (hoch)begabten Kinder wissen bereits im Alter von zwei Jahren, einige sogar noch früher, dass sie anders sind als andere Kinder – ein klarer Beleg dafür, dass sie sich schon sehr früh mit anderen vergleichen. In ihrer emotionalen Entwicklung sind sie als Dreijährige häufig schon auf dem Stand normalbegabter Sechsjähriger. Dies wird deutlich sichtbar, wenn diese (hoch)begabten Kinder mit anderen Hochbegabten interagieren können: Im sozialen Miteinander kommt es kaum zu Differenzen und Missverständnissen, und wenn doch, werden sie schnell aufgedeckt und beseitigt. Hier legen begabte Kinder gewöhnlich eine sehr gute emotionale und soziale Kompetenz an den Tag.

Die Emotionsregulation hingegen funktioniert bei begabten Kindern häufig noch sehr viel weniger gut. Allerdings zeigt sich das fast ausschließlich im Kontakt mit normalbegabten Kindern. Und auch dies geht auf das Konto der schnelleren Entwicklung der begabten Kinder. Was ihnen an ihrer Emotionalität zu schaffen macht, ist also nicht etwa eine verzögerte emotionale Entwicklung („emotionale Unreife"), wie ihnen gerne unterstellt wird, vielmehr spielen auch hier Passungsprobleme (siehe auch S. 72) eine wichtige Rolle.

Das erste Passungsproblem ist intrapersonal, das heißt, es liegt im Inneren ihrer Persönlichkeit. Es geht um das Ausmaß, die Reaktionsspanne ihrer eigenen Empfindungen. Natürlich merken die begabten Kinder, dass sie auf Sinnesreize und auch auf beziehungsweise infolge von Emotionen intensiver reagieren als andere Kinder. Und weil sie diese oft überwältigenden Gefühle selbst kaum aushalten, geschweige denn sie allein regulieren können, sind sie auf Hilfe, Anleitung und Erklärungen seitens ihrer Eltern und Erzieher (später auch der Lehrer) angewiesen, und die sollten sie auch möglichst früh bekommen. Die erste „Maßnahme" dieser Unterstützung besteht darin, alles, was das Kind empfindet, wertfrei anzunehmen. Begabte Kinder besitzen die Empfindlichkeit von Seismografen und sind äußerst leicht zu verstören – manchmal bleiben ihnen abfällige, abwertende Bemerkungen ihr Leben lang in Erinnerung. Unterlassen Sie also bitte Äußerungen wie „Das ist doch nicht so schlimm" oder „Es passiert doch nichts" und Ähnliches. Denn damit spielen Sie die Empfindung des Kindes herunter und bedeuten ihm, dass Sie es nicht ernst nehmen. Das ist nicht einfach nur verletzend für das Kind, solche Aussagen können vor allem schnell dazu führen, dass es seinen eigenen Wahrnehmungen und Empfindungen nicht mehr vertraut. Denn Ihr Kind verlässt sich auf Sie, es weiß intuitiv, dass Sie eine viel größere Lebenserfahrung haben. Und wenn Sie nun behaupten, etwas sei nicht schlimm, dann muss das ja richtig sein – also stimmt mit seiner eigenen Empfindung irgendetwas nicht. Lassen Sie es BITTE nicht so weit kommen! Wenn ein Kind überhaupt nicht oder nicht richtig angeleitet wird, wie es mit seinen intensiven Empfindungen und daraus resultierenden Reaktionen angemessen umgehen kann, woher soll es diese Fähigkeit denn nehmen? Wenn Sie selbst Schwierigkeiten damit haben und vielleicht unsicher sind, was Ihrem Kind helfen könnte, dann fragen Sie einfach nach. Zeigen Sie Ihrem Kind, dass es Ihnen wichtig ist, dass Sie es lieben, und zwar mitsamt seinen Emotionen, auch wenn diese Sie vielleicht mitunter nerven, weil Sie sie nicht einordnen können. Sprechen Sie mit ihm über seine Gefühle und auch über die Reaktionen. Und sollte es beim ersten Mal nicht gleich klappen, werfen Sie nicht die Flinte ins Korn, sondern versuchen Sie es immer wieder. Ihre Bemühungen werden irgendwann auf jeden Fall Früchte tragen. Das den meisten Erfolg versprechende „Lernmodell" ist natürlich, wenn Sie Ihrem Kind vorleben, wie es mit seinen Gefühlen umgehen kann (wobei es Sie aber nicht zu kopieren braucht). Dabei sollten Sie mit ihm auch über Ihre eigenen Gefühle sprechen und wie Sie damit klarkommen. Erwachsen geworden, merken wir gar nicht mehr, wie oft am Tag wir unsere Emotionen regulieren, weil uns das „in Fleisch und Blut" übergegangen ist. Überlegen Sie abends einmal, wie oft Sie sich an dem Tag über Kleinigkeiten geärgert haben, wie oft Sie ein Anflug von Wut überkam oder wie oft Ihre Laune (beinahe) auf den Nullpunkt gegangen ist. Vielleicht mussten Sie länger an der Kasse im Supermarkt stehen und warten, weil der Kunde vor Ihnen einen Artikel umtauschen wollte, vielleicht ist die Ampel mit der längsten Rotphase direkt vor Ihrer Nase umgesprungen, wo Sie es doch aber so eilig hatten, vielleicht hat Sie auch die Begegnung mit einem schwerbehinderten Kind traurig gestimmt, weil Sie ihm nicht helfen konnten. Natürlich können und sollen Sie sich auch mit den freudigen Erlebnissen beschäftigen und Ihren Umgang mit den daraus resultierenden, im Positiven überbordenden Emotionen einmal näher beleuchten. Vielleicht haben Sie sich über etwas dermaßen gefreut, dass Sie am liebsten gleich dem nächstbesten Mitmenschen um den Hals gefallen wären und es (natürlich) nicht getan haben? Erzählen Sie Ihrem Kind diese Ereignisse und vor allem auch, was Sie dabei empfanden und wie Sie mit Ihren Gefühlen zurechtgekommen sind. Wie schaffen *Sie* es,

Ihre Emotionen gar nicht oder wenigstens nicht in ihrer geballten Intensität „herauszulassen"? Ihr Kind wird daraufhin bestimmt über seine eigenen Gefühle und deren Ausdruck nachdenken und allmählich lernen, überbordende Emotionen besser zu regulieren und zu verhindern, dass sie mit ihm durchgehen. Erklären Sie ihm auch, dass nicht alle Menschen alle Dinge mit derselben Intensität empfinden und dass es Menschen gibt, zu denen Ihr Kind (und vielleicht auch Sie selbst?) gehören, die eben mehr und tiefer fühlen. Damit können Sie Ihrem Kind helfen, sich unter Normalbegabten besser zu orientieren und sie (oder Situationen) besser einschätzen zu lernen.

Das nächste Passungsproblem liegt in der beschleunigten Entwicklung auch im emotionalen Bereich begründet. Begabte Kinder können nicht verstehen, weshalb andere Kinder nicht merken, wenn es jemandem schlecht geht, wenn jemand traurig oder wütend ist. Dank ihrer besonders feinen Wahrnehmung und ihrer ausgezeichneten Beobachtungsgabe können sie die Gefühlszustände ihrer Mitmenschen viel eher und sicherer an deren Gesichtern ablesen, an der Tonlage oder an ihrem Verhalten erkennen als gleichaltrige Normalbegabte. Auch hier sind Sie als Eltern gefordert, denn Ihr Kind braucht Erklärungen dafür, weshalb es in bestimmten Bereichen, auf bestimmten Gebieten anders ist oder auch anders reagiert als andere, um mit seinen Gefühlen – an dieser Stelle sind es eher Fähigkeiten – gut oder besser umgehen zu können. Übrigens erkennen begabte Kinder auch schon sehr früh, wenn jemand seine Emotionen verbirgt. Natürlich läuft das bei einem sehr jungen Kind noch nicht bewusst ab, aber es verspürt ein gewisses Unwohlsein, es gerät mit seinen Empfindungen gegenüber der betreffenden Person in einen Zwiespalt. Diese Ambivalenz erzeugt eine Unsicherheit in ihm, die wiederum Emotionen hervorruft. Das geht Erwachsenen ganz genauso. Falls Sie dies unmittelbar erkennen oder Ihr Kind es in irgendeiner Weise zum Ausdruck bringen kann, helfen Sie ihm auch hier mit einer Erklärung weiter. Denn Ihr Kind hatte aufgrund seiner schnellen Entwicklung noch keine Zeit, im Alltag zu lernen, dass wir gemäß den gesellschaftlichen Konventionen unsere Gefühle situationsbedingt auch einmal verbergen sollten oder sogar müssen. Dank seiner großen kognitiven Fähigkeiten ist ein begabtes Kind aber durchaus imstande, solche gesellschaftlichen Spielregeln zu verstehen, wenn man sie ihm vernünftig erklärt. (Auch andere Gepflogenheiten unserer Gesellschaft sind – nicht nur – für begabte Kinder wegen ihrer spezifischen Eigenschaften einigermaßen erklärungsbedürftig.)

Mit ihren hohen ethisch-moralischen Werten stoßen begabte Kinder ebenfalls regelmäßig an die Grenzen ihres eigenen Verständnisses. Auch hier ist ihnen ohne Erklärung unbegreiflich, warum andere Kinder nicht genauso denken und empfinden wie sie selbst und sich nicht dieselben hohen Standards setzen. Beispielsweise verabscheuen begabte Kinder Gewalt in jeglicher Form und erleben jedoch immer wieder, dass andere Kinder miteinander raufen, einander gegenseitig ärgern und daran auch noch einen Riesenspaß zu haben scheinen. Begabte Kinder ziehen sich dann häufig zurück, schon allein deshalb, weil sie ein solches Verhalten nicht begreifen und vor allem nicht billigen können. Auch ihr tief verwurzelter Gerechtigkeitssinn, ihre ausgeprägte Empathie und ihr glühender Idealismus erschweren ihnen häufig den Umgang mit ihren Emotionen noch zusätzlich.

Wenn Sie als Eltern mit der Zeit lernen, bei jedem – Ihnen vielleicht auch noch so abwegig oder seltsam erscheinenden – Verhalten Ihres Kindes „tiefer zu blicken" und die ihm zugrunde liegende Emotion oder das zugrunde liegende Bedürfnis aufzudecken und zu erkennen, aus welcher speziellen (Hoch)Begabten-Eigenschaft es entspringt, dann werden Sie Ihr Kind optimal begleiten können. Diese Art der Reflexion hilft übrigens auch (hoch)begabten Erwachsenen beim Umgang mit sich selbst.

An dieser Stelle möchte ich noch einmal auf das Thema „asynchrone Entwicklung" zurückkommen. Zwar sind viele begabte Kinder auch in ihrer emotionalen Entwicklung ihrem Alter weit voraus, aber natürlich gilt dies nicht für alle. Möglicherweise sind ebenso viele Kinder mit ihrer emotionalen Entwicklung auf dem Stand ihres chronologischen Alters. Leider sind diesbezüglich einige gewagte Vermutungen und ungerechtfertigte Behauptungen im Umlauf, von denen ich Ihnen zwei der am häufigsten erscheinenden vorstellen und sie auf ihren Wahrheitsgehalt hin abklopfen möchte.

Erstens: Von einem begabten Kind mit „Verhaltensauffälligkeiten" heißt es oft, es sei zwar auf der kognitiven Ebene weiter als Gleichaltrige, doch liege es in seiner emotionalen Entwicklung eher zurück. Diese Aussage wird häufig laut, wenn ein Kind regulär mit sechs Jahren oder auch als sogenanntes Kann-Kind etwas vor seinem sechsten Geburtstag eingeschult werden soll und oft auch noch während der ersten beiden Grundschuljahre.

Erziehern und Lehrern, aber auch so manchen Eltern erscheint die *Diskrepanz* zwischen den *kognitiven Fähigkeiten* des Kindes und seinem *Verhalten* derart groß, dass sie daraus irrigerweise ableiten, das Kind sei emotional nicht altersentsprechend entwickelt. Dahinter steckt meist die (unbewusste) Erwartung, das emotionale Verhalten des Kindes müsse besser zu seinen kognitiven Fähigkeiten passen, als es der Fall zu sein scheint. Wer es bei Diskussionen über anspruchsvolle Sachthemen schon fast mit den Erwachsenen aufnehmen kann, der müsste doch eigentlich auch mit emotional aufgeladenen Situationen und Gesprächen besser umgehen können?!

Dabei wird übersehen, dass solche Situationen und Gespräche ausgesprochen vielschichtig sind und nicht mehr ganz junge Erwachsene bereits eine jahrzehntelange Übung im Umgang mit Hunderten von unterschiedlichen Menschen und Situationen besitzen, die sie erst dazu befähigt, angemessen mit ihren eigenen und den Emotionen anderer umzugehen. Diese Übung und Erfahrung kann ein Kind in seiner kurzen Lebensspanne selbstverständlich noch nicht erworben haben. Wie sollte ein sechsjähriges Kind – selbst wenn es den IQ eines Bill Gates hätte – in diesen wenigen Jahren die Lebenserfahrung eines 30- bis 40-Jährigen oder noch Älteren gesammelt haben und gar damit konkurrieren können? Das hat nichts mit einer „rückständigen Entwicklung" zu tun, sondern mit Erfahrung, Gelegenheit und Zeit. Außerdem wird die emotionale Entwicklung eines Kindes an seinem Verhalten gemessen oder festgemacht, und genau das führt bei begabten Kindern aufgrund ihrer Intensität (physiologische Komponente, siehe S. 158 ff.) und ihrer Sensitivität (Aron, Dabrowski, siehe S. 97 ff.) sehr oft zu Fehleinschätzungen. Häufig werden bei diesen Kindern ihre zurückhaltende Art oder ihr Rückzug ins eigene Innere wie auch ihre immense Verletzlichkeit, Schmerzempfindlichkeit und Schreckhaftigkeit, die sich in vermehrtem Weinen („Heulsuse") äußern (können), als emotionale Unreife missdeutet, dabei entspringt dieses Verhalten lediglich den genannten Besonderheiten und ihrer außergewöhnlichen Empathie.

Hochsensible (hochsensitive) Erwachsene *empfinden* immer noch genauso, nur haben die meisten von ihnen gelernt, diese Emotionen nicht öffentlich zu zeigen oder besser: sie nicht preiszugeben. Vor allem Erzieher, die sich in der Regel mit auf die Norm zugeschnittenen pädagogischen Konzepten sehr gut auskennen, aber meist keine Ahnung von den besonderen Merkmalen begabter Kinder haben, unterliegen häufig diesem Irrtum, halten ein hochsensitives Kind für noch nicht „schulreif" und möchten ihm daher „dieses eine Jahr Kindheit noch gönnen". Und gerade dieser gut gemeinte „Aufschub", das Kind soll sich seine Kindlichkeit noch ein weiteres Jahr bewahren dürfen, bevor „der Ernst des Lebens beginnt", kann für ein begabtes, wiss- und lernbegieriges Kind ungeheuer kontraproduktiv sein. Auch Grundschullehrer begehen leider oft den Fehler, das vermeintlich „unreife" emotionale Verhalten eines begabten Kindes viel stärker zu gewichten als seine weit überdurchschnittlich entwickelten kognitiven Fähigkeiten, obwohl sie die kognitiven Fähigkeiten der Kinder mitunter durchaus erkennen und ihnen eine gewisse Beachtung schenken. Mit dieser Sichtweise wird man fast zwangsläufig zu Fehlinterpretationen gelangen.

In Fachkreisen habe ich noch nicht ein einziges Mal von einem „emotional rückständigen" begabten Kind gehört. Auch dies sollte zu denken geben!

Zweitens begegnet man häufig der Aussage, ein Kind sei den Gleichaltrigen zwar kognitiv voraus, stehe emotional aber auf der Stufe seines chronologischen Alters. Diese Aussage hört man immer wieder über Kinder, die bereits deutlich vorzeitig (das heißt im Alter von viereinhalb oder fünf Jahren) eingeschult werden sollen, was allerdings ohnehin nur verhältnismäßig selten vorkommt. In einigen Fällen trifft diese Aussage zu, doch auch dann sollte in jedem Einzelfall geprüft werden, ob das betreffende Kind tatsächlich noch für ein ganzes weiteres Jahr im Kindergarten gut aufgehoben ist. Denn für diese Kinder ist eine kognitive Unterforderung meist schwerer erträglich als eine kurzfristige emotionale „Anpassung", die sie bei einem früheren Schuleintritt leisten müssen. Ein begabtes Kind, das unbedingt in die Schule gehen möchte, wird diese Hürde leicht nehmen. Aber (auch) solche Kinder werden aufgrund ihrer Intensität und Sensitivität häufig zu Opfern von Fehleinschätzungen.

Wenn Ihr Kind unbedingt in die Schule gehen möchte, Sie als Eltern aber bei Ihrer Entscheidung unsicher sind, sollten Sie bitte unbedingt den Rat eines ausgewiesenen Begabungsdiagnostikers einholen. Er wird auch die emotionale Reife Ihres Kindes richtig einschätzen und Ihnen Empfehlungen für den richtigen Zeitpunkt seines Schuleintritts geben können.

Die körperliche Seite

Dass ein Mensch mit einer sensorischen Empfindsamkeit auf eine – mehr oder minder starke – Reizüberflutung mit körperlichen Stresssymptomen reagiert, dürfte unbestritten sein. Ist sich der Betroffene (oder sind es bei Kindern die Bezugspersonen) seiner Empfindsamkeit jedoch gar nicht bewusst, werden die Symptome oft nicht als Stressreaktion(en) auf eine sensorische Überreizung identifiziert und daher nur allzu oft fehlinterpretiert. Da die sensorische Empfindsamkeit eines Menschen auch für die Wahrnehmung von Signalen aus seinem Körperinneren gilt, wird der betreffende Erwachsene oder das betreffende Kind körperliche Dysbalancen oder Störungen möglicherweise eher bemerken.[19] Einerseits kommt man dadurch Krankheiten vielleicht schneller auf die Spur, andererseits besteht hier die Gefahr, dass die hochsensitiven Kinder selbst nicht ernst genommen und (sehr zu Unrecht!) abfällig als „Hypochonder" und „Simulanten" bezeichnet oder ihre Eltern als „überängstlich" oder „überengagiert" („Helikopter-Eltern") verspottet werden. Leider werden die körperlichen Auswirkungen der sensorischen Empfindsamkeit in der Begabungsforschung bisher überhaupt noch nicht berücksichtigt.

Studien an und mit Hochbegabten bescheinigen ihnen eine allgemein bessere Gesundheit, was möglicherweise auf ihren höheren Bildungs- und den damit zusammenhängenden besseren Informationsstand zurückgeht. Es könnte aber auch daran liegen, dass eine bessere Ausbildung und eine höhere berufliche Qualifikation meist auch ein höheres Einkommen nach sich ziehen, was wiederum den höheren finanziellen Aufwand für eine gesündere Lebensweise deckt. Diese Forschungsergebnisse – obschon mittlerweile einigermaßen angestaubt – hängen immer noch in den Köpfen fest. Ich will damit nicht sagen, dass man diesen Studien nicht länger Beachtung schenken und sie einfach als „überholt" abtun sollte, doch müssten sie dringend überarbeitet werden, denn unsere Lebens- und Ernährungsweise wie auch die Umweltbedingungen haben sich in den letzten 20 Jahren drastisch gewandelt. Vor allem im Hinblick auf die sensorische Empfindsamkeit und die Veränderungen unserer Lebensmittel, nicht zuletzt durch die vermehrte industrielle Nahrungsmittelproduktion und die dazu verwendeten Inhalts- und Zusatzstoffe, sehen wir uns heute tagtäglich mit ganz anderen Herausforderungen konfrontiert als noch vor 20 Jahren. Sensorisch empfindsame Menschen sind davon zuerst und in ungleich höherem Maß betroffen als solche mit normaler Empfindsamkeit.

In den USA ist die Begabungsforschung auf einem ganz anderen Stand als bei uns, auch im Hinblick auf die gesundheitlichen und medizinischen Aspekte der Hochbegabung. So stellten amerikanische Forscher beispielsweise fest, dass Begabte signifikant häufiger unter **Allergien und Asthma** leiden, wobei diese bei außergewöhnlich Hochbegabten (Menschen mit einem IQ ab 145 Punkten) vermehrt auftreten sollen. Die häufigsten Allergien richten sich gegen Milchprodukte, Getreide (insbesondere Weizen), Zucker, Schokolade, Kaffee, Eier und rote Lebensmittelfarbstoffe.[20] Bei Untersuchungen hochbegabter Kinder wurde auch eine **erhöhte Empfindlichkeit gegenüber Medikamenten** jeder Art festgestellt, diese wird auch in der Literatur über Menschen mit Hochsensibilität fast überall erwähnt. Da ich selbst solche und ähnliche Angaben aus den Erfahrungsberichten von Mitgliedern der unterschiedlichen Internet-Communitys (insgesamt etwa 10.000!) und den Berichten meiner Klienten kenne, kann ich dem nur zustimmen. Meines Wissens betrifft dieses Phänomen nicht nur Höchstbegabte, sondern auch „nur" überdurchschnittlich Begabte. Zunehmend häufiger lese und höre ich von Fällen von **Glutenempfindlichkeit und Glutenintoleranz** (das Klebereiweiß verursacht die Autoimmunerkrankung Zöliakie), von AD(H)S-ähnlichen Symptomen, die nachweislich von einem **hohen Zuckerkonsum** herrühren, **Laktoseintoleranz**, **Histaminintoleranz** und weiteren Unverträglichkeiten. Auch andere **Autoimmunerkrankungen** wie die Hashimoto-Thyreoiditis (eine chronische Entzündung der Schilddrüse, die langfristig zur Zerstörung des Organs führt) und **multiple Sklerose** werden unverhältnismäßig oft genannt wie auch das Schmerzsyndrom **Fibromyalgie**. Leider gibt es bei uns nach wie vor keine Studien zu diesen Intoleranzen, Allergien und Autoimmunerkrankungen im Zusammenhang mit den Spezifika von (Hoch)Begabung. Erfahrungswerte lassen allerdings befürchten, dass diese Allergien und Unverträglichkeiten bei den Betroffenen über ihre gesamte Lebenszeit bestehen bleiben.

Es fehlen auch Studien über **Vitamin- und Mineralstoffmängel.** Meines Erachtens haben diese zwei Hauptursachen: zum einen den erhöhten Energieverbrauch des leistungsstarken Gehirns von (Hoch)Begabten – die „grauen Zellen" beanspruchen üblicherweise etwa 25 Prozent der durch die Nahrung aufgenommenen Energie für sich, wobei das Gehirn eines (hoch)begabten

Menschen vermutlich einen entsprechend höheren Bedarf hat. Zum anderen sehe ich hier einen (möglichen und in meinen Augen sehr wahrscheinlichen) Zusammenhang mit einer **Mangelernährung**, beispielsweise als Folge von zu viel Fast Food und industriell produzierten Fertiggerichten. Denn wie mir aus vielen Berichten von Eltern bekannt ist, verschwanden etwa massive Konzentrationsstörungen, Hyperaktivität oder Depressionen bei ihren Kindern gänzlich, nachdem Zucker, Gluten oder Milchprodukte vom Speiseplan gestrichen und/oder labortechnisch nachgewiesene Vitamin- und Mineralmängel ausgeglichen worden waren. Entsprechende Untersuchungen mit erwachsenen Hochbegabten gibt es leider auch noch nicht.

Was Zucker und Gluten anrichten können ...

„Mein Sohn wurde, als er mit drei Jahren in den Kindergarten kam, immer auffälliger. Zuerst wurde er extrem unruhig und zappelig. Dann begann er, andere Kinder zu ärgern, und wurde dabei auch handgreiflich. Er zerstörte Gegenstände oder warf sie durch den Raum. Ich wurde fast jede Woche zum Gespräch gebeten, und nach einem Jahr sagte man mir, dass er nicht mehr in diesem Kindergarten bleiben könne. Zwei Jahre habe ich recherchiert und probiert, bis ich endlich darauf kam, dass er so extrem auf Zuckerhaltiges reagiert. Und Zucker ist ja heute überall enthalten! Seit wir Zucker strikt vermeiden, ist er überhaupt nicht mehr aggressiv und wieder der ruhige, freundliche Junge, der er früher war."

„Meine Tochter ist jetzt 14 Jahre alt. Sie war drei Jahre lang wegen schwerer Depressionen in einer Psychotherapie. Es wurde aber nicht besser. Nachdem ich eher zufällig ein Buch über Gluten gelesen hatte, haben wir das bei ihr vom Speiseplan gestrichen. Innerhalb kurzer Zeit ging es ihr immer besser, und heute ist sie wieder glücklich. Keine Spur mehr von Depressionen!"

Auch eine **Unterzuckerung** (hier ist *nicht* der Industriezucker gemeint, sondern ein zu niedriger Blutzuckerspiegel), in der Fachsprache „reaktive Hypoglykämie", ist keineswegs selten. Und ein zu niedriger Blutzuckerspiegel kann durchaus Symptome von ADHS oder auch einer bipolaren Störung hervorrufen, er wird tatsächlich auch häufig nicht als solcher erkannt und mit den genannten sowie anderen psychischen Störungen verwechselt. Eine Unterzuckerung tritt bei Kindern oft am späten Vormittag auf und hält bis nach dem Mittagessen an. Nachdem die Energie aus der Nahrung in ihrem Körper „angekommen" ist, funktionieren sie wieder völlig normal.

Hier ist es unbedingt wichtig, dass die Kinder regelmäßig und gesund essen. Manche Kinder müssen alle zwei Stunden etwas zu sich nehmen, um ausgeglichen zu bleiben.

Vorsicht bei Unterzucker!

„Meine Tochter ist jetzt sechs Jahre alt und hat seit drei Jahren vermehrt Wutanfälle. Sie kann dann richtig aggressiv werden. Von einer Freundin bekam ich den Tipp, ein Ernährungstagebuch zu führen, worin ich immer notieren sollte, was sie isst und welches Verhalten sie danach zeigt. Dabei erkannte ich, dass sie diese Anfälle immer bekommt, wenn sie mehr als zwei Stunden lang nichts Ordentliches isst. Ich sprach darüber mit ihrer Lehrerin, und sie erlaubt dem Kind seitdem, alle zwei Stunden etwas zu essen, ob gerade Pause ist oder nicht. Sie erinnert meine Kleine sogar daran. Ihre Wutanfälle sind komplett verschwunden."

Diese reaktive Hypoglykämie tritt auch bei Erwachsenen häufig auf. Viele erwachsene Begabte erzählen mir, dass sie – „weil es schnell gehen muss" – unregelmäßig und oft auch ungesund essen. Manchmal sind sie so in ihre Aufgaben vertieft, dass sie das Essen ganz einfach vergessen, oder sie sind bei der Arbeit an ihrem jeweiligen Projekt so angespannt (durchaus auch positiv), dass sie schlicht kein Hungergefühl verspüren.

In Umwelt- und Präventivmedizin wie auch in der orthomolekularen Medizin (hierbei geht es um den gezielten Einsatz von Mikronährstoffen) wird der sogenannte **COMT-Polymorphismus** diskutiert. Der Begriff „Polymorphismus" entstammt dem Griechischen, bedeutet „Vielgestaltigkeit" und bezeichnet das Auftreten unterschiedlicher Genvarianten innerhalb einer Population. Es handelt sich dabei also nicht um krankhafte Veränderungen, sondern um eine natürliche genetisch bedingte Andersartigkeit (Variation), die sich in einer reduzierten COMT-Produktion äußert. COMT (Catechol-O-Methyltransferase) ist ein Enzym, das 1958 zum ersten Mal beschrieben wurde. Der Körper benötigt es zum Abbau von Neurotransmittern (Stresshormonen) wie Adrenalin, Noradrenalin und Dopamin, darüber hinaus deaktiviert es verschiedene neuroaktive Arzneistoffe und ist am Abbau von Umweltschadstoffen beteiligt. Für Menschen mit einer verminderten COMT-Aktivität, das heißt für Menschen, die aufgrund ihrer Genvariante weniger von diesem Enzym produzieren, sind folgende Merkmale charakteristisch:

Sie verfügen über eine schnelle Auffassungsgabe und eine hohe geistige und körperliche Leistungsfähigkeit. Ihre Sinneswahrnehmungen sind allgemein gesteigert, oft sind sie rastlos, ungeduldig oder schnell aufbrausend. Sie sind häufig sportlich aktiv, aber selten in Teamsportarten. Viele benötigen nur wenig Schlaf oder haben Schlafstörungen und können sich schlecht entspannen. Diese Beschreibung trifft auf einige (hoch)begabte Menschen zu. Etwa 15 Prozent der Bevölkerung sollen dieser Gruppe angehören.

Darüber hinaus gehen Fachleute davon aus, dass Menschen mit einer verminderten COMT-Produktion einen höheren Bedarf an Mikronährstoffen (vor allem Vitamine, Mineralstoffe und Aminosäuren) haben als die übrige Spezies und deshalb eher in eine Unterversorgung „hineinrutschen".

Da Stresshormone bei einer verminderten COMT-Aktivität langsamer abgebaut werden, können sie folglich länger auf den Körper einwirken. Der verzögerte Abbau von Adrenalin ist möglicherweise dafür verantwortlich, dass Begabte nach Stresssituationen längere Ruhephasen benötigen und in ihnen auch Emotionen lange nachhallen (physiologischer Aspekt der Emotionen). Ihre empfindliche Reaktion auf Medikamente könnte im verzögerten Abbau verschiedener Arzneistoffe begründet liegen. Die genetisch bedingte reduzierte Aktivität des Enzyms COMT kann (als Folge der dadurch verursachten verlängerten Einwirkungszeit der Stresshormone auf den Körper) zu erhöhter Infektanfälligkeit, Bluthochdruck, Schlaganfall oder stressbedingten Psychosen führen. Ebenso kann sie die kognitive Leistungsfähigkeit verringern, die Bereitschaft zur Aggressivität erhöhen oder Symptome bipolarer Störungen auslösen und vieles mehr. Ob es sich bei den Menschen mit diesem Genotyp tatsächlich (ausschließlich oder überwiegend) um Hoch- oder überdurchschnittlich Begabte handelt, war meines Wissens bisher allerdings (noch) nicht Gegenstand wissenschaftlicher Untersuchungen.

Mittlerweile ist auch in der Schulmedizin angekommen, dass körperliche Mangelzustände oder Allergien und Intoleranzen sehr wohl dazu imstande sein können, psychische Probleme zu verursachen, die sich im Empfinden und Verhalten der betroffenen Menschen widerspiegeln können. Geforscht wird auf dem Gebiet der psychosomatischen Medizin schon verhältnismäßig lange, mittlerweile ist sie längst als Fakultät anerkannt, doch einen Fachbereich für den umgekehrten Fall sucht man immer noch vergeblich. Die Tatsache, dass sich körperliche Ungleichgewichte in Form psychischer Symptome äußern können, findet leider höchst selten Beachtung.

Auch das Thema **„Migräne"** im Zusammenhang mit Hochbegabung wurde schon häufig diskutiert, allerdings (bisher) ohne eindeutiges Ergebnis. In der Migräneforschung spricht man vom „Typus Migräniker", der folgendermaßen charakterisiert wird:

Diese Menschen haben eine sehr gute Auffassungsgabe, sind schnell, geistig flexibel und leistungsstark, wodurch sie manchmal rastlos und überaktiv wirken. Dazu kommen Gewissenhaftigkeit, Verantwortungsgefühl, Kreativität und eine hohe Reizempfindlichkeit. Sie reagieren sehr sensibel auf innere und äußere Reize und können sogar Reize wahrnehmen, die anderen verborgen bleiben, sie befinden sich ohnehin in einem Zustand der ständigen Übererregbarkeit. Sie können Lärm schlecht ertragen und sind sehr schreckhaft. Als Folge der Überbelastung ihres Gehirns können sie unter Konzentrationsstörungen leiden. Die Persönlichkeitsmerkmale in dieser Beschreibung erinnern auch wieder stark an diejenigen begabter Menschen. Doch hier ist ebenfalls nicht wissenschaftlich belegt, ob Migräniker (hoch)begabt sind. Erfahrungswerte zeigen allerdings, dass überproportional viele (bezogen auf den Bevölkerungsdurchschnitt) Hochbegabte unter Migräne leiden.

Zur **Linkshändigkeit** bei Hochbegabten existieren zwar einige Studien, die jedoch zu unterschiedlichen und damit zu keinem klaren Ergebnis kamen. Doch auch hier scheint die Erfahrung zu bestätigen, dass unter den Begabten Linkshänder ebenfalls überproportional vertreten sind. Dieses Thema ist ein bisschen verzwickt, weil diese Gruppe neben den „aktiven" Linkshändern auch die Menschen umfasst, die durch Zwang von außen zu Rechtshändern umgeschult wurden. Dazu kommt eine weitaus größere Zahl von Menschen, die sich in ihrer Kindheit – als teilweise unbewusste Anpassungsleistung – aus eigenem Antrieb selbst umgeschult haben. Bei Letzteren ist es oft nur schwer möglich, überhaupt auf eine angeborene Linkshändigkeit zu schließen. Dabei kann die Bevorzugung der nicht dominanten Hand schwerwiegende Probleme schaffen. So vermag sich eine umgeschulte Linkshändigkeit beispielsweise in Form von Konzentrationsmängeln, Gedächtnisstörungen, einer Lese- und Rechtschreib- und Rechenschwäche, Links-rechts-Unsicherheit, als schlechtes Schriftbild aufgrund feinmotorischer Schwierigkeiten oder auch durch Sprachstörungen (Stottern) äußern. Ich höre von vielen begabten Erwachsenen, dass sie links und rechts oft nicht unterscheiden können. Einige meiner hochbegabten Bekannten sagen häufiger Dinge wie: „Ach, du meintest das andere Links. Ja, dann sag das doch auch!" Dieser Ausspruch – in der einen oder anderen Variante – kommt bestimmt vielen von Ihnen, liebe Leser, bekannt vor.

Der Arzt Hanns von Rolbeck, der 1994 in Göppingen (Baden-Württemberg) das Süddeutsche Institut für Linkshandforschung gründete, ist davon überzeugt, dass tatsächlich etwa 50 Prozent der Bevölkerung Linkshänder sind. Seinen Beobachtungen nach fielen zu Rechtshändern umgeschulte Kinder unangenehm auf. Sie erschienen oft als besonders tollpatschig oder schrieben Buchstaben in Spiegelschrift. Sie hätten häufig leichten Schnupfen, der sich zu einer chronischen Nasennebenhöhlenentzündung auswachsen könne, seien länger als andere Bettnässer und kauten Nägel. Oft schrieben sie krakelig und unbeholfen, hätten Probleme beim Auswendiglernen und vieles mehr.

Verdeckte Linkshändigkeit kann ein Trotzverhalten und Verhaltensstörungen wie Überaktivität hervorrufen und die Ursache für Minderwertigkeitsgefühle und Depressionen sein oder psychosomatische Beschwerden wie Bauch- und Kopfschmerzen oder gar Migräneanfälle auslösen. Die Ergebnisse einer Studie von Wissenschaftlern der Universität Graz legen den Schluss nahe, dass unter Umständen sogar Autoimmunerkrankungen mit einer verdeckten Linkshändigkeit in Verbindung stehen (können).

Leider werden alle hier aufgeführten Symptome und Folgen immer noch nur höchst selten mit einer verdeckten Linkshändigkeit in Zusammenhang gebracht, weshalb wie auch immer geartete Therapien oftmals nicht über den Versuch einer Symptomkorrektur hinauskommen. Weil sie nicht an der Ursache ansetzen und diese folglich auch nicht beheben, können sie auch keine dauerhafte Verbesserung erreichen. Erschwert wird die Identifikation auch dadurch, dass viele der Merkmale einer verdeckten Linkshändigkeit und von Hochbegabung beziehungsweise Underachievement (erwartungswidrige Niedrigleistung) einander auf verblüffende Weise ähneln und daher eher dem Bereich der Hochbegabung zugeordnet werden. Eine Prüfung der biologischen Händigkeit erfolgt in diesen Fällen so gut wie nie.

Liebe Eltern, bevor Sie also ihr Kind wegen Verhaltensauffälligkeiten oder vermeintlicher „psychischer Störungen" behandeln lassen (möglicherweise sogar medikamentös) oder sich selbst in eine Therapie begeben, klären Sie auf jeden Fall mögliche körperliche Ursachen ab. Weil viele Ärzte bei Allergien, Unverträglichkeiten aller Art, Autoimmunerkrankungen, Mangelzuständen und auch in Sachen Linkshändigkeit nur allzu rasch „mit ihrem Latein am Ende" sind, müssen Sie eigeninitiativ werden, das heißt auch selbst recherchieren und sich schlaumachen. Lebensumstände, Ernährungsgewohnheiten, Erfahrungen und tief verwurzelte persönliche Eigenschaften sind höchst individuell, und deshalb müssen auch die Mittel und Wege zur Lösung der Probleme höchst individuell sein. Was für den einen gut und richtig ist, kann einem anderen unter Umständen sogar schaden. Werden Sie also Experten in eigener Sache!

Falls Sie plausible Gründe zu der Annahme haben, dass für Verhaltensauffälligkeiten oder psychische Probleme bei Ihnen oder Ihrem Kind eine körperliche Ursache vorliegt oder ein Zusammenhang mit einer körperlichen Befindlichkeit besteht, gehen Sie allen Spuren nach, denn eine korrekte Diagnose und entsprechende nachfolgende Veränderungen können Ihre Lebensqualität und die Ihres Kindes mittel- und langfristig beträchtlich erhöhen!

Angrenzende Themen

Eine kognitive Hochbegabung kommt selten allein. Sie geht mit einer hohen Sensibilität einher, mit einer anderen Art des Denkens und Fühlens, mit einem anderen, intensiveren Körpergefühl, mit einer anderen Lernweise und häufig auch mit Synästhesien in unterschiedlichen Formen.

Auf die andere Art des Lernens, die auf dem „Bilderdenken" gründet, bin ich in meinem Buch *Hochsensibel* [21] bereits ausführlich eingegangen, wie auch auf das Thema „Synästhesie". [22] Deshalb möchte ich beides hier nur kurz anreißen.

Synästhesie

Als „Synästhesie" (vom Griechischen *syn* für „mit", „zugleich", und *aisthanestai*, „wahrnehmen") bezeichnet man die gleichzeitige

Wahrnehmung eines Reizes/ Signals durch mindestens zwei Sinne. Am bekanntesten ist die **Farb-Graphem-Synästhesie**. Dabei wird durch einen auslösenden Reiz (Buchstabe, Zahl) ein zweiter Reiz (Farbe) ausgelöst. Ein Mensch mit dieser Synästhesie sieht beispielsweise ein A immer rot, die Ziffer 5 immer gelb. Dabei ist diese Empfindung unidirektional, das heißt, sie läuft nur in eine Richtung ab. Der Synästhet denkt also beim Anblick der Farbe Rot nicht an ein A und bei der Farbe Gelb nicht an eine 5. Mittlerweile sind immerhin 73 unterschiedliche Synästhesieformen registriert, davon aber nur etwa zehn mehr oder weniger gut erforscht. Dazu zählen die

- Farb-Graphem-Synästhesie,
- Musik-Farb-Synästhesie („Farbenhören"),
- Sequenz-Raum-Synästhesie (Time-space synaesthesia),
- (Spiegel-)Berührungs-Synästhesie (Mirror-touch synaesthesia),
- Schmerz-Synästhesie,
- Personen-Farb-Synästhesie (manchmal auch als „Aurasehen" bezeichnet),
- Ordinal-linguistic-personification-Synaestesia (Personifizierung von Zahlen, Buchstaben, Tagen, Monaten etc.),
- Wort-Geschmacks- oder Wort-Geruchs-Synästhesie,
- Ticker-tape-Synaesthesia (Gesprochenes Wort am „unteren Bildrand" mitlesen) sowie die
- Berührungs-Emotions-Synästhesie.

Die meisten Synästheten wissen gar nicht, dass sie eine Synästhesie haben. Denn zum einen ist dieses Phänomen noch recht wenig bekannt und zum anderen betrachten Synästheten ihre Empfindungen als normal, als ihnen zugehörig, und dies gilt in besonderem Maß für Kinder. Sie gehen davon aus, dass alle Menschen so empfinden. Wenn jemand das Phänomen Synästhesie kennt, verbindet er diese Wahrnehmung zwingend mit Farben, denn das ist die in den Medien und in der Literatur am häufigsten dokumentierte Form. Wenn er selbst zwar Dinge mit zwei Sinnen wahrnimmt, dabei aber keine Farben sieht, glaubt er, er hätte keine Synästhesie. Dabei sind die meisten Synästhesieformen

„unbunt". Ich kenne Synästheten, die ihre eigene Synästhesie erst nach Jahren als solche begriffen haben, obwohl ihnen das Phänomen an sich bekannt war. Und manche Eltern entdecken die Synästhesien ihrer Kinder eher zufällig …

Anna und ihr Sohn oder: Die Farben der Lieder

Heute fuhren wir im Auto, es lief ein Lied im Radio, und plötzlich sagt mein elfjähriger Sohn zu mir: „Das Lied hört sich wie ein V an." Ich fragte: „Wie ein V??? Wie hört sich ein V denn an?" Er meinte: „Na, eben so wie das Lied. Sie sind gleich." Ich frage dann weiter, welches Merkmal die beiden denn gemeinsam haben, das Lied und das V. Und prompt kam: „Na, die Farbe!" Er sagte, sie seien beide rotorange. So wie Tomatensuppe. Bei dem Lied sieht er diese Farbe in vielen kleinen Plättchen, die von spritzendem Wasser umgeben sind. Unglaublich! Er ist ein Synästhet! Ich habe ihn noch gefragt, ob er öfter bei Liedern Farben sieht, da sagt er doch glatt: „Ja klar, Mama! Ich habe mich nur nie getraut, darüber zu reden, denn das ist bestimmt komisch oder unnormal. Weil noch nie jemand über so etwas gesprochen hat und auch in der Schule nie erwähnt wurde, dass Lieder Farben haben. Deswegen habe ich den Mund gehalten." Und gleichzeitig dachte er, dass jeder bei Musik Farben sähe und es nichts Besonderes sei. Ich habe ihn dann gleich aufgeklärt, dass das eine tolle Sache ist, zwar selten, aber normal, und dass er mir bitte öfter sagen soll, wenn er mal wieder bei irgendwas Farben sieht. Ich bin jedenfalls begeistert und beneide ihn um diese Gabe!"

Über die Entstehung von Synästhesien existieren unterschiedliche Theorien. Studien haben ergeben, dass ihr primärer Entstehungsort im Thalamus liegt. Das ist einer der ältesten Gehirnteile (nicht nur) des Menschen, darin werden alle Reize aus der Umwelt und auch die Signale aus dem Körperinneren sortiert und gefiltert, bevor sie an die entsprechenden Gehirnareale weitergeleitet werden. Hier findet die Vermischung der Sinne statt. „Diese

Vermischungen beginnen schon im Thalamus, wo zum Beispiel das akustische Feld mit Feldern für das Sehen und Fühlen kommuniziert. Die Nervenbahnen für Hautinformationen sind nicht nur mit den Bereichen der Körperfühlsphäre verschaltet, sondern auch mit dem optischen Feld ...".[23] Nach den Feststellungen von Prof. Dr. Lutz Jäncke, Universität Zürich, Abteilung für Synästhesieforschung, sind die Gehirne von Synästheten wesentlich komplexer strukturiert als die von Nicht-Synästheten und zudem weisen Synästheten nahezu alle Merkmale von Hochsensibilität auf.[24] Über die zahlenmäßige Verbreitung von Synästhesien in der Bevölkerung sind sich die Forscher nicht einig. Viele Wissenschaftler sprechen hier von 0,05 bis 0,1 Prozent. Galton schätzte den Anteil auf etwa 5 Prozent. Ich habe in der Literatur vereinzelt aber auch schon Schätzungen von bis zu 10 Prozent gefunden. Die Frage, ob Begabte überproportional häufig auch Synästheten sind, ist bisher nicht nur nicht geklärt, sie wurde überhaupt noch nicht gestellt. Erfahrungswerte legen es allerdings nahe.

Bilderdenken

Das Thema „Denken in Bildern" wurde in den 1990er-Jahren erstmalig von der US-amerikanischen Psychologin Dr. Linda Silverman im Zusammenhang mit hochbegabten Kindern aufgebracht und erläutert. Es geht dabei um das visuell-räumliche Denken. Diese Form des Denkens wird auch als „divergent" (siehe S. 44) bezeichnet, darunter versteht man das intuitive Verständnis komplexer Zusammenhänge. Der divergente Denker braucht dafür ein Gesamtbild, das er nach Bedarf in seine Einzelheiten, also in Einzelbilder, zerlegen kann. Fehlt ihm dieses Gesamtbild, fehlt ihm auch jede Orientierung.

Dass der Lernstoff in unserem Schulsystem über die auditiv-sequenzielle Denkweise vermittelt wird, kann Bilderdenker-Kindern, die Schwierigkeiten haben, ihren Denkstil entsprechend zu modifizieren, große Probleme verursachen und Missverständnisse mit Lehrern wie auch den Eltern heraufbeschwören, sie sind sogar mehr oder weniger „vorprogrammiert". Resultat: Die Intelligenz der „Bilderdenker-Kinder" wird nicht nur nicht erkannt, sie werden darüber hinaus ganz zu Unrecht (!) oft als „lernschwach" oder sogar „lernbehindert" eingestuft. Und diese Kinder fühlen sich meist auch selbst ungenügend, denn sie wissen ja nicht, dass ihre Schwierigkeiten nicht auf Lern-, sondern auf Übersetzungsproblemen von der einen in die andere Denkweise beruhen. Während die auditiv-sequenziellen Denker zunächst ein Detail nach dem anderen lernen (müssen), um sich daraus allmählich ein Gesamtbild zusammenzusetzen, brauchen visuell-räumliche Denker als *Grundlage* ein Gesamtbild, von dem sie ausgehen können. Sie müssen das Thema als Ganzes umreißen können, seine Größe und seine Ausmaße kennen, einzelne Teil- und Randbereiche zueinander in Beziehung setzen, um dieses Bild dann mit Details zu ergänzen und abzurunden. Andernfalls fehlt ihnen beim Lernen die Richtung, die Orientierung. Sie sind nicht imstande, einen Sinn in einem Berg von Puzzleteilchen zu erkennen, sie haben kein Gesamtbild, und deshalb geben sie mitunter schnell auf. Aber von diesen Hintergründen ahnen die betroffenen Kinder (und die meisten Erwachsenen) natürlich nichts. Sie merken nur, dass sie die Dinge nicht begreifen, ärgern sich deshalb über sich selber und halten sich sogar für dumm. Darum ist es unendlich wichtig, dass Kinder (ab einem entsprechenden Alter) für sie schlüssige Erklärungen für die ihnen eigene Denkweise erhalten, damit sie sich selbst verstehen und damit umzugehen lernen. Hier sind auch wieder Engagement und Fingerspitzengefühl von (vor allem) Eltern und Lehrern gefragt, sie müssen die spezielle Eigenheit der „Bilderdenker-Kinder" selbst auch begreifen, um diese entsprechend aufklären und unterstützen zu können. Und natürlich gilt das auch für erwachsene und spät erkannte Hochbegabte, denn auch sie müssen ihr Verständnis der eigenen Persönlichkeit erweitern – nicht zuletzt mit Rückblick auf ihre Lebensgeschichte –, um gegebenenfalls Änderungen oder „Kurskorrekturen" vornehmen zu können.

Hochsensibilität

Mittlerweile wird häufig und sehr kontrovers darüber debattiert, was Hochbegabung denn nun eigentlich mit Hochsensibilität zu tun habe. Auch hier gibt es (natürlich) unterschiedliche Meinungen und Lager. Nach Auffassung einer Seite haben diese beiden Konstrukte nichts miteinander zu tun, weshalb man sie strikt voneinander trennen müsse. Andere vertreten die Meinung, beides könne gleichzeitig bei ein und demselben Menschen vorhanden sein. Dritte sind fest davon überzeugt, dass alle Hochbegabten auch hochsensibel sind, während wieder andere an eine eher zufällige Verteilung beider Persönlichkeitsmerkmale glauben. Und all diese Auffassungen haben durchaus ihre Berechtigung. Denn sie gründen auf verschiedenen Definitionen und unterschiedlichen Perspektiven. Definiert man Hochbegabung ausschließlich über den Schwellenwert eines IQ von mindestens 130, können selbstverständlich nicht alle Hochsensiblen auch hochbegabt sein, denn dann stehen rund 2,3 Prozent Hochbegabte 15 bis 20 Prozent Hochsensiblen gegenüber – ein eklatantes Missverhältnis. Bei dieser Betrachtungsweise wird allerdings nicht klar, ob alle Hochbegabten zugleich auch hochsensibel sind. Die Möglichkeit bestünde aber immerhin.

Definiert man Hochbegabung über die Persönlichkeitsmerkmale, sind alle Hochsensiblen auch hochbegabt und alle Hochbegabten auch hochsensibel, denn die Persönlichkeitsmerkmale sind identisch.

Definiert man Hochsensibilität hingegen über die Eigenschaften, die allgemein unter dem Stichwort „Sensibilität" subsummiert werden, so ist sie zufällig verteilt. Daher ist es also essenziell, sich auf eine Definition zu einigen, bevor man in eine Diskussion über dieses Thema einsteigt. Ich selbst definiere Hochbegabung und Hochsensibilität über die identischen Persönlichkeitsmerkmale, wobei in der gesamten Literatur zur Hochsensibilität auch immer eine überdurchschnittliche Intelligenz der betreffenden Menschen zumindest erwähnt wird. Damit bin ich bei den rund 16 Prozent überdurchschnittlich Begabter mit einem IQ ab etwa 115. Nach Auffassung von Frau Prof. Elaine Aron, die das Konstrukt der *„sensory processing sensitivity"* (umgangssprachlich „Hochsensibilität"), aufstellte, liegt die Ursache für Hochsensibilität in einer speziellen Art der Reizverarbeitung, die bei den „Betroffenen" sensibler abläuft und auf „besonderen/spezifischen Eigenschaften" ihres Nervensystems beruht. Hochsensible Menschen nehmen mehr Reize auf, empfinden sie auch viel stärker/länger und verarbeiten sie tiefer/intensiver. (Mittlerweile kursiert auch der Name „Wahrnehmungsbegabung" für dieses Phänomen, er besitzt aber keinen wissenschaftlichen Hintergrund.)

Die hier folgenden als typisch geltenden Merkmale von Hochsensibilität habe ich aus dem Fragebogen *(„HSP-Scale")* von Frau Prof. Aron extrahiert:

- Wahrnehmen von Details
- Beeinflussbar durch Stimmungen anderer
- Schmerzempfindlich
- Starke Reaktion auf Stimulanzien
- Komplexes Innenleben
- Geräuschempfindlich
- Offenheit für Musik und Kunst
- Gewissenhaft
- Schreckhaft
- Schwierigkeiten mit Veränderungen
- Reagiert bei Trubel gereizt
- Perfektionismus
- Schlecht Multitaskingfähig
- Schwierigkeiten mit Zeitdruck
- Abneigung gegen Gewalt
- Rückzugsbedürfnis nach Stress
- Empfindsamkeit der fünf Sinne (positiv *und* negativ)
- Hilfsbereit
- Starke Reaktionen auf Signale aus dem Körperinneren
- Affinität für Schöngeistiges
- Wirken schüchtern, sensibel
- Vermeidungsverhalten
- Abneigung gegen jede Art von Wettkampf
- Unwohlsein bei Beobachtung

Nach Frau Prof. Aron sind zur Feststellung von Hochsensibilität vier Kategorien zu beachten, deren Kriterien sämtlich vorhanden sein müssen. Das sind:[25]

- Gründliche Informationsverarbeitung
- Übererregbarkeit
- Emotionale Intensität
- Sensorische Empfindlichkeit

Des Weiteren betont sie: „Sensibilität im hier definierten Sinne darf nicht mit Fürsorglichkeit für andere oder Einfühlungsvermögen gleichgesetzt werden und auch nicht mit einer Überempfindlichkeit gegenüber Kritik."[26]

Zur Intelligenz in Verbindung mit Hochsensibilität schreibt sie: „Zu Intelligenzunterschieden möchte ich anmerken, dass ich noch nie die Kombination von niedriger Intelligenz und hoher Sensibilität gesehen habe, und vielleicht wäre sie bei der gründlichen Informationsverarbeitung der Sensiblen auch gar nicht möglich." [27]

Eine gründliche Informationsverarbeitung zeigt sich nach Frau Prof. Aron zum Beispiel in tiefgründigen Gedanken und Gefühlen, aber auch im schnellen Erfassen von Ideen (theoretischen Sachverhalten) und in einer ausgeprägten Fähigkeit zur (Selbst-) Reflexion. Die Übererregbarkeit kann eine allgemeine Nervosität und/oder Schwierigkeiten mit Übergängen (Veränderungen) zur Folge haben. Meidet ein hochsensibler Mensch überstimulierende Situationen grundsätzlich, wird er sich möglicherweise schnell langweilen und/oder ziemlich rasch ziemlich alleine dastehen, denn dadurch schränkt er sich auch bei der Aufnahme und Pflege sozialer Kontakte ein. Sowohl positive wie auch negative Reaktionen Hochsensibler können von hoher emotionaler Intensität geprägt sein. Und das gilt nicht nur in belastenden Situationen, sondern grundsätzlich immer, wenn Emotionen berührt werden, also in allen Lebensbereichen. Die sensorische Empfindlichkeit umfasst in erster Linie unsere fünf Sinne, in den meisten Fällen geht es um Geräusch- und Lichtempfindlichkeit. Weitet man sie jedoch auf unsere anderen Wahrnehmungskanäle aus, beinhaltet sie unendlich viel mehr, denn wir haben auch einen „Sinn" für

Zeit, Sprache, Schmerz, Temperatur, Raum, Farbe, unsere inneren Organe, die relative Position unseres Körpers im Raum und nicht zuletzt auch für Emotionen.

An dieser Stelle möchte ich Kapitel 1 „Was ist Hochbegabung?" resümieren und dabei ein paar Ergänzungen aus dem Bereich der Hochsensibilität anbringen:

Schon die Bedeutung des Begriffs „Intelligenz" als „mit Sinn und Verstand wahrnehmen, erkennen und verstehen" weist auf Wahrnehmung und Informationsverarbeitung hin. Nach Galton bildet die „Verarbeitung von Wahrnehmungsreizen", also Informationen, die wesentliche Grundlage von Intelligenz. Dabrowski beschreibt dies als einen „Reiz-Reaktions-Unterschied", der im zentralen Nervensystem, also im Gehirn (der Vollständigkeit halber muss hier auch das Rückenmark erwähnt werden), verwurzelt und angeboren ist. Hier liegt die Ursache der hohen Intensität, Empfindlichkeit und Übererregbarkeit, die in vielen Bereichen zu den Hauptmerkmalen oder Grundeigenschaften hochbegabter Menschen zählen.

Schon Karl Ludwig von Reichenbach (1788–1869) sprach Mitte der 1850er-Jahre vom „sensitiven, begabten Menschen", der Psychologe Jean Piaget (1896–1980) beschrieb 1958 die vier Entwicklungsstufen der Intelligenz, die mit der Ausbildung der sensomotorischen Intelligenz im Baby- und Kleinkindalter beginnen (siehe S. 113 f.). Und Prof. Wolfgang Klages sagte 1976 in seiner Monografie, die Ursache von hoher und Hochsensibilität liege im Gehirn (zentrales Nervensystem), genauer im Thalamus, der für die Filterung von Reizen verantwortlich ist. Er erwähnte auch die hohe Intelligenz seiner Patienten, mit deren Sensibilität er sich eingehendst befasste.

In der aktuellen Literatur über Hochbegabung, hier in einem Beitrag des amerikanischen Psychologen Prof. James T. Webb, heißt es: „Fachleute beginnen einen Zusammenhang zwischen Befähigung und Sensibilität zu sehen [Anm.: vgl. Dabrowski]: Je gescheiter ein Kind ist, umso sensibler könnte es sein. Ein hochbegabtes Kind nimmt mehr Dinge in der Umgebung wahr und reagiert stärker darauf. Oft empfindet das Kind seine Gefühle intensiv und wird sehr emotional. […] Ihre hohe Sensibilität macht hochbegabte Kinder aber auch verletzbarer. […] Sie nehmen sich Kritik und Kränkungen sehr zu Herzen und erinnern sich noch lange daran. Diese Sensibilität erstreckt sich auch auf die körperlichen Sinne […]."[28]

Diese Aussagen verdeutlichen, dass Intelligenz mit einer hohen Sensibilität (Sensitivität) verbunden ist oder umgekehrt eine hohe Sensibilität auch mit einer hohen Intelligenz. Insofern ist Hochsensibilität nach Frau Prof. Aron auch immer ein Hinweis auf eine (Hoch)Begabung, wenngleich die betreffenden Menschen nicht immer auf einen IQ von 130 oder mehr Punkten kommen. Die Persönlichkeitsmerkmale sind jedoch dieselben.

Viele der von Frau Prof. Aron festgestellten Merkmale der Hochsensibilität finden sich auch in den Werken der von mir (ab S. 97) bereits beschriebenen Begabungsforscher, aber auch in anderen Intelligenz- und Begabungsmodellen und in vielen Beiträgen der Fachliteratur über Hochbegabung. Insbesondere in den *overexcitabilities* von Prof. Dabrowski (siehe S. 97 ff.) sind nahezu alle von Aron genannten Merkmale der Hochsensibilität enthalten.

Kapitel 3

Die Eltern (hoch)begabter Kinder

So schön und bereichernd es ist, als Eltern ein oder mehrere begabte Kinder zu begleiten, es stellt zugleich auch immer eine große Herausforderung dar. Zum einen verlangen begabte Kinder nach einem hohen Maß an Aufmerksamkeit und umfangreichen Lernangeboten. Zum anderen warten außerhalb der Familie viele Bewährungsproben und Schwierigkeiten unterschiedlichster Art auf Eltern und Kinder. Dazu gehört, dass sie nur selten frei und offen über die Hochbegabung der Kinder sprechen können. Ob die erweiterte Familie, Freunde und Bekannte oder Erzieher und Lehrer, in nahezu ihrem gesamten sozialen Umfeld treffen sie auf Menschen, denen merkwürdige Vorstellungen über Hochbegabung im Kopf herumspuken, von denen sie sich nur widerwillig trennen, und – weit schlimmer – sie begegnen vielfältigen Vorurteilen und müssen mit allen möglichen unerfreulichen Reaktionen rechnen. Das Spektrum der Negativklischees reicht von der „Eislaufmutter" über Unterstellungen „etwas Besseres sein" zu wollen bis hin zu unverhohlener Ablehnung und Ausgrenzung. Dass sich andere unvoreingenommen mit Ihnen freuen oder gar mit den Eltern gemeinsam überlegen, wie sie ihren wundervollen, ungewöhnlichen Kindern am besten gerecht werden und sie am wirksamsten fördern könnten, geschieht leider nur höchst selten. Manche Kinder und Eltern dürfen die beglückende Erfahrung von Solidarität überhaupt nicht machen. Und so beginnt für sie oftmals schon mit dem Verdacht auf Hochbegabung ein wahrer Spießrutenlauf. Die erste Überlegung von Eltern nach einem IQ-Test ist deshalb häufig die, ob sie irgendjemandem davon erzählen können und wenn ja, wem. Viele entscheiden sich aus Sorge vor möglichen negativen Folgen dafür, einfach gar nicht darüber zu sprechen. Nicht in ihrer Familie, nicht mit den Erziehern oder Lehrern und oft auch nicht einmal mit dem von einer überdurchschnittlichen oder (Hoch)Begabung „betroffenen" Kind. Und tatsächlich erspart ihnen diese Entscheidung viele unnötige unfruchtbare und nervenaufreibende Diskussionen sowie dumme und abfällige Bemerkungen.

Wie Eltern auf den Verdacht oder die Identifikation ihrer Kinder als „(hoch)begabt" reagieren, hängt von zahlreichen Faktoren ab. Zum einen sind es die eigenen Prägungen, Erfahrungen, Vorurteile und Alltagstheorien, zum anderen kommt hier natürlich auch die eigene Persönlichkeit zum Tragen. Selbstsichere Eltern werden eher offen mit der Begabung ihres Kindes umgehen als selbstunsichere. Falls sie in ihrer eigenen Kindheit schlechte Erfahrungen mit Lernen, Üben und Nachhilfestunden gemacht haben, von ihren Eltern unter Umständen unter großen Leistungsdruck gesetzt wurden, vielleicht sogar auf jedes bisschen Freiheit und Freizeit verzichten mussten, befürchten sie eventuell, ihr Kind könnte unter einen ebensolchen Druck geraten, wenn seine Hochbegabung erst einmal bekannt ist. Und sollten sie in einem Umfeld voller Vorurteile aufgewachsen sein, haben sie diese am Ende möglicherweise sogar übernommen.

Darüber hinaus wurden sie vielleicht bereits durch die Haltung der Erzieher im Kindergarten oder durch die der Lehrer ihrer Kinder beeinflusst. Wenn in Kindergarten und/oder Schule offensichtlich der Grundtenor vorherrscht, dass alle Kinder gleich sind oder gleich zu sein haben – was gar nicht selten vorkommt –, dann werden die Eltern klarerweise gründlich darüber nachdenken, ob sie dort von der (Hoch)Begabung ihres Kindes erzählen. Und natürlich haben auch die Erfahrungen, die sie vielleicht mit bereits älteren hochbegabten Kindern gemacht haben, ihre Auswirkungen auf Eltern. Möglicherweise unterschiedliche Haltungen der beiden Ehepartner zum Thema spielen ebenfalls eine nicht unerhebliche Rolle. Und nicht zuletzt schrecken manche Eltern auch davor zurück, sich mit ihrer eigenen Begabung auseinanderzusetzen, weil es sie irgendwie beängstigt. Zwar gehen die Theorien zur Vererbung von Begabung nach wie vor von der mendelschen Vererbungslehre aus, wonach Eigenschaften nicht zwingend von einer Generation auf die nächste vererbt werden, doch es besteht zumindest die Möglichkeit, dass die Eltern ebenfalls (und vielleicht lange unerkannt) hochbegabt sind.

Nicht wenige Eltern lassen aufgrund diverser (und oft auch diffuser) Ängste oder persönlicher Überzeugungen ihre Kinder gar

nicht erst testen. Sie wollen vermeiden, dass ihr Kind als „anders"
wahrgenommen wird oder es sich selbst als „anders" wahrnimmt,
sondern wollen, dass es in seinem sozialen Umfeld einfach überall
„dazugehört". An mögliche negative Folgen, die ihnen selbst und
vor allem ihrem Kind entstehen können, wenn sie seine hohe Begabung ignorieren, denken sie dabei nicht – vermutlich kommen
sie gar nicht auf die Idee, weil sie einfach zu wenig Kenntnis von
dem Thema und der damit verbundenen Problematik haben.

Zwei unglückliche Unentdeckte: die Geschichten von Ben und Martin

*Ute erzählt voll großer Trauer von ihrer ersten Begegnung
mit dem Thema Hochbegabung. Ihr Sohn Ben, immer schon
überaus sensibel, hatte ab seinem ersten Tag in der Grundschule große Probleme, deren Ursachen einfach nicht feststellbar waren. Ben wurde immer verschlossener, nässte wieder
ein und verletzte sich selbst, was sie damals aber noch nicht
bemerkte. Dabei hatten sie ihn – auf Anraten der Erzieher im
Kindergarten – wegen seiner ausgeprägten Sensibilität erst
mit sieben Jahren einschulen lassen. Ben wollte nicht darüber
sprechen. Er sagte auch nie, dass es ihm in der Schule nicht
gefalle, und erzählte auch nicht von irgendwelchen Vorfällen,
die ihm zu schaffen machten. Die Eltern wussten sich keinen
Rat und stellten das Kind einem Psychologen vor, der das Rät-
sel um den Jungen aber auch nicht lösen konnte. Ben war psychisch gesund und normal entwickelt, nur eben sehr sensibel.
Nach einem umzugsbedingten Schulwechsel blühte Ben auf.
Seine Lehrer mochten ihn und unterstützten ihn bei der Ein-
gewöhnung. Bald schrieb er recht gute Noten und schien ein
glückliches Kind zu sein. Zu Hause erzählte er nach wie vor
nichts aus der Schule. Nach einem erneuten Umzug und dem
Wechsel auf eine andere Schule fiel er wieder in seine alten
Verhaltensmuster zurück. Und wieder sprach Ben selbst kein
Wort darüber. Seine Eltern brachten ihn ein zweites Mal zu
einem Psychologen, der ihnen jedoch auch nicht weiterhelfen*

konnte. Ute machte sich große Sorgen um ihr Kind. In dieser Zeit las sie in einer Zeitschrift einen Artikel über Hochbegabung und erkannte ihren Jungen darin wieder. Total überrascht, ungläubig und unsicher sagte sie zu ihrem Mann, Ben sei ja vielleicht hochbegabt, und bat ihn, den betreffenden Artikel zu lesen. Doch sie hatte nicht mit der Reaktion ihres Mannes gerechnet: Er schrie sie an, sie wolle sich durch ein hochbegabtes Kind doch nur selbst aufwerten, und fegte die Zeitschrift verächtlich vom Tisch. Damit war das Thema für ihn erledigt. Ute war tief getroffen und verdrängte ihre Idee von einer möglichen Hochbegabung Bens ganz schnell wieder. Der Junge verschloss sich immer mehr, verweigerte die Schule, ging schließlich ab und tat bis zu seiner Einberufung zur Bundeswehr gar nichts. Dort absolvierte er dann einen IQ-Test, der einen gemessenen Durchschnitts-IQ von 143 (!) ergab.

Gerhard ist Lehrer und der festen Überzeugung, dass eine attestierte Hochbegabung niemandem etwas nützt. Schließlich ginge es im Leben darum, einen vernünftigen Beruf zu ergreifen und mit seinen Mitmenschen möglichst gut auszukommen. Dabei würden einem „elitäre Gedanken" nicht weiterhelfen. Aus dieser Überzeugung heraus ließ er seinen Sohn Martin nie testen – trotz vieler Gespräche mit dessen Lehrern, die ihn immer wieder auf die offensichtlich sehr hohe Begabung seines Sohnes hinwiesen. Der Junge solle sich anpassen und nicht abheben. Martin war als sehr guter Schüler gestartet und schaffte es mit Leichtigkeit und Bestnoten aufs Gymnasium. Doch bereits im sechsten Schuljahr verschlechterten sich seine Noten und Beurteilungen. Die von seinem Vater verordnete Nachhilfe zeigte keinerlei Erfolg, Martin musste die siebte Klasse wiederholen. Er begann, die Schule zu schwänzen, war zu Hause nur noch ein seltener Gast und als 16-Jähriger zog er daheim aus. Sein Vater hörte viele Jahre nichts von ihm.

Wenn Eltern sich dafür entschieden haben, im Kindergarten oder in der Schule von dem Ergebnis des IQ-Tests ihres Kindes zu erzählen, können sie Glück haben, und ihr Kind wird daraufhin in seinem besonderen Sein akzeptiert und entsprechend seinen Fähigkeiten gefördert. Leider ist es jedoch bedeutend wahrscheinlicher, dass die Eltern samt ihrem Kind auf Unwissen, Unverständnis oder gar Ablehnung stoßen. Je nach Persönlichkeitsstärke und ihren Lebensumständen werfen manche Eltern an dieser Stelle bereits das Handtuch. Andere führen in dem Bemühen um adäquate Unterstützung für ihre Kinder einen oft Jahre währenden und kräftezehrenden Kampf. Selbst wenn sich in den vergangenen 20 Jahren schon vieles zum Besseren gewandelt hat und es auch immer mehr Beratungsstellen und Angebote von Fortbildungen (auf freiwilliger Basis!) für Lehrer, Erzieher und andere engagierte Interessierte gibt, rangiert Deutschland auf diesem Gebiet tatsächlich noch unter den Entwicklungsländern.

Die Angst vor einer Stigmatisierung

Das englische Wort für Begabung lautet *giftedness*. Demnach sind Begabte „Beschenkte", und demgemäß gestaltet sich der Umgang mit dem Thema und mit begabten Menschen im angloamerikanischen Raum überwiegend positiv. Im Unterschied dazu herrscht hier bei uns in Deutschland (oder genauer: im gesamten deutschsprachigen Raum) eine Art „traumatisch bedingter Dämmerzustand". Und damit meine ich nicht das Trauma des Zweiten Weltkrieges, worunter viele andere Völker ebenfalls gelitten haben und teilweise noch immer leiden. Nein, der Dämmerzustand, von dem ich hier spreche, rührt von einem einzigen Wort her: Elite. Dieser Begriff, der schlicht und wertfrei „Auslese" bedeutet, hat – aufgrund des Missbrauchs durch das nationalsozialistische Regime – noch heute bei uns einen ziemlich üblen Beiklang (siehe auch S. 52). Deshalb ist ein großer Teil unserer Bevölkerung – über 70 Jahre nach Ende des Zweiten Weltkrieges – noch immer eifrig darauf bedacht, nicht auch nur in den Schatten des Verdachts zu geraten, irgendeiner „Elite" zugehörig zu sein oder diesbezügliche Ambitionen zu hegen. Denn dann würden Abwertung und Ausgrenzung (mindestens) drohen. Mag sein, dass ich die Realität hier in etwas düstereren Farben gezeichnet habe, als es ihr tatsächlich entspricht, doch ist an diesem Bild andererseits mehr Wahres, als es manch einer für möglich halten mag. Die Angst, mit dem Stigma (wörtlich: „Stich-", „Wund-" oder „Brandmal") des „Elitären" oder „Besonderen" versehen und dadurch zum gesellschaftlichen Außenseiter zu werden, ist also durchaus berechtigt.

Die einzelnen Klischees und Vorurteile über Hochbegabung lassen sich grob in zwei Kategorien einteilen, und zwar ganz simpel in eine positive und eine negative.

Die positive Sichtweise spiegelt ungefähr die Ergebnisse der wissenschaftlichen Forschung wider. Danach sollen Hochbegabte ein höheres intellektuelles Potenzial und eine höhere Leistungsfähigkeit besitzen und mitunter ihren Mitmenschen sogar grundsätzlich überlegen sein (auch in puncto Gesundheit und anderen Dingen auf der körperlichen Ebene). Wie Umfragen gezeigt haben, vertritt etwa ein Drittel diese Anschauung.

Die negative Sichtweise gründet allem Anschein nach eher auf Medienberichten, die häufig die „asynchrone Entwicklung" zum Gegenstand haben, die dann einseitig dargestellt und zur Stützung von Negativaussagen missbraucht wird, wie etwa zu der Behauptung, dass Hochbegabte größere Schwierigkeiten im sozialen Umgang und mehr emotionale Probleme haben als normalbegabte Menschen. Immerhin zwei Drittel der Befragten hängen dieser Auffassung an. Zwar existieren mittlerweile durchaus ein paar Medienberichte, deren Autoren zumindest versuchen, Hochbegabung eher neutral darzustellen, doch sind dies vergleichsweise immer noch zu wenige. Deshalb können sich die dummen, üblen und traurigen Klischees so hartnäckig halten. Erwähnenswert ist in diesem Zusammenhang auch, dass die Begriffe „Intelligenz" und „Hochbegabung" von der Masse der Bevölkerung offenbar mit unterschiedlichen Inhalten gefüllt und bewertet werden, wobei den meisten „Hochbegabung" wohl bedrohlicher erscheint als „Intelligenz", weshalb sie in der öffentlichen Meinung weit schlechter wegkommt. Da also die negativ besetzten Klischees deutlich überwiegen, verwundert es nicht, dass viele Eltern sehr große Vorsicht walten lassen, ja sogar Angst empfinden, wenn es darum geht, von der Hochbegabung des eigenen Kindes zu sprechen.

Oft hegen Eltern auch die Befürchtung, ihre Kinder könnten ausgegrenzt werden, wenn die Schulkameraden von der Hochbegabung erfahren und darauf (manche vielleicht sogar aus Neid) abfällig oder ablehnend reagieren. Auch diese Sorge ist keineswegs unbegründet, denn die Klischees und Vorurteile sind auch unter Schülern verbreitet, ebenfalls in der tendenziellen Verteilung ein Drittel eher positiv und zwei Drittel neutral bis negativ. Mit der Folge, dass nur etwas über die Hälfte der Schüler Hochbegabung recht offen oder neutral gegenübersteht, aber über 40 Prozent nicht so weit gehen würden, mit einem Hochbegabten befreundet sein zu wollen. Dies fand eine Schülerin bei Recherchen für ihre Facharbeit heraus, wobei diese Zahlen zwar nicht als repräsentativ gelten können, aber doch zum Nachdenken anregen sollten.[29] Und nicht zuletzt lässt vielleicht auch eine mögliche hohe Erwartungshaltung des Umfelds (der Gesellschaft) Eltern davor zurückscheuen, über die Hochbegabung ihrer Kinder zu sprechen, um sie vor Überforderung zu schützen. Die genannte hohe Erwartungshaltung besteht in dem Drittel der Bevölkerung, das bei Hochbegabten eine höhere Leistungsfähigkeit voraussetzt. Hier herrscht meist auch die Auffassung, dass ein Mensch nicht (hoch)begabt sein könne, wenn sich dies nicht in seinen Leistungen widerspiegelt, und umgekehrt, dass eine hohe (gemessene) Begabung auch immer in entsprechend hohe (schulische) Leistungen umgesetzt werden müsse.

Die Gründe, weshalb jemand nicht über die eigene Hochbegabung oder die seiner Kinder sprechen möchte, sind also durchaus verständlich und nachvollziehbar. Auf der anderen Seite stellt sich die Frage „Wem nutzt das und in welcher Weise?". Vorurteile und Klischeevorstellungen werden dadurch nicht ausgeräumt. Gut, man selbst oder das Kind dürfte kurzfristig vor

Spott, Anfeindungen oder Ausgrenzung einigermaßen sicher sein. ABER: Langfristig werden Sie oder Ihr Kind sich selbst als „anders" empfinden und/oder von Ihrem sozialen Umfeld irgendwann doch so wahrgenommen. Und das kann Ihnen und/oder Ihrem Kind genau die Belastung, den Kummer und die „Sonderstellung" (Ausgrenzung) eintragen, vor denen Sie sich durch Ihr Schweigen schützen wollten.

Negative Vorurteile behindern nachweislich jede Entwicklung. Sie hemmen einen Menschen, sich natürlich und ungezwungen in seiner Umgebung zu bewegen und darin ebenso zu agieren. Das gilt nicht nur, aber auch und in ganz besonderem Maß für Begabte. Dank ihrer feinen und sehr detaillierten Wahrnehmung („Seismograf") nehmen sie Stimmungen und Erwartungshaltungen bei anderen recht schnell wahr. Deshalb sind sie in einem Umfeld, das sie nicht so akzeptiert, wie sie sind, ständig auf der Hut und ängstlich darum bemüht, sich anzupassen. Dieses andauernde Verharren in „Habachtstellung" kostet sehr viel Kraft. Und die Eltern begabter Kinder sehen sich in Erklärungs- oder gar Rechtfertigungsnot, wenn das Thema Hochbegabung im Zusammenhang mit ihren Kindern doch einmal zur Sprache kommt.

Ich möchte die Eltern hochbegabter Kinder dazu ermutigen, trotz aller (möglichen) Widrigkeiten offener mit der Begabung ihrer Kinder umzugehen, und (hoch)begabte Erwachsene dazu, sich zu ihrer eigenen Hochbegabung zu bekennen, auch wenn hier der erste Schritt schwer fällt. Denn Hochbegabung ist kein Makel, sondern ein Geschenk! Sie müssen das nicht ungefragt jedem auf die Nase binden und Sie müssen sich vor allem niemandem gegenüber erklären oder gar rechtfertigen! Aber Ihr (hoch)begabtes Kind selbst sollte schon davon wissen (mehr dazu in Kapitel 4 auf S. 287 f.) und Erziehern sowie Lehrern kann diese Information sehr nützlich sein. Wenn Sie den Mut aufbringen, für sich selbst, Ihr Kind und Ihre oder dessen Bedürfnisse einzustehen, wird sich diese positive Haltung auf Ihr Kind übertragen und ihm seinen Lebensweg erleichtern. Je selbstverständlicher und unbefangener Betroffene selbst ihre Hochbegabung „handeln", desto selbstverständlicher wird sie auch für andere.

Wie man ganz souverän mit seiner Hochbegabung umgeht ...

Margrit hat ihren neunjährigen Sohn Peter im vierten Schuljahr aufgrund seiner besonders guten Schulleistungen testen lassen. Der Test ergab einen Gesamt-IQ von 148, woraufhin sie ihn an einer Hochbegabtenschule anmeldete. Auf die Frage aus ihrem Bekanntenkreis, warum Peter nicht auf das örtliche Gymnasium gehen werde wie alle anderen Kinder, antwortete sie mit großer Selbstverständlichkeit: „Weil er hochbegabt ist und man an der Schule, die ich für ihn ausgewählt habe, besser auf seine Lernbedürfnisse eingehen kann."

Es gab keinerlei Diskussion über Hochbegabung oder Kritik an Margrits Entscheidung.

Sandra unterhielt sich mit ihrem ebenfalls hochbegabten Arbeitskollegen über die Gestaltung ihres Feierabends und erzählte, sie würde wieder zum Stammtisch von Mensa e.V. gehen. Ein anderer Kollege hörte das und fragte sie ganz erstaunt: „Ja, bist du denn hochbegabt?" Sandra schaute ihn freundlich an und antwortete mit einem klaren Ja. Der Kollege blieb noch einen Moment im Türrahmen stehen, als wartete er auf etwas, doch Sandra wandte sich wieder ihrer Arbeit zu.

Auch hier entstand keinerlei Diskussion. Sicher auch deshalb, weil Sandra keine weiteren Erklärungen lieferte und damit keine Angriffsflächen bot.

Wenn mehr Eltern heute den Mut fassen, ganz selbstverständlich über die Begabung ihrer Kinder zu sprechen, sollte es die Situation hergeben oder erfordern, dann werden vielleicht schon ihre Enkelkinder in einer anderen deutschen Begabungskultur unter für sie wesentlich günstigeren und glücklicheren Bedingungen aufwachsen können.

Bildungsgrad und sozioökonomischer Status

(Hoch)Begabten Menschen begegnet man in allen Gesellschaftsschichten. In Deutschland wurden im Jahr 2015 fast 16 Millionen Kinder und Jugendliche bis 20 Jahre gezählt, davon haben – rein statistisch gesehen – über 2,5 Millionen einen IQ von über 115. Das sind Kinder und Jugendliche mit besonderen (Lern-)Bedürfnissen. Dazu kommen knapp 8 Millionen begabte Menschen im Alter von 21 bis 64 Jahren, die Hälfte davon zählt zwischen 40 und 59 Jahre, die überwiegend im Arbeitsleben stehen und für ihre Unternehmen eine große Ressource darstellen. Allein in Deutschland sind das also ungefähr 10,5 Millionen Menschen. Das ist eine Zahl, die Sie, liebe Leser, erst einmal ein Weilchen auf sich wirken lassen sollten.

Betrachten wir zunächst die 2,5 Millionen Kinder (auf die Erwachsenen gehe ich in diesem Kapitel auf S. 217 ff. näher ein). Die Identifizierung der (Hoch)Begabung dieser Kinder wie auch der Umgang damit werden in den unterschiedlichen Gesellschaftsschichten auch unterschiedlich gehandhabt. Dabei geben der Bildungsgrad der Eltern und ihre finanziellen Möglichkeiten den Ausschlag.

Das Interesse der Wissenschaft an Hochbegabung *per definitionem* (also einem durch Testung ermittelten IQ ab 130 Punkten), entsprechende Beratungsstellen und sowohl schulische als auch außerschulische Förderangebote haben sich in den letzten Jahrzehnten kontinuierlich vermehrt, doch flächendeckend funktioniert das bei Weitem noch nicht. Insbesondere die sachliche Aufklärungsarbeit seitens der Medien hinkt dieser Entwicklung immer noch hinterher, weshalb die breite Öffentlichkeit über die tatsächliche Bedeutung dieses Themas für die einzelnen (Hoch)Begabten, aber auch für die Allgemeinheit noch vergleichsweise schlecht informiert ist. Dass die bisher völlig unbeachtet gebliebene Gruppe der überdurchschnittlich Begabten in die Studien und Untersuchungen zu Hochbegabung miteinbezogen werden muss, wird in Fachkreisen erst seit Kurzem und bisher nur ansatzweise diskutiert, weshalb dieser Aspekt nach wie vor nicht ins Bewusstsein der Öffentlichkeit vordringen konnte.

Einige weiterführende Regelschulen bieten in ihrem Rahmen eine Förderung Hochbegabter an. Die Grundschulen sind in der Regel davon jedoch noch weit entfernt, nur sehr wenige nehmen sich der (hoch)begabten Kinder an und setzen gezielte Fördermaßnahmen auch um. Für außerschulische Förderprogramme müssen die Eltern in aller Regel bezahlen, durch An- und Abfahrten kosten sie noch mehr Geld – und die entsprechende zusätzliche Zeit. Das Angebot beschränkt sich weit überwiegend auf die sogenannten MINT-Fächer (Mathematik, Informatik, Naturwissenschaft und Technik). Kinder mit speziellen Begabungen in anderen Bereichen erfahren noch sehr wenig Förderung, und wenn, dann geschieht dies bislang nur auf der Basis privater Initiativen.

Zur Benennung des sozioökonomischen Status eines Menschen existieren drei Kategorien: Ober-, Mittel- und Unterschicht. Die Zuordnung in eine der Schichten erfolgt nach den Kriterien Berufszugehörigkeit, Einkommen und Bildungsgrad, was sich etwa in den 1970er-Jahren noch recht einfach machen ließ. Mit den Veränderungen unserer Gesellschaft, der Lebensformen und -umstände in jeglicher Hinsicht wurde es jedoch sehr viel schwieriger. Gehörte in den 1970-Jahren ein Akademiker quasi automatisch zur Ober- oder wenigstens zur oberen Mittelschicht, weil er eine höherwertige (Aus-)Bildung besaß, wodurch ihm ein entsprechendes Einkommen nahezu garantiert war, lässt sich das heute nicht mehr so einfach voraussetzen. Wo soll man jemanden einordnen, der mit einem abgeschlossenen Studium und (vielleicht sogar umfangreicher) Berufserfahrung von Hartz IV leben muss? Oder jemand, der sich aufgrund der kargen Stellenangebote in seinem Berufsfeld mit den verschiedensten (unterqualifizierten und nicht abgesicherten!) Jobs bei einer Zeitarbeitsfirma über Wasser halten muss? Und wie sieht es aus mit alleinerziehenden Müttern, die ihres Kindes oder ihrer Kinder wegen keine Vollzeit- oder auch Halbzeitstelle annehmen können beziehungsweise nichts Passendes finden, auch (oder gerade) dann nicht, wenn sie einen Studienabschluss in der Tasche haben? Und was ist mit den vielen finanziell weniger gut gestellten Menschen, die sich mithilfe des Internets und günstiger gebrauchter Bücher aus Online-Antiquariaten umfassende, aber leider nicht von irgendeiner Institution bescheinigte Kenntnisse erworben haben? Auf der anderen Seite gibt es auch in der Mittelschicht und bisweilen, aber eher selten auch in der Oberschicht, einkommensstarke Familien, die auf Bildung und Kultur eher wenig oder gar keinen Wert legen („soziale Aufsteiger", Stichwort „Neue Märkte", „IT-Branche"). Flexibilität in beruflicher Hinsicht (wenn beispielsweise der Sozialwissenschaftler als „kleiner" Sachbearbeiter bei der Agentur für Arbeit tätig ist), Arbeitsorte, Zeitaufwand, neue Familienstrukturen und die Veränderungen (nicht nur) in unserem Arbeitsmarkt erschweren die Einordnung in eine Gesellschaftsschicht und verfälschen mitunter auch deren Bild. Auch Alltagstheorien, wonach eine Zuordnung allein über das Einkommen (Stichwort „Hartz IV") oder über die Bildung (Stichwort „Akademiker") vorgenommen wird, haben sicher etwas damit zu tun.

Für mein Thema „(Hoch)Begabung" möchte ich dennoch bei diesem Drei-Schichten-Modell unserer Gesellschaft bleiben. Der Bildungsgrad ihrer Eltern ist insofern wichtig für begabte Kinder, weil in einem entsprechend geprägten Elternhaus mit einiger Wahrscheinlichkeit von den Kindern erwartet wird, dass sie „nicht aus der Art schlagen". Die Berufszugehörigkeit oder -tätigkeit der Eltern beeinflusst die Lebensumstände der Kinder unter Umständen stark, beispielsweise durch häufige Auslandsaufenthalte und die dadurch verursachten ständigen Wechsel des sozialen Umfelds. Und nachdem sowohl die (korrekte) Diagnostik von Begabungen und auch viele Förderprogramme für (Hoch)Begabte Geld kosten, spielt auch das Einkommen der Eltern eine wesentliche Rolle.

Bei meinen Zuordnungen zu einer Gesellschaftsschicht gehe ich von einer Familie mit zwei Kindern aus. Ich setze für die Oberschicht das Abitur oder einen gleichwertigen Bildungsabschluss, mindestens ein abgeschlossenes Hochschulstudium und ein Monatseinkommen von 5.000 Euro netto aufwärts voraus. Für die Mittelschicht gehe ich von einem mittleren oder gleichwertigen

Bildungsabschluss, einer abgeschlossenen Berufsausbildung und einem Monatseinkommen ab 2.400 Euro netto aus. Zur „Unterschicht" zähle ich hier Menschen, die keinen Schulabschluss und keine Berufsausbildung haben und deren Monatseinkommen unter 2.400 Euro netto liegt. (Diese Einteilungen sollen nur der Orientierung dienen, es sind keine feststehenden Größen! Ich ziehe sie lediglich zur Veranschaulichung einiger Sachverhalte heran.)

Begabung in der Oberschicht

In dieser Schicht sind besonders intelligente, überdurchschnittlich oder (hoch)begabte Menschen deutlich überrepräsentiert. Unter den Aspekten von Vererbung, Familientraditionen und Förderung betrachtet ist das sicher auch nicht weiter verwunderlich. Den Begriff „Hochbegabung" kennen hier viele, aber es ist nur selten notwendig, sich damit im Speziellen zu befassen. Denn Oberschicht-Kinder werden ohnehin verstärkt gefördert, weil es für ihre Eltern schlicht normal ist, schnell und viel Wissen aufzunehmen und sich auch für außergewöhnliche und Randthemen zu interessieren. Sie empfinden das nicht als etwas Besonderes, sondern als Selbstverständlichkeiten. Und mehr noch: Sie gehen logischerweise davon aus, dass ihre Kinder ihnen nacheifern und mühelos zustande bringen werden, was sie selbst geschafft haben. Allein schon deshalb haben sie größeres Vertrauen in die Begeisterungs- und Leistungsfähigkeit ihrer Kinder. Meist stehen in diesen Haushalten zahlreiche Bücher in mehr als einem Regal, und oft haben die Kinder auch Musikinstrumente zur Verfügung, die sie ihren Neigungen entsprechend ausprobieren und dabei mögliche Spezialbegabungen entdecken können. Da in den meisten solchen Elternhäusern ein großes Interesse an Kultur und Kunst gepflegt wird, lernen die Kinder die Welt umfassend kennen und können sich auch am Bildungsverhalten und an den Interessengebieten der Eltern orientieren. Außerdem ist es für finanziell sehr gut gestellte Eltern selbstverständlich, ihren (begabten) Kindern den Zugang zu Förderkursen und auch den Besuch besonders guter Schulen zu ermöglichen. Wichtig ist noch der Hinweis auf die Tatsache, dass diese Kinder auch kaum Passungsprobleme haben.

Ihre Eltern stammen zum großen Teil ebenfalls aus Oberschicht-Haushalten und haben einen entsprechenden Bekanntenkreis, in dessen Kindern sich die eigenen Kinder spiegeln und mit denen sie ihre Interessen teilen können. Ganz offensichtlich sind dies die besten Voraussetzungen, damit Kinder ihr angeborenes Potenzial voll entfalten können. Und das betrifft nicht nur ihre Leistungen (oder das, was nach dem allgemeinen gesellschaftlichen Konsens als Leistung gilt), vielmehr ist das Ausschöpfen seiner Fähigkeiten, Talente und Begabungen maßgeblich für die innere Zufriedenheit und damit für das Lebensglück eines Menschen.

Die meisten (Hoch)Begabten aus der Oberschicht haben keine Probleme in der Schule und im späteren Leben, weil sie unter Gleichbefähigten aufwachsen, sich im Verhalten ihres sozialen Umfelds spiegeln können und Bestätigung bekommen. Ihr Wissensdurst wird anerkannt und gefördert, die Kinder erhalten positive Rückmeldungen. Dadurch können sie sich zu starken Persönlichkeiten entwickeln.

Doch natürlich kann es mitunter auch für Kinder in diesen gehobenen Kreisen Schwierigkeiten geben, sie können in Probleme hineinrutschen, beispielsweise wenn ihre individuellen Interessen und Fähigkeiten nicht berücksichtigt oder gar abwertend beurteilt werden. Wird ein Kind nicht in seinem So-Sein gesehen, gerät es dadurch unter Umständen in einen inneren Zwiespalt. Im schlimmsten Fall kann in ihm dadurch das Gefühl, nicht geliebt zu werden, aufkeimen und wachsen. Ganz natürlich bringt das Kind diese innere Ambivalenz gemäß seinen Möglichkeiten, das heißt über sein Verhalten, zum Ausdruck. Erwartet beispielsweise ein Vater von seinem Kind, dass es beruflich in seine Fußstapfen tritt, und versucht er, diesen Willen ohne Berücksichtigung der Interessen und Fähigkeiten des Kindes – am Ende gar mit ernst zu nehmenden Drohungen – durchzusetzen („Wenn du das tust, bist du nicht mehr mein Sohn!", „Wenn du nicht Jura/Medizin/Pharmazie studierst, enterbe ich dich!"), kann das durchaus dazu führen, dass ein begabtes Kind mit einer Verweigerungshaltung reagiert. Auf der anderen Seite kann es ein begabtes Kind sehr anspornen, wenn seine Begabung erkannt, seine Persönlichkeit mit all ihren Merkmalen akzeptiert und es umfassend unterstützt wird. *Gerade* für die emotional intensiven und leicht verletzbaren begabten Kinder in jeder Gesellschaftsschicht ist die Bindung an die Eltern und deren Einstellung ihnen gegenüber sozusagen das „Dach", unter dem Begabungen wachsen, aber unter ungünstigen Vorzeichen auch verkümmern können.

Martin und Jonas – zwei Extrembeispiele

Martin war ein aufgewecktes, aber sehr eigensinniges Kind. Sein Vater war als Manager einer großen Unternehmensgruppe häufig längere Zeit unterwegs und erzielte ein Monatseinkommen im fünfstelligen Bereich. Die Mutter verzichtete in den ersten Jahren nach Martins Geburt auf eine Berufstätigkeit, sie war Literaturwissenschaftlerin. Sie ging auf die Interessen ihres Sohnes ein und ließ ihn alles ausprobieren, was seine Aufmerksamkeit fand. Wenn sein Vater zu Hause war, teilte er die Begeisterung seines Kindes für das gerade aktuelle Interesse, auch wenn er überrascht war, dass es ständig wechselte. Beide Eltern hatten großen Spaß an der Vielseitigkeit ihres Kindes und ließen Martin gewähren. In der Schule fühlte Martin sich unverstanden, denn dort wurde sein Wissensdrang gebremst. Das führte zu Verhaltensauffälligkeiten, weswegen sein IQ getestet wurde. Ergebnis: Mit seinen 147 Punkten ist Martin höchstbegabt. Seine Eltern konnten ihn davon überzeugen, dass das in der Schule vermittelte Allgemeinwissen als Grundlage notwendig ist, um später seinen beruflichen Neigungen folgen und seine Existenz damit sichern zu können – unabhängig davon, worum es sich dabei handelte. Sie redeten viel mit ihm darüber, hörten ihm aktiv zu und boten ihm außerschulisch weiterhin so viel Auswahl, wie Martin einforderte. Bis zur siebten Klasse tat Martin sich schwer in der Schule, dann entdeckte er seinen Traumberuf und beschloss, Archäologe zu werden. Weil ihm klar war, dass er für ein Studium zwingend das Abitur brauchte, strengte er sich an und schloss das Gymnasium mit 1,0 ab. Nach seinem Studium fand er eine Arbeitsstelle als wissenschaftlicher Berater eines

Museums. Er verdient bei Weitem weniger als sein Vater, aber das ist ihm nicht wichtig. Er kann gut leben, seine Familie ernähren und seine Kinder fördern, so wie er es selbst in seinem Elternhaus erfahren hat. Ihm ist es wichtig, jeden Tag zu Frau und Kindern heimkommen zu können. Die Familienurlaube finden freilich häufig in der Nähe von Ausgrabungsstätten statt. Er hat nach wie vor einen sehr guten Kontakt zu seinen Eltern, die sich an ihren Enkelkindern erfreuen. Sich selbst beschreibt er heute als „sehr glücklich".

Jonas ist der Sohn eines Arztehepaars, in deren Familien dieser Beruf bereits eine lange Tradition hat. Doch er interessierte sich so gar nicht für den Beruf seiner Eltern. Stattdessen bastelte er seit seiner frühen Kindheit mit großer Begeisterung, baute detailreiche und ausgefeilte Sandburgen und begann im Alter von vier Jahren, Holz als Werkstoff für sich zu entdecken. Seine Eltern sahen dies als eine vorübergehende Marotte. Seine ältere Schwester Annika interessierte sich dagegen schon früh für Sprache, las viel und wollte zur Freude ihrer Eltern alles über den menschlichen Körper wissen. Je mehr sich die Eltern über Annikas Interesse freuten, desto mehr wunderten sie sich darüber, dass Jonas so „aus der Art" geschlagen war. Jonas zog sich immer tiefer in sich selbst zurück und verweigerte schließlich alles, was auch nur im Entferntesten mit Medizin zu tun hatte. Er ging weg, wenn seine Eltern seiner Schwester Fragen aus der Medizin beantworteten, und später auch dann, wenn sie sich miteinander kurz über ihren Beruf austauschten. Darüber hinaus wurde er aggressiv. Im Gymnasium verweigerte er das Fach Biologie komplett, war dafür in Physik ein Spitzenschüler und lag in allen anderen Fächern im oberen Mittelfeld. In der neunten Klasse eröffnete er seinen Eltern, dass er nach der zehnten Klasse von der Schule abgehen würde, um Tischler zu werden. Annika hingegen war auf dem Weg zu einem famosen Abitur, um anschließend Medizin zu studieren. Jonas' Vater war entsetzt, seine Mutter schier

fassungslos. Trotz der Drohung des Vaters, ihn auf diesem Weg nicht moralisch und schon gar nicht finanziell zu unterstützen, setzte Jonas seinen Willen durch, verließ die ungeliebte Schule und suchte sich eigenständig eine Lehrstelle. Doch zu Hause wurde es für ihn unerträglich. Nach seinem Empfinden wurde ihm ständig und dauernd seine Schwester als leuchtendes Beispiel vorgehalten. An seinem 18. Geburtstag, noch vor Beendigung seiner Ausbildung, zog er aus und hielt von da an nur noch den nötigsten Kontakt zu seinen Eltern und seiner Schwester, bis er ihn etwa zwei Jahre später komplett abbrach. Seine Tischlerlehre konnte er trotz guter Leistungen nicht abschließen. Zu tief saß seine Überzeugung, er könne nichts und aus ihm würde nichts. Menschliche Bestätigung fand er in der Drogenszene, seinen Lebensunterhalt bestritt er mit Gelegenheitsjobs und mithilfe seiner neuen Freunde. Jonas ist heute 40 Jahre alt und immer noch ohne abgeschlossene Ausbildung.

Begabung in der Unterschicht

In der „Unterschicht" begegnen wir der exakt gegenteiligen Situation wie in der Oberschicht: Begabte Menschen sind hier vergleichsweise unterrepräsentiert. Die Eltern haben selbst wenig Bildung und leben obendrein finanziell meist am Limit. In so einer Lage wird es schwer, begabte Kinder überhaupt zu erkennen, deshalb sind Erzieher und Lehrer hier in besonderem Maß gefordert! Auf den Schultern dieser Eltern lasten ganz andere Probleme, als dass sie Zeit und Kraft hätten, sich über die Begabung ihrer Kinder den Kopf zu zerbrechen. Sie müssen in erster Linie dafür sorgen, dass ihre Kinder satt werden und genug zum Anziehen haben, um durch die Jahreszeiten mit ihren wechselnden Erfordernissen zu kommen. Auch die Tradition dieser Familien wurzelt überwiegend in der Unterschicht, und dort rangiert Bildung eher auf dem letzten Platz der Liste mit den Lebensaufgaben. In vielen Familien ist Bildung auch gar kein Thema, selbst wenn man „drankommt", was in Zeiten des Internets zumindest in gewissem Umfang der Fall ist. Hier fehlt es oft an intrinsischer Motivation.

Die Menschen sind vom Alltag ausgelaugt und verspüren wenig bis keinen Drang, wie auch immer gearteten geistigen Interessen nachzugehen. Dementsprechend sehen sie auch für ihre Kinder weder eine Notwendigkeit noch einen Sinn darin. Die Alltagstheorie, wonach Lernen keinen Sinn mache, Begabung niemandem nütze und ohnehin „der Oberschicht vorbehalten" sei, ist hier weitverbreitet. Wird ein Kind aus dieser Schicht und Tradition doch einmal als besonders begabt erkannt, gibt die Familie häufig nichts darauf, sondern negiert oder ignoriert diese Feststellung. An Förderung ist nicht nur aus aufgrund der meist sehr angespannten finanziellen Situation, sondern auch aus ideologischen Gründen nicht zu denken. Möglicherweise kommen hier auch Ängste zum Tragen – etwa die, dass das Kind besser sein oder dastehen könnte als die Eltern (Neid) oder sich von der Familie entfremdet, wenn es einen höheren Bildungsgrad erreicht (Verlustangst). Dadurch werden ganz bestimmt einige Underachiever (mehr dazu auf S. 239 ff.) produziert.

In den Zeiten der Arbeitergesellschaft waren diese Situation und diese Einstellung sicher keine Seltenheit, und unter dieser Hypothek leiden heute noch viele Begabte. Nach dem Zweiten Weltkrieg veränderte sich die Struktur unserer Gesellschaft: Viele aus der einstigen Oberschicht „rutschten ab" ins Arbeitermilieu, und viele Menschen aus der früheren Unterschicht schafften den Aufstieg dorthin. Begabung spielte hierbei nur eine untergeordnete Rolle. Praktisch bewiesene Lebenstüchtigkeit war das Wichtigste, was sich auch heute noch in einigen Alltagstheorien widerspiegelt, beispielsweise in Aussagen wie dieser: „Intelligenz ist nicht wichtig. Viel wichtiger ist es, dass man im Leben zurechtkommt." Einige Jahrzehnte lang bildeten die Arbeiter die breite Masse der Mittelschicht. Nach dem Wandel von der Arbeiter- in eine Dienstleistungsgesellschaft fanden sich viele Arbeiter in der Unterschicht wieder. Und so ist es bis heute geblieben, wobei die Arbeiter allmählich immer weniger werden.

Massive Existenzängste hemmen beziehungsweise verhindern bekanntlich andere Gedanken. Es gibt nur eine Sorge: Wie kommen wir durch den Monat? Das ist für jemanden, der es nicht am eigenen Leib erlebt hat, nur schwer vorstellbar, aber leider im heutigen Deutschland keine Seltenheit mehr. Solche Schicksale hängen mittlerweile auch kaum mehr vom Bildungsgrad der Eltern dieser Menschen ab. So wird man davon ausgehen müssen, dass in dieser Gesellschaftsschicht eine ganze Reihe Underachiever zu finden sind, und dies in allererster Linie aufgrund ihrer finanziellen Situation. Ein weiterer neuer Aspekt ist die noch recht junge großflächige Pathologisierung von Kindern aufgrund ihrer Verhaltensweisen. Sie kann in bildungsfernen Familien eher greifen, nicht zuletzt deshalb, weil negative Verhaltensweisen allgemein eher in diesem Umfeld vermutet werden. Darüber, dass ja auch eine (Hoch)Begabung hinter einem auffälligen, unerwünschten Verhalten stecken könnte, wird hier selten nachgedacht. Die Eltern sind aufgrund ihrer mangelhaften (Aus-)Bildung gar nicht in der Position, den Meinungen von Fachleuten jeglicher Couleur zu widersprechen, und so werden viele ganz normal (Hoch)Begabte nicht als das erkannt, was sie eigentlich sind, sondern ungerechtfertigt „krankgeredet". Förderung und Unterstützung bleiben natürlich auch oder dann erst recht aus.

Thomas und Tina – zwei, die es geschafft haben!

Sabrina und ihr vier Jahre jüngerer Bruder Thomas lebten in den 1980er-Jahren mit ihren Eltern in einer sehr günstigen Zweizimmerwohnung. Der als Elternschlafzimmer vorgesehene Raum wurde zum gemeinsamen Kinderzimmer umfunktioniert, die Eltern nächtigten im Wohnzimmer auf der Ausziehcouch. Beide Elternteile hatten keinen Schulabschluss und keine Ausbildung. Der Vater nahm immer wieder Gelegenheitsjobs als Bauarbeiter an, ihre Mutter war Hausfrau. Sabrina bekam von ihrem Vater von klein auf eingeredet, dass sie als Mädchen ohnehin keine Ausbildung bräuchte und Thomas einen „richtigen Männerberuf" ergreifen sollte, wenn er schon eine Ausbildung machen wolle. Sabrina musste zweimal eine Klasse wiederholen und schaffte den Hauptschulabschluss nur knapp. Sie heiratete kurz danach und hatte mit 22 Jahren

bereits drei Kinder. Thomas verließ die Schule ohne Abschluss.
Dennoch bekam er in einem kleinen Elektrounternehmen die
Chance, eine Ausbildung zum Elektroinstallateur zu machen.
Diese Ausbildung bereitete ihm so viel Freude, dass er sie mit
Bravour zu Ende brachte und drei Jahre später berufsbeglei-
tend die Meisterschule besuchte. Erst als viele Jahre später –
auf Veranlassung eines aufmerksamen Lehrers – sein jüngstes
Kind getestet und dabei eine Hochbegabung festgestellt wurde,
kamen Zweifel in ihm auf. Thomas befürchtete, seiner Tochter
nicht gerecht werden zu können und mit ihrer Hochbegabung
überfordert zu sein. Nachdem er sich intensiv mit dem The-
ma beschäftigt und einige Beratungsangebote in Anspruch ge-
nommen hatte, absolvierte er schließlich selbst einen IQ-Test,
der seine eigene Hochbegabung bestätigte.

Marita, eine Frau aus einfachen Verhältnissen, hatte weder
Schulabschluss noch Ausbildung und war nach dem frühen
Tod ihres Mannes alleinerziehend. Ihre kleine Witwenren-
te reichte zum Leben nicht aus, weshalb sie sich eine Arbeit
suchte. Bei der Erziehung ihrer Tochter war sie auf die Hilfe
ihrer Eltern angewiesen. Sie hatte viele Ängste bezüglich Tinas
Zukunft, aber sie verbrachte so viel Zeit mit dem Kind, wie
sie irgendwie erübrigen konnte, und war neugierig, wie sich
das Mädchen entwickeln würde. Trotz der schweren Zeit lief
alles gut. Tina war ein fröhliches, aufgewecktes und folgsames
Kind, das nie Schwierigkeiten machte. Als Tinas Klassenleh-
rer in ihrem vierten Schuljahr eine Empfehlung für das Gym-
nasium aussprach, suchte Marita das Gespräch mit ihm. Sie
erzählte ihm schweren Herzens, aber offen und ehrlich, dass
sie sich nicht zutraue, ihre Tochter auf diesem Weg zu beglei-
ten, weil sie selbst doch dumm sei und nichts gelernt, ja nicht
einmal einen Schulabschluss habe, und fragte, ob sie Tina
nicht auch in die Hauptschule geben könne. Doch der Lehrer
überzeugte sie, dass ihre Tochter unbedingt das Gymnasium
besuchen müsse, weil sie sehr klug sei und nur dort adäquat

gefördert werden könne. Andernfalls würden ihre Talente am Ende noch verkümmern. Das wollte Marita auf keinen Fall, sie hatte sich geschworen, alles für ihr Kind zu tun, was in ihrer Macht stand. So stimmte sie – voller Selbstzweifel und Ängste – dem Übergang ihrer Tochter aufs Gymnasium zu. Tina blieb auch dort eine gute Schülerin und blühte sogar immer weiter auf. Sie erledigte ihre Hausaufgaben stets sehr akkurat und selbstständig, sie benötigte keine Hilfe von ihrer Mutter, denn der Lernstoff bereitete ihr keine Schwierigkeiten. Marita war sehr stolz auf ihre Tochter. Sie bestätigte ihr immer wieder, wie großartig sie sei, und die emotionale Verbindung von Mutter und Tochter wurde immer enger. Trotz ihrer großen Verlustängste ermöglichte Marita ihrem Kind immer eine altersgerechte Entwicklung und ließ Tina Stück für Stück los. Vertrauen stand über allem anderen. Tina bestand ihr Abitur mit guten Noten und nahm ein Studium an einer nahe gelegenen Universität auf. Sie war die Erste in ihrer Familie, die das Abitur gemacht hatte und studierte, und darauf war auch sie ein wenig stolz. Als eine andere Fakultät Studenten als Probanden für eine Studie suchte, bewarb sie sich und wurde in das Projekt aufgenommen. In diesem Zug wurde auch ein Intelligenztest mit ihr durchgeführt, der Tina eine sehr hohe Begabung bescheinigte. Obwohl sie sehr überrascht war, blieb sie gelassen: „Ich habe so viel mehr erreicht als alle in meiner Familie. Ich bin glücklich mit mir und meinem Leben", sagt sie, „und ich liebe meine Familie. Sie alle, vor allem meine Mutter, haben so viel für mich getan, auf so viel verzichtet. Dafür bin ich sehr dankbar."

Begabung in der Mittelschicht

Hier begegnet man Einstellungen und Alltagstheorien sowohl aus der Ober- als auch aus der Unterschicht. Die für die Unterschicht charakteristischen massiven Existenzängste sind hier allerdings nicht oder nur sehr selten vorhanden. Bildung ist durchaus ein Thema, für die Eltern selbst wie auch für ihre Kinder. Deshalb sind in dieser Gesellschaftsschicht für eine Identifizierung und Förderung (hoch)begabter Kinder die Einstellung der Eltern und die der Erzieher und Lehrer gleichermaßen wichtig. Wenn Eltern mit der Vermutung, ihre Kinder könnten eine höhere Begabung haben, auf Erzieher oder Lehrer mit einer ablehnenden Haltung treffen, ist dadurch häufig schon ein langer und schwerer Weg für Eltern und Kind vorgezeichnet. Es ist ein kräftezehrender Kampf, wenn man innerhalb einer solchen Konstellation das Beste für sein Kind erreichen will, oftmals wäre ein Schulwechsel der letzte Ausweg, der sich jedoch manchmal aufgrund von Gesetzen und Einzugsbereichen nicht beschreiten lässt. Wohl nur wenige Eltern denken aufgrund einer untragbaren Schulsituation ihres Kindes über einen Umzug der ganzen Familie in einen anderen Stadtteil nach, aber einige haben das sogar in die Tat umgesetzt. So eine mutige, aber auch radikale Aktion bringt jedoch unter Umständen große Schwierigkeiten mit sich, vor allem für eventuell vorhandene Geschwisterkinder. Und vielen Eltern ist aus beruflichen oder finanziellen Gründen ein Umzug auch gar nicht möglich.

Im umgekehrten Fall, wenn Erzieher oder Lehrer ein Kind als „besonders begabt" ausmachen, gestaltet sich dessen Zukunft erheblich einfacher. Eltern nehmen die Einschätzungen von Autoritäten grundsätzlich sehr ernst und lassen sich insbesondere von Lehrern gern leiten, was sich für ihr Kind in der Regel sehr positiv auswirken dürfte. Dennoch gibt es auch in dieser Gesellschaftsschicht Eltern, die nichts von der Hochbegabung ihres Kindes oder ihrer Kinder wissen wollen.

Hier wird vor allem der weithin defizitäre Blick der Eltern auf ihre Kinder deutlich, das heißt, ihr Fokus liegt auf den Schwächen der Kinder. Solange sie Schwächen aufweisen, „müssen" diese behoben werden, *bevor* die Stärken überhaupt beachtet und (dann auch nur manchmal) gefördert werden.

Dieser Blick ist verbunden mit der großen Angst, nur ja nichts falsch, sondern ja alles richtig zu machen. Aus dieser Kombination von Unsicherheitsfaktoren heraus lassen sich viele Eltern von den zwar umfassenden, aber auch nur mehr oder weniger richtigen Informationen, die heute im Internet jedermann frei zugänglich sind, beeinflussen und auch irritieren. In der Folge konsultieren sie dann aufgrund des Verhaltens ihrer Kinder Psychologen und alle möglichen anderen Therapeuten, um zu erfahren, was denn mit ihrem Kind nicht stimmen könnte. Das führt dazu, dass etliche Kinder bereits vor ihrem Schuleintritt eine ganze Reihe von Diagnosen gestellt bekommen haben. Auf eine Hochbegabung tippt dabei allerdings selten jemand. Ist dieses Phänomen dann doch einem der Therapeuten bekannt oder weisen ihn die Eltern gar ausdrücklich auf einen bereits vorliegenden IQ-Test hin, wird gern mit der Behauptung gekontert, dass auch Begabte nicht vor psychischen Störungen oder Krankheiten gefeit seien. Natürlich ist das korrekt, doch darf diese Tatsache nicht als „Freifahrtschein" zur Stellung voreiliger Diagnosen und für die fehlende oder mangelnde Berücksichtigung der hohen Begabung eines Kindes missbraucht werden. Hier empfehle ich allen Eltern, auf die Fähigkeiten ihrer Kinder zu vertrauen und ihren besonderen Eigenheiten mit Liebe, Anteilnahme, Offenheit und Gelassenheit zu begegnen. Behalten Sie dabei immer im Kopf, dass die Lebensumstände wie auch äußere Einflüsse das Verhalten eines jeden Menschen – teilweise sogar massiv – verändern können und dass Kinder solche Dinge ganz anders wahrnehmen als Erwachsene und entsprechend darauf reagieren. So kann eine Unterforderung in Kindergarten und/oder Schule, aber auch zu Hause das Verhalten der Kinder in vielen Fällen wesentlich beeinflussen. Auch Passungsprobleme („Aber du musst doch mit Gleichaltrigen spielen!") oder Störungen im Bereich der sozialen Bindungen, etwa durch Krankheit oder den Tod von Bezugspersonen oder geliebten Haustieren, die Scheidung der Eltern, Umzüge oder sogar ein größerer Wohnungsumbau können bei einem Kind Verhaltensänderungen provozieren. Daher ist es essenziell, dass Sie als Eltern den Dingen auf den Grund gehen und die *Ursache für die Verhaltensänderungen Ihres Kindes herausfinden*. Grundsätzlich ist es sehr wichtig, dass Eltern von der (Hoch)Begabung ihres Kindes/ihrer Kinder wissen und sich umfassend darüber informieren. Doch auch Erzieher und Lehrer sind hier gefordert, Kind und Eltern zu unterstützen, um gemeinsam mit den Eltern eine geeignete dem

Kind entsprechende Lösung zu finden. Vorschnelle Vermutungen oder gar Diagnosen in Richtung möglicherweise vorliegender Krankheiten oder psychischer Störungen sind hier absolut kontraproduktiv: Sie verunsichern und verängstigen Eltern und Kinder nur und setzen sie unnötig unter Druck. Im Namen der (hoch)begabten Kinder wünsche ich mir sehr, dass endlich die Vermittlung umfangreichen, fundierten Wissens zum Thema „(Hoch)Begabung" als fester Bestandteil in die Studiengänge und Ausbildungen der entsprechenden Fachleute aufgenommen würde – doch davon sind wir leider noch weit entfernt.

Was starke Eltern für ihre Kinder und sich selbst bewirken können

Nach ihrer Scheidung war Janina eine Zeit lang orientierungslos. Sie war gelernte Bürokauffrau und träumte von einem Kunststudium. Doch sie hatte ja „nur" die mittlere Reife und ihren Berufsabschluss. Sie müsste ihr Abitur nachholen, aber das traute sich Janina nicht zu. Und Kunst sah sie auch als „brotlos" an, vor allem, weil sie die 30 längst überschritten hatte und nicht sicher sein konnte, ob sie überhaupt in der Lage sein würde, mit einem Kunst-Beruf ihre beiden Kinder zu ernähren. Doch da war eine Sehnsucht in ihr, die immer wieder aufkam. Sie überlegte hin und her, schalt sich selbst „unrealistisch" und „kindisch". Dennoch recherchierte sie im Internet, in der Hoffnung auf eine Information, die ein Wunder bewirken könnte. Dabei stieß sie auf das Stichwort „Hochbegabung". Sofort war sie fasziniert von dem Thema und las eine ganze Nacht lang alles, was sie darüber im Internet finden konnte. Es dauerte etwa ein Jahr, währenddessen sie wieder als Bürokauffrau arbeitete, bis Janina den Mut fasste, einen IQ-Test zu machen. Ihre hohe Begabung wurde mit einem Gesamt-IQ von 134 bestätigt. Im anschließenden Gespräch empfahl die Psychologin ihr, ihre Kinder ebenfalls testen zu lassen. „In diesem Moment fiel es mir wie Schuppen von den Augen!", erzählte mir Janina. Bei ihrer Tochter, mittlerweile im dritten Schuljahr, und ihrem Sohn, jetzt im ersten Schuljahr, wurde vom Lehrpersonal jeweils ADS und ADHS vermutet. Man hatte ihr dringend angeraten, die Kinder auf diese Störung testen und ihnen schnellstmöglich Ritalin verschreiben zu lassen, was Janina sehr verunsichert und auch beängstigt hatte. Sie folgte dem Rat der Psychologin und ließ beide Kinder einen IQ-Test machen, und alle beide gingen als „hochbegabt" daraus hervor. Selbstsicher geworden, legte Janina die Testergebnisse und die Gutachten der Psychologin in der Schule vor. Das von ihr vorgebrachte Argument, AD(H)S könne ja dennoch vorliegen, ließ sie nicht gelten und vereinbarte mit den Lehrern, dass ihre Kinder zuallererst ihrer Begabungen entsprechende Förderung erhielten. Sollte das nichts bringen, würde sie sich gegen eine Testung auf AD(H)S auch nicht mehr sperren. Das erschien allen Beteiligten als gangbarer Weg, und sie arbeiteten gemeinsam einen Förderplan für die Kinder aus. Mit Unterstützung der Psychologin ging Janina jetzt auch zu Hause anders mit ihren Kindern um, und zusätzlich brachte sie die beiden alle zwei Wochen für zwei Stunden in einem Kurs für hochbegabte Kinder mit gleichbefähigten Kindern zusammen. Nach einem halben Jahr waren bei Janinas Kindern keinerlei AD(H)S-Symptome mehr feststellbar. Durch das Engagement für ihre Kinder hat Janina ihre Leidenschaft für das Thema Hochbegabung entdeckt. Sie hadert jetzt nicht mehr mit ihrem Beruf, sondern übt ihn gern aus, um sich in ihrer Freizeit ehrenamtlich um begabte Kinder und ihre Eltern kümmern zu können. Sie strahlt und sagt: „Das gibt meinem Leben den Sinn, den ich immer gesucht habe."

„Mein Sohn Alexander ist jetzt zehn Jahre alt. Mit dem Tag, an dem er in den Kindergarten kam, wurde er auffallend anders. Er war schnell überreizt und zog sich dann zurück, was dort nicht verstanden wurde. Er war auch schneller traurig, zum Beispiel wenn dort eine traurige Geschichte vorgelesen wurde. Und er wurde schnell wütend, wenn andere Kinder ihn deswegen hänselten, und brauchte immer lange, bis er sich wieder beruhigen konnte. Nach einem Jahr sagte uns die Erzieherin, dass mit Alexander etwas nicht in Ordnung wäre, und riet, ja drängte uns geradezu, ihn einem Kinderpsychologen vorzustellen. Von da an begann unsere lange Odyssee. Mein Sohn hatte mit acht Jahren fünf oder sechs Diagnosen. Ich wusste gar nicht mehr, welche Therapie wir jetzt zuerst machen sollten. Im letzten Jahr kamen wir dann an einen Psychologen, der vermutete, mein Sohn könnte hochbegabt sein. Nach dem Test teilte er uns mit, unser Alexander sei hochbegabt, und wünschte uns alles Gute. Er gab uns keine Erklärung, es fand kein Gespräch statt, nichts. Ich suchte Kontakt zu anderen Eltern begabter Kinder und wurde erst von ihnen auf die bei diesen Kindern völlig natürliche Hochsensibilität hingewiesen. Keiner von all den Psychologen hatte uns die ganzen Jahre helfen können! Seitdem gehen wir ganz anders mit unserem Sohn um, und er hat sich schon sehr verändert, ist irgendwie „vernünftiger". Seit ich viel über Hochsensibilität und Hochbegabung lese, verstehe ich ihn auch viel besser. Die Gesellschaft ist krank, nicht mein Kind. Ich habe sämtliche Kontakte zu Leuten, die immer alles besser wussten, abgebrochen. Uns geht es damit sehr viel besser."

Eine besondere Gruppe, die im europäischen Raum zunehmend an Bedeutung gewinnt, bilden *begabte Menschen (Kinder) mit Migrationshintergrund.* Hierzu gibt es einige wichtige Faktoren, die jedoch noch nicht genug Beachtung finden. Ich könnte hier zahlreiche Berichte, Erfahrungsgeschichten und Gedanken zu diesem Thema bringen, doch das wäre dann ein eigenes Buch, deshalb möchte ich hier nur einige wichtige Faktoren kurz skizzieren, um Ihnen ein paar Anregungen für weitergehende Gedanken zu geben.

Für keinen Menschen ist es leicht, aus einer Notsituation heraus (wie immer sie begründet sein mag) seine Heimat, seine Familie und Freunde und seine gewohnte Umgebung zu verlassen und sich irgendwo in der Fremde ein neues Leben aufzubauen. Zusätzlich erschwert wird dies, wenn sich die Betreffenden dabei auch noch auf eine völlig fremde Kultur mit dem ihr eigenen religiösen Hintergrund einstellen müssen. Die Kultur, in die ein Mensch hineingeboren wird und in der er aufwächst, ist ein wesentlicher Bestandteil seiner Identität und deshalb nur außerordentlich schwer, meistens gar nicht abzulegen. (Wobei sich die Frage stellt, ob das überhaupt sein muss und ob wir nicht alle lieber auf ein *friedliches Miteinander, eine „friedliche Koexistenz aller Kulturen"* hinarbeiten sollten.) Versuchen Sie sich einmal vorzustellen, *Sie* würden morgen nach Istanbul oder Kathmandu „verpflanzt". Sie mussten Ihr Haus aufgeben, Ihren Beruf, Ihre Familie, sofern davon überhaupt noch jemand lebt. Sie beherrschen die Landessprache nicht, die Kultur ist Ihnen ebenfalls fremd, und das gilt natürlich auch für die gesellschaftlichen Gepflogenheiten, Sitten und Gebräuche. Sie müssen Ihre Kinder dem dortigen Schulsystem überantworten, das ihnen fremd ist. Sie kennen weder die Lehrpläne noch die Werte, die (auch) darüber vermittelt werden. Und: Sie haben so gut wie kein Geld, es reicht kaum zum Überleben. Sie müssen Behördengänge machen, um überhaupt an etwas Geld zu kommen, und sind dabei auf Übersetzer angewiesen, die Sie ebenfalls nicht kennen und denen Sie – mindestens am Anfang – auch nicht wirklich vertrauen. Sie wissen nicht, ob Sie bleiben dürfen, und wenn ja, wie lange. Wie fühlen Sie sich bei diesen Gedanken?

Vor allem wir in Deutschland haben große Probleme, andere Kulturen zu akzeptieren, sie gelten zu lassen und mit ihnen zu leben, was sicher auch zu einem großen Teil in unserer Geschichte begründet liegt. Zwar empfindet nahezu jeder die Märchen aus „Tausendundeine Nacht" und andere Geschichten aus dem Nahen und Fernen Osten als spannend, faszinierend und anziehend. Kommt uns die jeweilige Kultur jedoch im realen Leben und in unserem Kulturkreis zu nahe, dann weichen wir ihr lieber aus, denn es überwiegt unsere Angst vor dem Unbekannten. Aufgrund dieser Angst ist uns das Unbekannte also weiterhin unbekannt und das Ungewohnte weiterhin ungewohnt. Dadurch konnten sich nicht nur in der breiten Öffentlichkeit, sondern auch in den Köpfen von Erziehern und Lehrern allerhand Vorurteile einnisten und breitmachen, die verhindern, dass Begabungen bei Kindern mit Migrationshintergrund überhaupt entdeckt werden. „Soziale Filter" nennt man das auch. An erster Stelle stehen dabei das häufig „fremdländische" Aussehen und die Sprachbarrieren. Denn in unseren Augen ist mangelndes Ausdrucksvermögen in der Landessprache, das heißt in diesem Fall in unserer Sprache, nachgewiesenermaßen immer noch ein Indiz für geringere Intelligenz. Die Unkenntnis der uns fremden (Aus-)Bildungssysteme und unser Vorurteil, demzufolge sie qualitativ schlechter sind als unseres, spielen ebenso eine Rolle wie die Tatsache, dass die Migranten in weit überwiegender Zahl der Unterschicht entstammen. Das bedeutet: Die meisten der Kinder und Jugendlichen mit Migrationshintergrund stellen auch geringere Erwartungen an sich selbst und legen in der Schule eine geringere Bereitschaft, sich (ernsthaft) anzustrengen, an den Tag. Dabei gibt es auch eine institutionelle Diskriminierung seitens der Schulen, die nicht nur, aber durchaus auch Migranten trifft. So bekommen beispielsweise Viertklässler aus der Oberschicht bei gleicher Leistung und gleichen Fähigkeiten (!) drei Mal häufiger eine Empfehlung fürs Gymnasium als Schüler aus der Unterschicht. In Begabungsförderungsprogrammen finden sich gerade einmal 4 bis 9 Prozent jugendliche Migranten.[30] Probleme, Begabungen von Kindern zu erkennen und zu fördern, bestehen aber auch innerhalb der Zuwandererfamilien selbst. Denn in vielen Kulturen fehlt das Bewusstsein für Begabungen (darunter haben – ebenfalls kulturell bedingt – hauptsächlich die Mädchen zu leiden). Zum einen unterschätzen Eltern ganz schlicht die Fähigkeiten ihrer Kinder. Viele Eltern befürchten auch eine Entfremdung ihrer Kinder von der Familie und der Ursprungskultur, wenn sich diese „zu sehr" auf das deutsche beziehungsweise fremde Schulsystem einlassen. Vermutlich plagt sie auch die Angst, dadurch möglicherweise mindestens einen Teil ihrer elterlichen Kontrolle zu verlieren, weil sie ja auch nicht unbedingt wissen, welche Werte ihren Kindern dort vermittelt werden. Bestimmt wollen viele Migranteneltern auch jedes Aufsehen um ihre Familie vermeiden, sie möchten unter keinen Umständen in den Fokus des Interesses gelangen, auch nicht durch ein begabtes Kind. Hier braucht es sicher noch viel Aufklärungsarbeit auf beiden Seiten und Maßnahmen, die ebenfalls auf beiden Seiten vertrauensbildend wirken.

Meine Kinder sollen es einmal „besser haben"

Dies ist grundsätzlich ein völlig normaler, legitimer und einfach nachvollziehbarer Wunsch wohl nahezu aller Eltern. Ob sich „besser" nun in erster Linie auf den finanziellen, den sozialen oder emotionalen Teil des Lebens bezieht, hängt sicher von den jeweiligen Elternpersönlichkeiten ab, doch dieser Aspekt sei hier erst einmal hintangestellt. Im Hinblick auf die Auswahl der geeigneten Mittel zum Erreichen dieses Ziels gibt es ebenfalls individuell sehr unterschiedliche Auffassungen, die sich meiner Ansicht nach in zwei große Kategorien einteilen lassen – in Abhängigkeit von der Perspektive, aus der Eltern dieses „Besser-Haben" betrachten. Machen sie es an materiellen beziehungsweise äußerlichen Dingen fest (Geld, Prestige, soziale Stellung, Macht) oder haben sie dabei immer ihr Kind, seine Interessen, Fähigkeiten, Träume und Wünsche im Blick? Nach Meinung vieler Eltern vermag ein Kind noch gar nicht für sich selbst zu entscheiden, andere glauben, ihr Kind werde „seinen Weg schon machen". Einen für alle richtigen „goldenen Mittelweg" kann es hier nicht geben, denn jedes Kind ist ein Individuum, und dasselbe gilt auch für seine beiden Elternteile. Alle Kinder brauchen Geborgenheit und Eigenständigkeit, Grenzen und Freiheit, Nähe und Distanz und manchmal auch alles auf einmal, und es ist für Eltern nicht immer leicht zu entscheiden, was im aktuellen Moment gerade das Wichtigste und Beste ist.

In unserer Informationsgesellschaft sind viele Eltern sehr gut über unterschiedliche pädagogische Konzepte informiert. Sie wissen, was ihren Kindern auf jeden Fall schaden wird und was ihnen ganz bestimmt guttut. Zwischen diesen beiden „Eckpfeilern" verläuft eine breite Grauzone, die je nach den elterlichen Vorstellungen – ihren Erziehungsgrundsätzen – unterschiedlich gefüllt wird. Für die Bedürfnisse begabter Kinder existiert jedoch überhaupt kein Konzept. Das liegt unter anderem daran, dass in weiten Kreisen das Vorurteil regiert, begabte Kinder seien anderen ausschließlich kognitiv voraus und unterschieden sich sonst nicht von den normalbegabten. Das Fortbestehen dieser Falschmeinung hat zur Folge, dass Eltern hochbegabter Kinder mit ihren Sorgen oftmals nicht ernst genommen werden. In den Medien trifft man auf Artikel mit Titeln wie beispielsweise *Mein Kind ist ja so hochbegabt!*[31] Der Verfasser dieses Beitrags, dessen Tendenz insgesamt sehr negativ ist, versteigt sich darin zu der Behauptung, schlechtes Benehmen von Kindern würde heute in den meisten Fällen mit einer Hochbegabung entschuldigt. Seiner Behauptung nach machen Experten und Psychologen immer wieder die Erfahrung, dass rund 50 Prozent aller Eltern verhaltensauffälliger Kinder diese „einfach nur für kleine Genies" halten, während tatsächlich jedoch nur 10 bis 15 Prozent der wirklich hochbegabten Kinder Verhaltensauffälligkeiten an den Tag legten. Die Nennung der Quellen für diese Behauptungen oder ihrer „Argumentationsstützen" bleibt der Verfasser des Artikels uns schuldig, das Ganze klingt allerdings sehr nach der Marburger Hochbegabtenstudie und ihren Ergebnissen (mehr dazu weiter unten).

Ein Artikel in einer Lehrerzeitschrift, er trägt die interessante Überschrift *Immer mehr Eltern halten ihr Kind für hochbegabt – und machen Druck auf die Schule,*[32] zitiert Aussagen des bekannten Begabungsforschers Prof. Dr. Detlef Rost aus der Tageszeitung *Die Welt,* worin er behauptet, mittlerweile sei ein hochbegabtes Kind für viele Eltern eine Prestigefrage und manche Eltern sonnten sich in der Intelligenz ihres Kindes. Verhaltensprobleme seien kein Indikator für Hochbegabung. In einem Artikel der *Süddeutschen,* der unter dem Titel *Manche Eltern führen ihr Kind wie ein Zirkuspferd vor*[33] ein Interview mit Herrn Prof. Rost bringt, sagt dieser: „Die Diagnose sollte kein Selbstzweck sein. Wenn ein Kind zufrieden mit sich und der Welt ist, Freunde hat und es in der Schule und zu Hause keine Probleme gibt, besteht kein Handlungsbedarf." Und weiter: „Wenn Kinder auffällig sind, wenn sie keine Freunde haben, verfällt man gerne schnell auf den Verdacht

Hochbegabung. […] Hochbegabte sind in der Regel gut sozialisiert, das zeigt uns die Forschung. Und Hochbegabung ist grundsätzlich auch kein Risikofaktor. Ab einem IQ von 130 fällt man
in diese Kategorie, das sind etwa 2 Prozent der Schüler. Und von
denen zeigen sich nur bei einem Bruchteil Probleme. […]. Normalerweise halte ich die Regelschule mit einem engagierten Lehrer
für den Königsweg. Eine heterogene Schülerschaft zwingt geradezu den Lehrer, die Kinder individuell ernst zu nehmen und zu
fördern. Von einer Separierung halte ich nicht viel, denn Schulen
sozialisieren Kinder, man lernt den Umgang miteinander.“

In der *FAZ* findet sich unter der Überschrift *Unser Sohn wird
mal hochbegabt*[34] ein in seinem Tenor gegenüber Hochbegabten
eher abfälliger Artikel, in dem unter anderen folgende Aussagen
von Herrn Prof. Rost veröffentlicht sind: „Mehr als 60 Prozent der
Kinder, die [mir] vorgestellt werden, sind gar nicht hochbegabt“
und „Rost hat festgestellt, dass die Ausrufung zum Hochbegabten
schon kleine Kinder quält. Er spricht von ‚Leidensgeschichten‘, die
auf ‚falsch-positive‘ Diagnosen durch Eltern und Lehrer folgen.“

Herr Prof. Rost ist ein hochrangiger, sehr bekannter Begabungsforscher in Deutschland, der sich fraglos große Verdienste auf
diesem Gebiet erworben hat. Seine Worte haben Gewicht, finden
überall Gehör, werden in der Regel nicht angezweifelt. Er ist sozusagen ein „Meinungsmacher“. Prof. Rost hat Ende der 1980er-(!)-
Jahre eine Langzeitstudie initiiert (die „Marburger Hochbegabtenstudie“), auf die er all seine Aussagen stützt, die auch immer
und immer wieder zitiert werden. Dass dabei offenbar manchmal
seine persönliche Meinung mit den tatsächlichen Untersuchungs-
ergebnissen im „selben Topf“ landet, scheint niemanden zu stören.
Genauso wenig Beachtung findet der Umstand, dass sich unsere
Lebensbedingungen mittlerweile völlig verändert haben und das
Schulsystem durch die berühmten PISA-Studien stark beeinflusst
wurde. Dabei existieren zig Untersuchungen von Forschern welt-
weit, die etwas völlig anderes aussagen. Und es gibt Tausende von
Erfahrungsberichten, die diesen Ergebnissen inhaltlich entgegen-
stehen. All das wird geflissentlich ignoriert, und daher erscheinen
immer wieder solche, der Sache der (hoch)begabten Kinder und

ihrer Eltern keineswegs dienliche Artikel. Wobei mir durchaus bewusst ist, dass sich mit derartigen plakativen Thesen natürlich mehr Aufsehen erregen (und Auflage machen) lässt als mit präzise recherchierten und von Verständnis für das Thema „Hochbegabung" und die davon „Betroffenen" zeugenden Darstellungen. Hierbei müsste man allerdings leisere Töne anschlagen, und die sind bekanntlich weit weniger öffentlichkeitswirksam. Das wirklich Schlimme daran: Die Artikel mit ihren marktschreierisch vorgebrachten, oft zweifelhaften Thesen verhindern echtes Verständnis, verhärten nur die Fronten und eröffnen „Nebenschauplätze". Durch solche Veröffentlichungen wird die Diskussion in eine falsche, äußerst ungute Richtung gelenkt, und zwar weg vom eigentlichen Problem: dem fehlenden Verständnis, der fehlenden Akzeptanz und den fehlenden Förderprogrammen für (hoch)begabte Kinder. Stellt sich wieder einmal die Frage: *Cui bono?* Wem nützt's? Die Antwort ist nicht weiter schwierig: Wenn ein Problem nicht existiert, muss „man" sich auch nicht über Lösungsmöglichkeiten den Kopf zerbrechen, etwaige strukturelle Veränderungen am Schulsystem ins Auge fassen und vielleicht gar noch Geld dafür aufwenden!

Sicher wird es Eltern geben, die – aus welchen Gründen auch immer – eine „Selbstaufwertung" nötig haben (oder dies zumindest selber glauben). Die „Zeche" für den falschen Ehrgeiz dieser Eltern bezahlen natürlich ihre Kinder. Wenn ein Kind Verhaltensauffälligkeiten zeigt, ist das ein Signal dafür, dass etwas in ihm, mit ihm und/oder seiner Umgebung nicht stimmt. Das heißt im Klartext: Das Kind kommt nicht zurecht, ist unglücklich und braucht dringend Liebe, Verständnis und Unterstützung. Ganz gleich, ob (hoch)begabt oder nicht!

Für Herrn Prof. Rost ist übrigens der Schwellenwert von 130 IQ-Punkten sakrosankt. Dazu zwei Fragen: Wie viel der von ihm oben genannten „60 Prozent nicht hochbegabte Kinder" mögen noch übrig bleiben, wenn die überdurchschnittlich begabten Kinder mit einem IQ ab 115 in der Zählung mitberücksichtigt werden?

Und weiß Herr Prof. Rost auch von dem vielen Leid für Kinder und Eltern, das aus *falsch-negativen* Testergebnissen herrührt?

Ein Lichtblick: Mittlerweile werden die Stimmen aus den anderen Lagern auch immer lauter.[35] Selbst wenn es sich hier nicht um Forschungsberichte im wissenschaftlichen Sinn handelt, sondern um Populärliteratur, so sind sie doch alle höchst aktuell und stammen von psychologischen Psychotherapeuten und anderen Menschen, die seit Jahrzehnten in der Begabungsdiagnostik und -förderung tätig sind. Diese Veröffentlichungen können von der deutschen Wissenschaft nicht auf Dauer ignoriert werden und sollten Anlass zu weiteren Forschungsarbeiten geben.

Auf der anderen Seite glauben viele Menschen immer noch, Intelligenz ließe sich „lernen" und beliebig steigern, würde man nur genug „üben". Unzählige Angebote von sogenannten Gehirntrainings zeugen davon. Auch hier werden an einigen Stellen einzelne wissenschaftliche Untersuchungsergebnisse als zugkräftige Headlines verwendet und verallgemeinert. So erscheint beispielsweise die Behauptung, dass der IQ bis zu einem gewissen Alter nicht stabil sei und Kinder bis eben dahin alle Möglichkeiten hätten, ihre Intelligenz zu steigern. Dabei variieren die Altersangaben von etwa zwölf bis 16 Jahren, vereinzelt sogar bis 20, je nach Zielgruppe des Mediums. Dabei suggerieren solche Artikel, dass ein normalbegabtes Kind mit viel Training und dem entsprechenden Drill zu einem hochbegabten werden könnte. Das ist natürlich haarsträubender Blödsinn und unendlich gefährlich für alle normalbegabten Kinder, deren Eltern dieser gefährlichen Falschmeinung aufsitzen und ihre Kinder dann entsprechend unter Druck setzen. Tatsächlich lässt sich der IQ-Wert eines Menschen durch Übung nur geringfügig (um einige wenige Punkte) steigern. Doch stützen sich manche Eltern auf derartige Aussagen und treiben ihre Kinder (oft in erschreckendem Ausmaß) an, verursachen dadurch großes Leid und leiden vielleicht auch selbst, weil die Kinder ihre Erwartungen nicht erfüllen können. Aber so verhalten sich Eltern wirklich (hoch)begabter Kinder nicht.

„Eislauf-Eltern"

Dieser Begriff entstand in den 1960er-Jahren. Basis war die traurige Tatsache, dass viele Kinder nach den großen Erfolgen des Eiskunstlaufpaares Marika Kilius/Hans-Jürgen Bäumler ohne Rücksicht auf ihre Fähigkeiten und Interessen in Eiskunstlaufschulen angemeldet und mit teilweise knochenharten Trainingsmethoden zu Eisprinzen und -prinzessinnen gedrillt wurden. Später ließ sich dieser falsche und kinderfeindliche Ehrgeiz auch bei anderen Sportarten, etwa beim Tennis, beobachten. Das Englische hat für dieses Phänomen den Begriff *stage mother* („Bühnenmutter"), der jene Mütter beschreibt, die ihre Kinder unbedingt als große Schauspieler auf den Bühnen der Welt sehen wollen. Das sind hauptsächlich Eltern, die über ihre Kinder – sozusagen stellvertretend – ihre eigenen unerfüllten Träume verwirklichen wollen. Wirkliche Talente fanden sich nur wenige unter diesen Kindern. Auch bei vielen Eltern, die ihre Kinder zum Lernen und Üben antreiben, sei es für die Schule oder auf einem Instrument, steckt insgeheim eine solche Haltung dahinter. Hier stehen nicht die Kinder, sondern die unerfüllten Wünsche der Eltern und ihr Ehrgeiz im Vordergrund.

„Helikopter-Eltern"

Diese Bezeichnung wurde Ende der 1960er-Jahre von dem israelischen Psychologen Haim G. Ginott aufgebracht, der Begriff ist in der Psychologie und Pädagogik mittlerweile gut eingeführt. Er steht für Eltern, die ihre Kinder (extrem) überbehüten, die wie Hubschrauber ständig über ihren Kindern kreisen, um sie zu behüten, zu beschützen und nicht zuletzt auch zu überwachen. Sie übertragen damit ihre eigenen Ängste, unerfüllten Lebensträume und Bedürfnisse auf ihre Kinder und nehmen ihnen dadurch sowohl äußere als auch innere Freiräume.

Eine andere Form der Überbehütung ist das Verwöhnen. „Verwöhneltern" erfüllen ihren Kindern nach Möglichkeit alle Wünsche, auch die unbescheidensten, und räumen ihnen selbst das winzigste Problem aus dem Weg.

Gelegentlich erscheint auch der Begriff „Curling-Eltern", der auf den dänischen Psychologen Bent Hougaard zurückgeht und auf Eltern gemünzt ist, die ihren Kindern – wie beim Eisstockschießen – jedes Hindernis aus dem Weg „boxen". Dadurch halten sie ihre Kinder klein, weil sie ihnen nicht beibringen, Widerstände aus eigener Kraft zu überwinden und Probleme in Eigenregie zu lösen. Die vordergründigen Ziele dieser Überbehütung (*overprotection* oder *overparenting*) sind unterschiedlich, und natürlich gibt es auch hier jede Menge Varianten. Es scheinen zwei Grundrichtungen zu existieren, auf die ich im Folgenden etwas näher eingehen möchte.

Mein Kind soll so lange wie möglich Kind sein dürfen!

Eltern mit diesem Wahlspruch räumen ihren Kindern alles aus dem Weg und nehmen ihnen alles ab, was sie – hier in erster Linie die Mütter – für nicht kindgerecht halten oder als gefährlich einstufen. Sie lassen ihre Sprösslinge nicht aus den Augen und schleppen alles für sie herbei und ihnen hinterher. Zeigt ein Kleinkind auf irgendeinen Gegenstand, bekommt es ihn sofort ins Händchen gedrückt. Es braucht sich in keiner Weise anzustrengen, es braucht sich nicht einmal entsprechend zu artikulieren, um zu bekommen, was es möchte. Die Mütter suchen den „Zwergen" die Kleidung aus, ziehen sie ihnen an, waschen/baden sie und schneiden ihnen ihr Essen in mundgerechte Häppchen. Sie sind bei allen Aktivitäten dabei. Die Kinder dürfen nicht allein auf den Spielplatz gehen, weil ihnen unterwegs oder auch dort etwas zustoßen könnte. Sie werden in den Kindergarten oder zur Schule gefahren, weil man ihnen den weiten Weg (ein bis drei Kilometer) nicht zumuten will. Und noch als Schulkinder werden sie – nicht selten unter den spöttischen Blicken und Bemerkungen ihrer Schulkameraden – von ihren Müttern bis in die Klassenräume gebracht, damit sie auch ja (heil) dort ankommen, wo sie hinsollen. Hat ein Kind einmal seinen Turnbeutel oder sein Pausenbrot daheim liegen lassen – was bei solchen Müttern allerdings so gut wie nie vorkommt –, dann nehmen diese sogar lange Wege in Kauf und tragen ihren Kindern die vergessenen Dinge hinterher. Das sind auch die Eltern, die den Lehrern klarmachen wollen, was ihr Kind braucht, und vor allem, was ihm zu viel ist. Ob es sich um die Dauer der Pausenzeiten handelt, um den Umgang mit sogenannten Strafarbeiten oder den richtigen Sportunterricht, sie wollen unbedingt bei allem mitreden, um es ihrem Kind so angenehm wie möglich zu machen. Extrem-Eltern begleiten ihr „Kind" sogar zur Einschreibung an der Universität oder zum ersten Gespräch beim zukünftigen Arbeitgeber, um ihr „Kleines" vor den Widrigkeiten des Lebens zu beschützen. Was das Kind nicht will, braucht es auch nicht zu tun, zu essen, anzuziehen, zu leisten, zu arbeiten. Auf der anderen Seite soll es nicht tun, was es möchte, wenn die Mutter dies für nicht kindgerecht hält, zum Beispiel Hausarbeit: „Mama, ich möchte auch kochen (bügeln, wischen, Fenster putzen …)!" – „Nein, das brauchst du noch nicht. Geh schön spielen, arbeiten musst du noch früh genug." Diese Kinder stehen permanent unter Kontrolle, sie *müssen* Kind sein und es möglichst lange bleiben.

Mein Kind soll in seinem Leben Erfolg haben!

Leider setzen Eltern, die sich diesem Motto verschrieben haben, „Erfolg" mit finanzieller Unabhängigkeit und Status gleich und üben folglich einen massiven Bildungsdruck auf ihre Kinder aus. Bei ihnen kommt Leistung an erster Stelle. Ob in der Schule oder in der Freizeit: Sie müssen immer etwas lernen, üben und trainieren. Hier haben wir es mit dem anderen Extrem zu tun: Diese Kinder dürfen keine Kinder sein. Sie stehen unter einem immensen Leistungsdruck. Bezeichnenderweise vertreten häufiger die Väter diese Form von Erziehung, wobei die Mütter oft nur als deren „Erfüllungsgehilfen" agieren. Sie sind bei allen Schulveranstaltungen dabei, hauptsächlich bei solchen, wo die Kinder Leistung zeigen (Sport, Musik), kennen alle Freunde und Schulkameraden ihres Kindes und auch deren Eltern, immer darauf bedacht, den „richtigen Umgang" für ihre Kinder auszuwählen. Doch da nicht viele Kinder und Erwachsene den hochgeschraubten Ansprüchen dieser Eltern genügen (können), haben ihre Kinder oft nur sehr wenige Freunde. Allerdings bleibt ihnen sowieso nicht viel Zeit für Freunde, da sie ja ständig irgendetwas lernen und üben müssen. Die Hausaufgaben der Kinder werden streng kontrolliert, sie selbst dazu angehalten, akkurat zu arbeiten und oft auch mehr zu tun, als sie müssten. Den Hausaufgaben schließen sich unterschiedliche Kurse an, die immer auf Leistungssteigerung abzielen: Arbeitskreise, Musikunterricht, Sporttraining. Die Eltern stehen in ständigem Dialog mit den Erziehern und Lehrern ihrer Kinder, sie überwachen die schulische Entwicklung akribisch, um sofort einzugreifen, wenn etwas nicht ihren Wünschen und Vorstellungen entspricht. Sie packen ihren Kindern auch noch den Schulranzen, damit sie ja ständig alles dabeihaben, was sie zum Lernen brauchen. „Kassiert" das Kind dann anstatt der gewohnten Eins oder Zwei einmal eine Drei in einer Klassenarbeit, organisieren solche Eltern umgehend einen Nachhilfelehrer. Die Tagesabläufe dieser Kinder sind strikt organisiert und minutiös durchgetaktet, sie lassen keine freie Zeit für „zweckfreies" Spielen oder andere Interessen. Diese exakte Planung schließt natürlich auch die Essens- und Schlafenszeiten ein, denn wenn jemand Leistung erbringen soll, braucht er regelmäßige, ausgewogene Mahlzeiten und ausreichend (aber nicht zu viel!) Schlaf. All dies dient einem einzigen Zweck: Die Kinder sollen später beruflich erfolgreich werden, es zu Ansehen und möglichst finanzieller Unabhängigkeit bringen.

Psychologen und auch ein Teil der Pädagogen vertreten unterschiedliche Ansichten über diese Erziehungsformen, einig sind sie sich allerdings darin, dass beide den Kindern nicht dabei helfen, eine gesunde Persönlichkeit zu entwickeln. Ganz im Gegenteil: Die Folgen können dieselben sein wie bei Vernachlässigung, sie können von Bettnässen über Essstörungen bis hin zu Depressionen oder gar AD(H)S-Symptomen reichen, auch massive Probleme in der Schule (Lernstörungen, Verhaltensauffälligkeiten) sind keine Seltenheit. Nach Ansicht des Bonner Kinderpsychiaters Prof. Michael Winterhoff bewirken solche Erziehungsformen, dass heute immer mehr Kinder und Jugendliche in psychotherapeutischer Behandlung sind. In den Augen des dänischen Familientherapeuten Jesper Juul bedeutet Überbehütung sogar ein größeres Übel für die Kinder als Vernachlässigung. 10 bis 15 Prozent der Eltern sollen ihre Kinder überbehüten.

Aus der Perspektive (hoch)begabter Kinder stellt sich dies allerdings anders dar. Denn sie haben aufgrund ihrer angeborenen Konstitution besondere Verhaltensweisen und Bedürfnisse, die leider weniger bekannt sind als psychologische oder pädagogische Konzepte. Auch hier passiert es häufiger, dass aus einem Gesamterscheinungsbild *ein* Symptom herausgegriffen wird und Eltern begabter Kinder auf der Basis dieser unzulässig oberflächlichen Betrachtung vorschnell und ungerechtfertigt als „Helikopter-Eltern" („Helikopter-Mütter") abgestempelt werden, die eine Sonderbehandlung für ihre Kinder anstreben. Geben wird es überbehütende Mütter und Väter sicher auch unter den Eltern begabter Kinder, aber sie sind gerade hier ausgesprochen selten. Denn den meisten liegt es sehr am Herzen, dass ihr Kind *nicht* in irgendeiner Form auffällig ist oder wird, also vermeiden sie es schon allein deshalb, Sonderbehandlungen für ihre Kinder einzufordern.

Begabte Kinder sind sensorisch empfindsam, was ihnen das Durchhalten in lauten Umgebungen oft sehr schwer macht. In solchen Fällen ist es nicht nur verständlich, sondern absolut richtig und sogar notwendig, wenn Eltern sich für ihre Kinder einsetzen, wenn sie beispielsweise Erzieher oder Lehrer über deren Hochsensibilität informieren und sie darum bitten, den Kindern zu erlauben, zwischendurch einen Ruheraum aufzusuchen. Falls nicht unbedingt notwendig muss das nicht während des Unterrichts geschehen, aber in den Pausen sollte es den Kindern auf jeden Fall möglich sein. Manchen Kindern helfen auch Ohropax oder Kopfhörer, doch oft vertragen sie eines oder beides gar nicht, weil sie aufgrund ihrer hohen Berührungsempfindlichkeit nichts auf dem Kopf respektive in den Ohren haben können. Manchmal lehnen sie es auch ab, weil sie nicht auffallen möchten. Hier sind auf jeden Fall Gespräche mit den Verantwortlichen, aber auch mit den Kindern angesagt, um eine geeignete Lärmbewältigungsstrategie für die Kinder zu finden.

Eltern begabter Kinder sind ausgesprochen selten Helikopter-Eltern, vielmehr fühlen sie sich verpflichtet, Leid und Schmerz von ihren außergewöhnlich empfindsamen Kindern fernzuhalten und ihnen Lebensumstände zu erschaffen, in denen sie sich wohlfühlen und möglichst frei entfalten können. Daraus kann für die Eltern eine große – leider oft nur allzu berechtigte – Sorge werden. Und selbst dann halten sie sich noch (viel zu oft!) zurück.

(Hoch)Begabung bei Erwachsenen

Jeder Mensch muss seine eigene Identität kennen, man muss wissen, wer man ist, denn das entscheidet in hohem Maß mit über den Lebenserfolg. Die Kenntnis unserer eigenen Identität bildet die Grundlage, auf der wir unser Selbstverständnis entwickeln („Ich kenne und verstehe mich, ich weiß, wer und wie ich bin und was ich kann."). Dieses Selbstverständnis hilft uns dabei, die Welt um uns herum zu erkennen und zu verstehen. Wir möchten verstehen, warum wir geliebt, bewundert, geduldet oder gar abgewiesen werden. Nur so können wir lernen, die Motive und Bedürfnisse anderer Menschen wahrzunehmen, darauf einzugehen und darauf Rücksicht zu nehmen. Nur so können wir unsere eigenen Grenzen ausloten und erfahren, wann wir darüber hinausgehen und wann wir unser Potenzial nicht (ausreichend) nutzen. Nur wenn wir wissen, weshalb diese Dinge so sind, wie sie sind, können wir uns in der Welt zurechtfinden und selbstbewusst in Eigenverantwortung unseren eigenen Weg gehen. Und das bedeutet Lebenserfolg.

Begabte Erwachsene waren begabte Kinder. Wenn sie ihre Identität in ihrer Kindheit nicht kennengelernt haben, sie ihnen nicht gezeigt oder erklärt wurde, werden sie auch als Erwachsene kaum aus eigener Kraft in ihre Identität finden können. Davon zeugen unzählige Berichte von Begabten, die viele Jahre lang nicht als solche identifiziert worden waren. Dabei spielt es keine Rolle, ob sie Erfolg im Sinn unserer gesellschaftlichen Wertmaßstäbe haben. Es ist auch nicht von Bedeutung, ob sie ihren IQ kennen. Es gibt viele begabte Erwachsene, die durchaus um ihre (Hoch) Begabung wissen, gesellschaftlichen Erfolg haben und dennoch mit sich selbst im Unreinen sind. Ursache dafür ist in vielen Fällen die Unkenntnis ihrer Gesamtpersönlichkeit, die Unkenntnis ihrer Identität in ihrem vollen Umfang. Auch davon erzählen viele Berichte erwachsener Hochbegabter. Hier soll es jedoch in erster Linie um die spät identifizierten Begabten gehen.

„Plötzlich erklärt sich mir meine ganze Vergangenheit!" – „Wenn ich das gewusst hätte, hätte ich mir 15 Jahre Therapie sparen können!" – „Endlich weiß ich, was mit mir los ist!" – „Jetzt traue ich mich, zu mir und meinem Potenzial zu stehen, und kann endlich durchstarten!"

Das sind Aussagen von Hochbegabten, die erst in oder nach ihrer Lebensmitte von ihrer (Hoch)Begabung erfuhren. Ich könnte noch Hunderte solcher Beispiele aufführen, doch sollten diese wenigen Beispiele ausreichen, um Ihnen wenigstens eine Andeutung vom Ausmaß des Leids zu vermitteln, das ein Mensch mit einer unerkannten (Hoch)Begabung unter (ungünstigen) Umständen erfährt.

Solange begabte Menschen nicht um ihre Begabung wissen, sind sie auf der Suche. Sie suchen sich selbst. Den Kern ihrer Identität. Dieser Kern ist die Persönlichkeit, die zu einer (Hoch)Begabung gehört. Zeit ihres Lebens fragen sie sich, warum sie oft nicht verstanden werden, warum viele sie als „arrogant" bezeichnen, warum sie trotz des Besuchs diverser Kommunikationsseminare belanglosen Alltagsgesprächen („Small Talk") nicht das Geringste abgewinnen können, warum sie immer „so hoch hinaus" wollen, warum sie nicht einfach so sein können wie alle anderen, die mit dem Chaos im Kopf und den ambivalenten Gefühlen doch anscheinend so gut zurechtkommen. Natürlich gehen sie davon aus, dass alle Menschen genauso denken und fühlen wie sie selbst, und wundern sich, weshalb sich die anderen dann nicht auch so verhalten wie sie selbst. Die Fremdbilder, mit denen sie sich konfrontiert sehen, sind immer unvollständig und oft auch völlig falsch. Deshalb fragen sich unerkannte Hochbegabte fast ständig, was sie anstellen müssen, wie sie sich anderen erklären, sich ihnen verständlich machen können, damit sie endlich „richtig" gesehen und auch entsprechend behandelt werden. Und sie verwenden viel

Zeit und Energie darauf, starten ständig neue Versuche, anderen deutlich zu machen, wie sie *wirklich* sind. Leider sind ihre Bemühungen nur selten und nur von mäßigem Erfolg gekrönt, allzu oft bleibt er sogar ganz aus.

Fremdbilder und die Gedanken, die sie in begabten Menschen auslösen können

> „Du bist immer so tough."

Ja sieht sie denn nicht, wie unsicher/verunsichert ich bin?

> „Du bist rebellisch."

Ich bin kein bisschen rebellisch. Ich möchte nur, dass hier Gerechtigkeit herrscht.

> „Du bist so klug."

Bin ich gar nicht, es gibt so vieles, was ich nicht weiß.

> „Du bist viel zu empfindlich, nimm das doch nicht immer gleich persönlich."

Ich bin nicht empfindlich, ich bin nur korrekt, ich will nur, dass alles seine Richtigkeit hat.

> „Sei doch nicht immer so perfektionistisch."

Ich mache die Dinge nur möglichst richtig und so gut, wie ich eben kann.

> „Du bist arrogant, weil du dich nicht am Gespräch beteiligst."

Aber es interessiert mich doch einfach nicht. oder *Ich kenne mich mit dem Thema nicht aus.*

> „Du bist undiplomatisch."

Warum soll ich lange drum herumreden, wenn man die Dinge doch kurz und knapp beim Namen nennen kann?

> „Du bist ein Eigenbrötler."

Ich brauche nur viel Zeit für mich und meine Interessen.

> „Du guckst immer so böse."

Ich bin nur konzentriert. oder *Ich denke nach.*

> „Du bist ein Besserwisser."

Aber wenn ich es doch besser weiß? Außerdem geht es mir nicht darum, mir geht es nur um inhaltliche Richtigkeit.

Natürlich ist das nicht permanent präsent. Und natürlich gehen diese Menschen ihrer Arbeit nach, sorgen für ihre Familien und haben oft einen lange gewachsenen und festen Freundeskreis. Doch immer wieder werden/sind sie verletzt, weil sie an imaginäre Grenzen stoßen, die sie nicht sehen, nicht greifen können und die für sie keinen Sinn ergeben. Sie *sind* einfach nicht so wie alle anderen. Und sie können es sich nicht erklären. Die große Frage, die in manchen Situationen oder Phasen alles überlagert, ist die nach dem „Warum?". Dabei fühlen sie sich keineswegs psychisch krank, ganz im Gegenteil. In ihrem tiefsten Inneren wissen sie, dass sie völlig gesund sind. Und genau dieser Zustand verursacht einen Zwiespalt in ihnen, der immer tiefer wird, und dieses Gefühl der inneren Zerrissenheit kann sie über die Jahre total zermürben.

Die ersten Reaktionen auf die erkannte eigene Begabung sind unterschiedlich und abhängig von der jeweiligen Lebenssituation, den Erfahrungen der/des Betreffenden und der individuellen Persönlichkeit. Ist jemand rundherum zufrieden mit seinem Leben, wird sie oder er diese Erkenntnis meist gelassen annehmen. Sie liefert einige Erklärungen für Vergangenes, ist eine Art bisher fehlendes „Puzzleteil" und hilft dabei, das bisherige Selbstbild zu vervollständigen, aber sie haut einen nicht um.

Weit häufiger bewirkt die Erkenntnis jedoch eine riesige Erleichterung: Rückwirkend erklärt sich das ganze Leben. Plötzlich weiß man, weshalb man so oft nicht oder nicht richtig verstanden wurde, warum einem Small Talk gar nicht oder nicht sehr lag, warum man als arrogant bezeichnet wurde, warum man ständig angeeckt ist und weshalb man immer weiter („hoch hinaus") wollte und Schwierigkeiten mit und bei seiner Arbeit hatte. Oft empfinden Betroffene es so, als sei ihr „Bild endlich geradegerückt" oder als könnten sie „endlich klar sehen". Dies führt zu einem besseren, tieferen und vor allem echteren Selbstverständnis. Ihr wachsendes Selbstwertgefühl und Selbstvertrauen befähigt viele, ihr Leben nun „selbst in die Hand" zu nehmen und in Zukunft besser auf sich selbst und ihre Fähigkeiten und Bedürfnisse einzugehen. Einige neu entdeckte (Hoch)Begabte nehmen ein Studium auf, weil sie sich das jetzt endlich zutrauen, andere wechseln den Arbeitsplatz, weil sie jetzt wissen, was sie brauchen, andere besuchen Fortbildungen, die ihren Geist fordern, und wieder andere machen sich selbstständig. Die Erkenntnis der eigenen (Hoch)Begabung bringt immer in irgendeiner Weise Bewegung ins Leben, nachdem die oder der Betreffende vorher oftmals schon jahrelang unter dem Gefühl der Stagnation gelitten hatte.

Und manche können gar ihre häufig schon lange als sinn- und nutzlos empfundenen Therapien beenden, durch die sie doch nie zu ihrem „Wesenskern" vorgedrungen waren. Sie hatten nur so lange „mitgemacht", weil sie hofften, dass der „innere Knoten" irgendwann doch noch platzen und eine „Lösung" gefunden würde. **In allen mir bekannten Fällen, ob privat oder beruflich, selbst erlebt und begleitet, von Kollegen erzählt oder gelesen, bewirkte die Erkenntnis ihrer eigenen (Hoch)Begabung eine positive Veränderung der Menschen selbst und auch ihrer Lebensumstände.**

Nicht nur, aber vor allem Frauen entdecken ihre eigene Begabung oft darüber, dass sie sich als hochsensibel erkannt haben. Eine hohe Sensibilität ermöglicht Frauen einen leichteren Zugang zu ihrer „andersartigen" Persönlichkeit. In den Augen der (meisten) Frauen gilt eine hohe Sensibilität mehr als eine hohe kognitive Begabung. Bei Männern hingegen ist es eher umgekehrt, ein Grund, weshalb unter den Hochsensiblen vergleichsweise wenige Männer anzutreffen sind. Dadurch, dass im Internet Hochsensibilität und Hochbegabung erfreulicherweise häufig im selben Atemzug genannt werden (wenngleich die einzelnen Definitionen nicht immer korrekt sind), entdecken immer mehr Frauen ihre eigene Begabung. Und manchmal kommen sie über die Hochsensibilität ihrer Kinder auch deren Begabung auf die Spur.

Wenn ich mit Müttern (hoch)begabter Kinder spreche oder ihnen schreibe und sie vorsichtig auf ihre eigene Begabung hinweise, bekomme ich in den meisten Fällen zuerst zur Antwort: „Das hat mein Kind von meinem Mann, auf keinen Fall von mir!" Diese deutliche Abwehrhaltung wurzelt sicher in der weitverbreiteten, aber falschen Vorstellung von Hochbegabung, und dahinter steckt das immer noch vorherrschende traditionelle Verständnis der Geschlechterrollen. Aber auch veraltete Forschungsergebnisse, die nach wie vor unermüdlich zitiert werden, und die eigentlich unhaltbaren Aussagen mancher Wissenschaftler, die sich dennoch hartnäckig halten, sind daran in nicht zu unterschätzendem Maß beteiligt. Und nicht zuletzt spielen auch Ängste und Vorbehalte eine große Rolle, die auf übernommenen Glaubenssätzen gründen. Hier wäre als Beispiel die (gesellschaftliche?) Erwartungshaltung zu nennen. Viele Frauen (und auch Männer) befürchten, sie müssten (möglichst ständig) außergewöhnliche Leistungen erbringen, wenn sie einmal als begabt identifiziert wurden. Doch erstens stimmt das natürlich nicht, und zweitens geht es darum gar nicht. Für jeden Menschen ist es (lebens)wichtig, seine eigene Identität zu finden, und gerade dazu ist ein IQ-Test in vielen Fällen notwendig und sinnvoll.

Ich möchte hier noch einmal deutlich auf das Ziel meines Buchs hinweisen: Ich möchte Ihnen deutlich machen, dass „Hochbegabung" nur eine andere Bezeichnung ist für einen gemessenen IQ-Wert ab 130. Doch Persönlichkeitsmerkmale scheren sich nicht um den IQ! Ein Testergebnis hängt von vielen Faktoren ab, und die Tatsache, dass Erwachsene einfach aufgrund ihres höheren Lebensalters schon sehr von ihren Erfahrungen geprägt sind, kann gerade bei ihnen falsch-negative Ergebnisse nach sich ziehen. Ein Erwachsener, dem man immer gesagt hat, er sei klug und werde schon alles in seinem Leben meistern, wird in einem IQ-Test sehr wahrscheinlich wesentlich besser abschneiden als ein Erwachsener, der von klein auf zu hören bekam, er sei dumm, tauge zu nichts und werde es im Leben sowieso zu nichts bringen. Je länger solche übernommenen Glaubenssätze wirken, desto stärker werden sie verinnerlicht, und je älter ein Mensch ist, desto machtvoller sind diese schädlichen Überzeugungen. Ein Testergebnis von unter 130 IQ-Punkten führt bei Erwachsenen häufig zu dem Ergebnis, dass sie eine Begabung als Ursache ihrer selbst empfundenen Andersartigkeit ausschließen und weiterhin darüber nachgrübeln (mit und ohne Unterstützung von Psychologen), was denn bloß mit ihnen nicht stimme. Sie bleiben auch weiterhin auf der Suche nach ihrer Identität, und das ist mehr als schade. Deshalb rate ich allen Erwachsenen, einen IQ-Test immer von einem ausgewiesenen, auch in der Arbeit mit (hoch)begabten Erwachsenen erfahrenen Begabungsdiagnostiker durchführen zu lassen. Er ist mit größter Wahrscheinlichkeit dazu in der Lage, eine (hoch)begabte Persönlichkeit zu erkennen, selbst wenn das Testergebnis nicht sehr weit überdurchschnittlich ausfällt. An dieser Stelle möchte ich Sie alle ausdrücklich davor warnen, Ergebnisse von Internet- oder Tests aus Büchern ernst zu nehmen! Diese Tests sind allesamt keine „echten" IQ-Tests. Entweder wurden sie bewusst so konstruiert, dass sie IQ-Tests ähneln, oder ihre Aufgaben sind verschiedenen veralteten IQ-Tests entnommen. Die von den professionellen Begabungsdiagnostikern aktuell verwendeten IQ-Tests sind der Öffentlichkeit nicht zugänglich, und das ist auch nur konsequent logisch, denn eine Testung verlöre natürlich jeden Sinn, wenn man die Aufgaben in aller Ruhe zu Hause vorher zigmal üben könnte! Natürlich können Sie die Tests im Internet oder in Büchern machen. Dadurch lernen Sie die *Art der Aufgabenstellung* kennen, und den meisten Begabten bereiten solche Tests auch großes Vergnügen. Aber hüten Sie sich davor, deren Ergebnisse als Maßstab zu verwenden!

Einige begabte Menschen, vor allem jüngere, sind sich ihrer Fähigkeiten sehr sicher. Sie haben sich schon weitgehend über die Persönlichkeit von (Hoch)Begabten informiert und wollen es irgendwann „einfach nur wissen". Für diese Begabten lohnt sich sicher eine Testung beim Hochbegabtenverein Mensa in Deutschland e. V. Da diese Tests in Gruppen durchgeführt werden, sind sie mit derzeit 49 Euro (in Deutschland) sehr günstig. Hat der jeweilige Begabte keine oder nur geringe Selbstzweifel, ist dies sicher ein gangbarer Weg und eine kostengünstige Alternative. Die Gruppentests finden in regelmäßigen Abständen in vielen deutschen Städten statt, die genauen Daten sind auf der Website von Mensa in Deutschland e. V. veröffentlicht. (Sie finden sie im Anhang auf S. 312.)

Ich wünsche Ihnen ganz viel Glück und Erfolg bei Ihrer Identitätsfindung!

Kapitel 4

Begabung im Alltag

Kinder auf ihrem Weg ins Leben zu begleiten, ist nie einfach. Bei begabten Kindern ist es aufgrund ihrer emotionalen und sensorischen Intensität, ihres Wissensdursts und ihrer Diskussionsfreude oftmals eine Gratwanderung, die viel Geduld und Nerven kosten kann. Unsere heutige Welt ist so schrecklich laut und grell geworden. Sie „feuert" ständig Unmengen von Sinnesreizen auf uns ab und fordert uns alle damit nicht nur auf der Sinnesebene, sondern auch im kognitiven und sozialen Bereich sehr viel stärker als noch vor zwei bis drei Jahrzehnten. Und natürlich fallen hier die (hoch)begabten Erwachsenen, aber vor allem die Kinder oft deutlich auf.

Die meisten begabten Kinder reagieren sehr empfindsam auf akustische und visuelle Signale (Geräusch- und Lichtempfindlichkeit); hauptsächlich kleine Kinder haben auch noch eine taktile, das heißt eine Berührungsempfindlichkeit. Durch das hohe Verkehrsaufkommen, akustische Werbemittel (denken Sie nur an die Geschäfte, die uns ständig irgendwelche „Hintergrundmusik" um die Ohren schicken, unterbrochen von Werbedurchsagen für Waren, die wir alle angeblich so dringend brauchen) sowie bei vielen, vor allem jungen Menschen permanent eingeschaltete und aktiv benutzte Medien sind wir heute einer viel höheren Geräuschbelastung ausgesetzt als früher. Und auch die Zahl der visuellen Reize hat sich drastisch erhöht: Man muss unsere bunte, schnelle und schrille Welt und die neuen Medien, die in unterschiedlicher Form permanent zur Verfügung stehen und genutzt werden, auch aushalten können. Und das gelingt nicht allen und nicht allen gleich gut – manche Menschen, insbesondere kleine Menschen, sind da schnell überfordert und es fehlt ihnen das Kontrastprogramm: Rückzugsorte, Stille. Die allermeisten Kinder haben heute kaum mehr die Möglichkeit zum freien und nicht von Erwachsenen „kontrollierten" Spiel in freier Natur mit vielen anderen Kindern unterschiedlicher Altersstufen, dabei kann gerade das ihre motorische wie auch die soziale Entwicklung sehr positiv beeinflussen. Natürlich geht das alles an unseren

Kindern nicht spurlos vorüber, auch wenn manche Erwachsene glauben, es machte Kindern nichts aus, weil sie ja schon in diese Welt hineingeboren wurden. Jedes Lebewesen und daher natürlich auch jeder Mensch hat gerade in seiner Entwicklungszeit besondere Bedürfnisse, die zum Wohl seiner physischen und psychischen Gesundheit erfüllt werden müssen. Bei unserer heutigen Lebensweise ist das für Kinder oft nicht mehr gegeben. Durch den Konsum stark veränderter und/oder industriell hergestellter Nahrungsmittel und das auch viel zu oft verschlungene Fast Food können sie manchmal sogar relativ schnell in Fehlernährungen „hineinrutschen" und Mangelerscheinungen ausbilden, worauf empfindsame Körper natürlich schneller reagieren. Da begabte Kinder verhältnismäßig oft eine tiefe Abneigung gegen bestimmte Geschmäcker und Konsistenzen hegen (leider sind davon häufig gerade Gemüse und Co. betroffen), gerät es für manche Eltern zur echten Herausforderung, ihre Kinder gesund zu ernähren.

Auch unser Schulsystem, Lerninhalte und die Lehrmethoden haben sich nicht erst nach der ersten PISA-Studie stark gewandelt, weshalb wir auch die kognitive Seite heute in einem anderen Licht betrachten müssen als noch vor einigen Jahrzehnten. Die Umsetzung der sogenannten Inklusion (dieser soziologische Begriff steht für das Prinzip einer Gesellschaft, der jeder Mensch ohne Ansehen der Person, von Geschlecht, Religionszugehörigkeit, Alter, Herkunft etc. gleich akzeptiert und gleichberechtigt zugehört) stellt zusätzlich hohe Anforderungen an die Lehrer und trägt ebenfalls ihren Teil zu diesem Wandel bei. Veränderte Bedingungen auf dem Arbeitsmarkt, die Eltern nicht nur finanziell zu spüren bekommen und die sie teilweise massiv unter Druck setzen, tun ein Übriges: So erfahren sehr viele Kinder eine überwiegende Ganztagsbetreuung schon vom Säuglingsalter an, wo sie hauptsächlich mit ungefähr gleichaltrigen Kindern zusammen sind und wodurch leider auch die Lernfelder für ihr Sozialverhalten begrenzt werden. Natürlich spiegelt sich all das im Wesen und Verhalten unserer Kinder wider, und natürlich trifft es zuerst die empfindsamen, (hoch)begabten Kinder; mittlerweile beschränken sich die Auswirkungen der Veränderungen unserer Gesellschaft und unserer Umwelt aber schon nicht mehr auf sie. Die in einem recht kurzen Zeitraum entstandenen vielfältigen Veränderungen erzeugen vermehrt Spannungsfelder im täglichen Leben. (Hoch) Begabte sehen sich dadurch in allen Lebensbereichen mit besonderen Herausforderungen konfrontiert. Die meisten Schwierigkeiten haben sie im sozio-emotionalen Bereich, der sich ja auf alle Lebenssituationen erstreckt, und im Lernumfeld, denn das ist in der heutigen Zeit für die empfindsamen (hoch)begabten Kinder ein Ort, an dem sie Unterforderung und Überforderung zugleich erfahren. Doch diese Kinder leiden auch körperlich.

Kinder wollen und brauchen zwei Dinge: Sie wollen sich entfalten können und sie wollen sich zugehörig fühlen. Ihre Entwicklung wird zunächst durch ihre natürlichen und naturgegebenen Eigenschaften bestimmt. Das sind ihre geistigen Fähigkeiten (Intelligenz), ihre psychische Resilienz (seelische Widerstandskraft) und ihre individuellen körperlichen Anlagen. Diese bestimmen, in welcher Weise und in welchem Tempo ein Mensch sich entwickelt. Das Zugehörigkeitsgefühl bildet sich durch Interaktion mit der Umwelt aus. Entfaltungs- und Zugehörigkeitsbedürfnis sind gleichwertig (gleich stark), sie sind über die gesamte Lebenszeit eng miteinander verknüpft und beide für die gesunde Entwicklung eines Kindes unabdingbar. Wird das eine oder das andere Bedürfnis nicht (ausreichend) erfüllt oder gar gestört und verletzt, zeigen Menschen – und Kinder ganz besonders – dies durch ihr Verhalten. Sie teilen über ihr Verhalten mit, dass für sie etwas nicht in Ordnung ist. Darin unterscheiden sich (hoch)begabte Kinder nicht von normalbegabten. Was anders ist an ihnen, sind ihre Anlagen und die damit verbundenen Bedürfnisse.

Sozio-emotionale Schwierigkeiten

Die Zugehörigkeit zu sozialen Gruppen ist eines der Grundbedürfnisse jedes Menschen. Es wird aktiv, wenn jemand über gleichartige Interessen und Fähigkeiten von den anderen Mitgliedern seiner (wie immer gearteten) Gruppe ein positives Feedback von außen bekommt und seine individuellen Eigenarten zumindest toleriert werden. Je größer die Anerkennung, die ein Individuum erhält, desto größer und stärker wird sein Zugehörigkeitsgefühl, und das wiederum hat einen beträchtlichen Einfluss auf seine sozial-emotionale Kompetenz.

Die Geschichten von Leonie und Tobias

Die etwas zurückhaltende dreijährige Leonie malt sehr gern und auch um einiges besser als alle anderen Kinder im Kindergarten. Soll sie Figuren ausmalen, rutscht sie nur selten über die Linien hinaus, und alle Flächen sind gleichmäßig farbig. Dafür wird sie von ihren Erziehern immer wieder gelobt und von gleichaltrigen Kindern bewundert. Beim Laufen und Klettern liegt sie im Vergleich mit ihren Altersgenossen im Mittelfeld und schaut den sportlicheren Kindern gern zu, um von ihnen zu lernen. Sie geht gern in den Kindergarten, weil sie dort viel malen darf, für ihre Künste gelobt wird und sich mit den Kindern in ihrer Gruppe gut versteht.

Der dreijährige Tobias ist ein wissbegieriges, fröhliches und aufgeschlossenes Kind. Er kann bereits alle Buchstaben lesen und seinen Vornamen schreiben, kennt die Zahlen bis 100 und addiert und subtrahiert im Zahlenraum bis 20 schon recht sicher. Natürlich geht er davon aus, dass alle anderen Kinder all das ebenfalls können. Aber hier wird er enttäuscht. Immer wieder kommt es zu Streitigkeiten, weil andere Kinder ihm nicht glauben, dass das, was er geschrieben hat, tatsächlich ein „T" (oder ein anderer Buchstabe) ist, oder wenn er andere verbessert, weil sie falsch „gezählt" haben. Tobias verteidigt natürlich sein Wissen und gilt deshalb als „rechthaberisch" und „besserwisserisch". Wenn die Kinder durcheinander spielen, schaut er sich das Treiben aus der Entfernung an. Beim Toben und Raufen möchte er lieber nicht mitmachen, denn das ist ihm zu laut und zu wild. Dabei ist er traurig, weil niemand mit ihm spielen möchte. Erzieher und

Kinder ermuntern ihn immer wieder zum Mitmachen, doch jeder Versuch ist bald wieder beendet. Danach möchte Tobias nur noch seine Ruhe haben und allein sein. Die anderen sind ihm einfach „zu blöd". Malen und Basteln liegen ihm nicht, weshalb er beides auch nicht gern und nicht gut macht. Und die Kindergeschichten, die oft vorgelesen oder erzählt werden, langweilen ihn. Die Erzieher finden Tobias' Wissen und sein Verhalten befremdlich und haben seine Eltern in Verdacht, mit ihm zu üben. Sie ignorieren seine Fähigkeiten, weil diese in ihren Augen nicht altersgerecht sind, und ermuntern den Jungen immer wieder dazu, mit den anderen so zu spielen, wie es für diese Altersstufe üblich ist.

Während sich Leonie im Kindergarten von Erziehern und ihren Altersgenossen in allen Bereichen anerkannt und angenommen fühlen kann, erfährt Tobias genau das Gegenteil. Sowohl die gleichaltrigen Kinder als auch seine Erzieher erkennen ihn nicht an. Die Kinder lehnen ihn offen ab. Und seine Erzieher vermitteln ihm dadurch, dass sie seine Fähigkeiten ignorieren und erwarten, er solle sich seinen Altersgenossen anpassen, das Empfinden, er sei so, wie er ist, „nicht richtig". So kann sich in Tobias kein Zugehörigkeitsgefühl entwickeln. Er fühlt sich fremd in der Gruppe, als Außenseiter, er zweifelt an seinen Fähigkeiten und seinen Bedürfnissen, er ist frustriert.

Zwei Jahre später hat sich Leonie prächtig entwickelt. Sie ist ein fröhliches, ausgeglichenes Kind und hat viele Freunde im Kindergarten. Mit einigen davon geht sie einmal wöchentlich in einen Turnverein für Kinder ihres Alters. So wie viele ihrer Freunde interessiert sie sich jetzt allmählich für Buchstaben und Zahlen und freut sich auf die Vorschule.
Tobias ist in der Zwischenzeit immer stiller geworden. Er versucht, alles möglichst genau so zu machen, wie man es von ihm erwartet, und wird trotzdem häufig zurechtgewiesen. In diesen Situationen weint er oft und kann nicht genau sagen,

warum. Zu Hause hingegen spricht er manchmal wie ein Er-
wachsener, braucht aber sehr viel körperliche und emotionale
Nähe und Zuwendung. Zugehörig fühlt er sich im Kindergar-
ten immer noch nicht, was ihn schrecklich verwirrt. Warum
nur wird er nicht anerkannt, obwohl er doch alles tut, um so
zu sein wie die anderen? Er fühlt sich falsch und fremd und
hofft, dass sich das in der Schule ändern wird, wenn alle Kin-
der lernen müssen und nicht mehr diese „Babyspiele" spielen.
Nur zu gern würde er jetzt schon mit den älteren Kindern zur
Schule gehen, aber die Erzieher und auch seine Eltern sind der
Meinung, er sei dafür noch nicht reif genug, er sei emotional
und sozial einfach noch nicht so weit.

Leonie kann im Kindergarten entsprechend ihren Anlagen sowohl ihr Entfaltungsbedürfnis als auch ihr Zugehörigkeitsbedürfnis befriedigen – durch die Identifikation mit
ihren Freunden und die Anerkennung ihrer Erzieher. Tobias
hat gelernt, sein Entfaltungsbedürfnis zu unterdrücken. Sein
Verlangen nach Zugehörigkeit ist so groß, dass er sich lieber
verstellt, um nicht aufzufallen und dadurch Anerkennung zu
erringen. Doch anerkannt und zugehörig fühlt er sich immer
noch nicht. Im Gegenteil: Das Gefühl des Andersseins hat
sich noch verstärkt. Tobias versucht, dies zu kompensieren,
indem er zu Hause körperliche und emotionale Nähe einfordert, dies vermittelt ihm nach einem Tag voller Ablehnung
für kurze Momente das Gefühl, anerkannt und geliebt zu
werden.

Noch vor einigen Jahrzehnten war die soziale Situation
der Kinder eine ganz andere: In der Regel wuchsen sie nicht
als Einzelkinder auf, sondern hatten noch Geschwister und
gehörten so „automatisch" zu einer Gruppe. Auch der familiäre Zusammenhalt war insgesamt sehr viel stärker, nicht
selten lebten Angehörige mehrerer Generationen unter einem Dach. Und der Kontakt mit Verwandten und Nachbarn
gestaltete sich ebenfalls sehr viel enger als heute. Auf diese

Weise kamen die Kinder ganz selbstverständlich jeden Tag mit erwachsenen Menschen verschiedener Generationen sowie Kindern und Jugendlichen aller Altersstufen zusammen, sodass ihre Kontakte und damit auch die sozialen Lernfelder schon allein im häuslichen Umfeld deutlich vielfältiger waren. In den Kindergarten gingen sie frühestens mit drei Jahren. Dieser war als Vormittagsbetreuung gedacht und eingerichtet, meist nahmen die Kinder ihr Mittagessen dann zu Hause ein. Und auch die Schule endete bereits mittags, spätestens um 13:30 Uhr. So blieb den Kindern nachmittags viel Zeit zum Draußenspielen, wo sie sich meist frei und „unkontrolliert" bewegen und Freundschaften mit anderen Kindern von etwa drei Jahren bis zum Teenie-Alter pflegen konnten. Das bot (hoch)begabten Kindern, die ihrer Altersstufe kognitiv voraus waren, die Chance zum Austausch mit älteren Kindern, von denen sie dann auch die so wichtige Anerkennung und Akzeptanz erhielten. Dadurch lernten sie auch relativ ungezwungen, selbstständig und eigenverantwortlich mit allen möglichen sozialen Situationen oder Konflikten umzugehen. Die Mütter (und am Wochenende auch die Väter) gingen zu Hause ihren Pflichten nach und wussten oft gar nicht, wo genau sich ihre Kinder aufhielten, geschweige denn, wie ihr soziales Umfeld aussah und was sie gerade spielten oder womit sie sich sonst wie beschäftigten. Dies ist heute aus unterschiedlichen Gründen nicht mehr möglich. (Hoch)Begabte Kinder haben aufgrund der strikten Aufteilung aller Kinder in Altersstufen nicht mehr die Möglichkeit, ihre sozialen Kontakte frei zu wählen und sich mit Kindern und/oder jungen Leuten anderer Altersgruppen zu umgeben, bei denen sie eine Passung erleben. So können sie (unbewusst) oft nur wählen, ob sie lieber auf die Erfüllung ihres Entfaltungs- oder auf die ihres Zugehörigkeitsbedürfnisses verzichten wollen, und dabei ist jede der beiden möglichen Entscheidungen falsch. Kinder sollten sich hier überhaupt nicht entscheiden müssen, denn für eine gesunde Persönlichkeitsentwicklung brauchen sie beides!

Eineinhalb Jahre später:

Für Leonie war der Wechsel in die Schule ein großer Schritt auf dem Weg zum Erwachsenwerden. Sie ist stolz, jetzt ein Schulkind zu sein, und nimmt mit großem Eifer am Unterricht teil. Viele ihrer Freunde aus dem Kindergarten und einige aus dem Turnverein, mit denen sie sich so gut versteht, sind ebenfalls in ihrer Klasse. Nach dem ersten Halbjahr kennt sie das Alphabet, die Zahlen bis 20 und kann sogar schon ein wenig rechnen.

Als er eingeschult wurde, konnte Tobias bereits fließend und sinnerfassend lesen, schreiben und im Hunderterraum in allen vier Grundrechenarten rechnen. Erzählt hat er das niemandem. Schließlich hatte er im Kindergarten gelernt, dass nicht altersentsprechendes Wissen nicht erwünscht ist. Deshalb war er sehr erleichtert, als er endlich in die Schule durfte, und erwartete natürlich, dass er dort sein Wissen würde erweitern können. Doch er sah sich bitter enttäuscht. Er musste alle Übungen mitmachen, die er längst konnte, die ihn unsäglich langweilten, die seine Klassenkameraden jedoch eifrig ausführten. Wenn ein neuer Buchstabe erlernt werden sollte und Tobias mit der Übung dazu fertig war, musste er warten, bis die anderen hinterhergekommen waren. Für Kommentare und seine Fragen nach weiterem Lernstoff wurde er von den Lehrern gerügt und in seine Schranken verwiesen: „Das ist jetzt noch nicht dran. Das lernen wir nächste Woche, nächsten Monat, nächstes Jahr.“ Ebenso kritisierten sie seine schlechten Leistungen im Ausmalen und hielten ihn immer wieder zum Üben an. Ein Teil seiner Klassenkameraden kannte Tobias schon aus dem Kindergarten, ihre Meinung über den Jungen stand bereits fest und sie hielten damit in der Klasse auch nicht hinter dem Berg. Seine soziale Situation hatte sich mit dem Schuleintritt nicht verbessert, und lernen durfte er auch hier nicht. Zudem war Tobias gezwungen, Dinge zu tun und zu üben, die er für unwichtig hielt und die ihn auch nicht interessierten. Jetzt, nach dem ersten Halbjahr, ist er ein stiller, in sich gekehrter Junge, der auch zu Hause immer verschlossener

– und unselbstständiger – wird. Er verweigert die Hausaufgaben komplett und ist in der Schule nur noch körperlich anwesend, wofür er mit schlechten Beurteilungen bestraft wird.

Leonie kann sich auch in der Schule ihren überwiegend durchschnittlichen Fähigkeiten entsprechend entwickeln. Sie ist weder über- noch unterfordert und hat eine ihrem Alter gemäße, gesunde und starke Persönlichkeit. Für sie ist die Welt ein Ort, an dem sie sich sicher fühlen kann. Sofern sich die äußeren Bedingungen für sie nicht gravierend verschlechtern, wird sie zu einer selbstbewussten Erwachsenen heranreifen.

Tobias kann sich auch in der Schule nicht seinen außergewöhnlichen Fähigkeiten gemäß entwickeln. Nach seinen überaus mühsamen und kräftezehrenden Anpassungsversuchen im Kindergarten setzte er große Hoffnungen in die Schule und wurde einmal mehr bitter enttäuscht. Sein natürliches Entfaltungsbedürfnis wurde nicht nur nicht anerkannt, er wurde sogar massiv gebremst. Eine Anpassung an Gleichaltrige konnte aufgrund seines hohen Potenzials weder im sozialen noch im kognitiven Bereich gelingen. Er konnte seine Persönlichkeit nicht gesund entwickeln. Für Tobias ist die Welt ein Ort, wo man ihm nur mit Unverständnis und Ablehnung begegnet, ein Ort, an dem er anscheinend keinen Platz hat. Seine einzige Zuflucht ist der Rückzug in sich selbst, in sein eigenes Inneres, in sein „Schneckenhaus".

An dieser Stelle möchte ich noch einmal in aller Deutlichkeit darauf hinweisen, dass bei begabten Kindern keineswegs eine „sozial-emotionale Unreife" vorliegt. Ganz im Gegenteil! Das permanente Gefühl der Nicht-Passung, des Nicht-Erwünschtseins, des Nicht-Verstandenwerdens auszuhalten, erfordert von diesen Kindern eine außergewöhnliche emotionale Stärke. Wenn sie von anderen Kindern sowie Erziehern und Lehrern täglich x-mal hören, sie seien komisch, x-mal zurückgewiesen und gehänselt werden, x-mal gerügt werden, x-mal gesagt bekommen, sie sollten doch in den vorgeschriebenen engen kognitiven Grenzen bleiben, x-mal mit verärgerten oder spöttischen Blicken bedacht werden und x-mal das überdeutliche Gefühl haben, nicht dazuzugehören, hält sie das ständig an der absoluten Obergrenze ihrer Frustrationstoleranz. Es trennt sie nur ein schmaler Grat vom „Ausrasten". Auf diesem Erregungsniveau in all diesen Situationen ruhig zu bleiben, ist eine gigantische Leistung! Selbst Erwachsenen gelingt dies nicht immer. Dass sie sich dennoch um Anpassung bemühen, zeigt in aller Deutlichkeit, wie gut das soziale Verständnis dieser Kinder tatsächlich ist, denn dazu müssen sie soziale Strukturen erkennen und Einsichten entwickeln können. Was bei diesen Kindern sehr oft als Unreife erlebt wird, ist in Wahrheit das genaue Gegenteil: „[Wenn sie] in einer Gruppe Offenheit und positive Antwort auf sich [...] erleben, können hochbegabte Kinder sich mit ihren Fähigkeiten einbringen und ein innengesteuertes, andere Menschen respektierendes Sozialverhalten zeigen, das keine Reglementierung von außen braucht."[36]

Auch die sensorische Empfindsamkeit (hoch)begabter Kinder kann dazu führen, dass sie in ein völlig falsches Licht geraten. Ihr permanent erhöhtes (körperliches!) Erregungsniveau ist grundsätzlich nicht sichtbar, und so werden Außenstehende häufig von ihren *scheinbar impulsiven Reaktionen* überrascht. In den Augen der Erzieher im Kindergarten ist beispielsweise Tobias' großes Rückzugsbedürfnis nach dem Toben mit den anderen Kindern ein Anzeichen für ein sozio-emotionales Problem des Jungen. Tatsächlich aber ist es eine sehr kluge, gesunde und natürliche Bewältigungsstrategie, um sein Erregungsniveau wieder zu senken.

Was sich dringend ändern muss, sind nicht die (hoch)begabten Kinder und ihr Verhalten im sozial-emotionalen Bereich, sondern die Sichtweise ihres Umfelds auf diese Kinder! Hier braucht es unbedingt – insbesondere aufseiten der Erzieher und Lehrer – entschieden mehr Verständnis und die Bereitschaft, „außergewöhnliche" Kinder in ihrem Anderssein zu akzeptieren, also ein grundsätzliches Umdenken!

Überforderung – Unterforderung

In einem Lernumfeld, das auf durchschnittliche Begabung ausgerichtet ist, sind (hoch)begabte Kinder selbstverständlich kognitiv unterfordert. Das lässt sich bereits im Kindergarten beobachten, wie wir am Beispiel von Tobias sehen konnten, und fällt in der Schule am deutlichsten auf. Einige Kinder klagen bereits nach den ersten Schulwochen über fürchterliche Langeweile, andere werden mit dem Tag ihres Schuleintritts schlagartig auffällig (in die eine oder andere Richtung), während es bei anderen unter Umständen Jahre dauert, bis irgendjemandem auffällt, dass sie unterfordert sind. Doch werden die (hoch)begabten Kinder nahezu immer in ihrem Entfaltungsbedürfnis eingeschränkt und oft auch offen aufgefordert, dies „auszuhalten". Tatsächlich bedeutet dies für die Kinder, dass einem natürlichen Grundbedürfnis, das tief aus ihrem Inneren kommt und das sie selbst nur unbewusst oder teilbewusst wahrnehmen, die Existenzberechtigung abgesprochen wird. Man erwartet von ihnen, einen für ihre gesunde Entwicklung notwendigen und wesentlichen Teil zu ignorieren, auszublenden oder gar zu kappen. Das kann nicht gut gehen! Auch Erwachsene können derartige „Amputationen" nur unter größten Schwierigkeiten und auch nicht auf Dauer aushalten, was viele Erfahrungsberichte erwachsener, nicht oder spät erkannter (Hoch)Begabter bestätigen. Sie erleben Gefühle der Sinnlosigkeit, depressive Verstimmungen bis hin zum Burn-out (der meistens ein *Bore-out* ist), wenn sie Berufe oder Tätigkeiten ausüben, die unterhalb ihrer geistigen Leistungsfähigkeit liegen.

Einigen Kindern gelingt es, die für sie unbefriedigende Lernsituation in der Schule zu kompensieren, indem sie sich außerschulisch mit interessanten, ihren Geist (heraus)fordernden Dingen beschäftigen. Andere bringen sich mit sportlichen Aktivitäten „auf andere Gedanken". Doch für einige (hoch)begabte Kinder ist der frustrierende Schulalltag zu lang und zu dominant, werden ihre Anpassungsversuche so anstrengend, dass sie nach der Schule keine Kraft mehr haben, sich noch mit etwas anderem zu beschäftigen. Interessant ist hier auch noch, dass (hoch)begabte

Jungen und Mädchen mit sehr unterschiedlichen Verhaltensweisen auf ihre Unterforderung reagieren. Während Jungen ihre See-
lennot auf die eine oder andere Weise durchaus zum Vorschein
bringen, bleiben Mädchen eher unauffällig und versuchen, sich
anzupassen. Und aus genau diesem Grund werden nach wie vor
weniger Mädchen als (hoch)begabt erkannt. Bezeichnend ist auch,
dass nur etwa 25 bis 30 Prozent der Eltern, die Beratungsstellen
für Hochbegabung aufsuchen, dies wegen oder mit ihren Töch-
tern tun. Bei Erwachsenen, die Beratung und Unterstützung für
sich selbst suchen, macht der Frauenanteil hingegen 75 Prozent
aus.[37] Das ist ein eindeutiger Beleg dafür, dass Mädchen durchaus nicht weniger Probleme mit der kognitiven Unterforderung
in der Schule haben als Jungen. Sie erbringen aber eine größere
Anpassungsleistung und nehmen deshalb ihre Probleme ins Erwachsenenalter mit.

Für Kinder ist die *kognitive Unterforderung* aufgrund der damit verbundenen Unterdrückung ihres Entfaltungsbedürfnisses
zugleich eine maßlose Überforderung. Und es sind dauerhafte Per-
sönlichkeitsschäden (Deformationen) selbst dann nicht auszuschließen, wenn die Kinder nicht akut durch ihr Verhalten darauf
hinweisen. Bei Menschen mit nicht erkannter (Hoch)Begabung
sind – nicht nur, aber insbesondere bei Frauen – derartige Persön-
lichkeitsdeformationen geradezu vorprogrammiert. Davon sprechen viele Erfahrungsberichte von unerkannten (hoch)begabten
Erwachsenen, und die unterschiedliche Literatur darüber liefert
ebenfalls zahlreiche Belege.

Unterforderung verursacht immensen Stress, zu diesem Ergebnis ist die Stressforschung bereits vor Jahren gekommen. Sie
hat einen negativen Einfluss auf die emotionale Stabilität und
kann erhebliche Schäden an der Persönlichkeit wie auch an der
körperlichen Gesundheit eines Menschen verursachen. Die negativen Auswirkungen von Unterforderung wirken lange nach, bei
einigen Menschen beeinträchtigen sie das ganze Leben. Als Stressoren, die einen Menschen am stärksten belasten, gelten in der
Stressforschung folgende Punkte:

- Monotonie
- Bewegungsarmut
- Sozialer Kontaktmangel
- Informationsdefizite
- Unterforderung
- Inaktivität

(Hoch)begabte Menschen sind heute mit nahezu allen dieser schlimmsten Stressoren konfrontiert. Für begabte Kinder herrscht *Monotonie*, wenn sie Aufgaben machen und üben sollen, die sie längst beherrschen, entweder weil sie sie vorher schon konnten oder weil sie sie unmittelbar verstanden haben. Und genau deshalb brauchen sie nachmittags häufig sehr lange, um ihre Hausaufgaben zu erledigen. Weil es Stress bedeutet. Zusätzlich zu der *Unterforderung* in der Schule durch das für sie zu langsame Lerntempo ist das eine enorme tägliche Belastung. Die *Inaktivität* gehört ebenfalls zur Schule, denn begabte Kinder müssen häufig warten, bis auch alle Klassenkameraden ihren Lernstoff „intus" haben. Mit dem Schuleintritt verringern sich auch die *Bewegungsmöglichkeiten* drastisch, was insbesondere für begabte Kinder mit einer motorischen OE (Dabrowski, siehe S. 101) zu einer großen Belastung werden kann. Zwar bestehen in Kindergarten und Schule ausreichend Möglichkeiten zur *Aufnahme sozialer Kontakte,* doch ist es für (hoch)begabte Kinder *schwierig, passende Freunde und Freundinnen* zu finden, weil sie nun mal in der Minderheit sind. Auch *Informationsdefizite* gehören zu den Problemen dieser Kinder. Zum einen, weil sie *divergente Denker* sind, also vom „großen Ganzen" auf die Details schließen und deshalb mit den analytischen Lehrmethoden (Schluss vom Detail auf das Ganze) oft nicht gut zurechtkommen. Zu ihrer Orientierung im Lernstoff brauchen sie Informationen über das „Gesamtbild". Zum anderen fehlt ihnen nur allzu oft die Erklärung (Information), weshalb sie so anders sind als andere Kinder. Und nicht zuletzt kennen sie die Bewertungskriterien der Lehrer beziehungsweise Schulen nicht, fühlen sich also auch hier alleingelassen und hilflos („Ich kann machen, was ich will, es ist ja doch immer falsch!"), weil sie nicht wissen, was konkret von ihnen erwartet wird, was sie leisten müssen, um bessere Bewertungen zu erhalten.

Eine andere Betrachtungsweise ist das Salutogenese-Konzept des israelisch-amerikanischen Soziologieprofessors Aaron Antonovsky (1923–1994). *Salutogenese* bedeutet wörtlich „die Entstehung von Gesundheit", das Konzept geht also der Frage „Was hält den Menschen gesund?" nach. Danach entsteht (körperliche und geistige) Gesundheit – etwas vereinfacht ausgedrückt –, wenn der Mensch das Gefühl von „Stimmigkeit" und eine „Grundorientierung" im Vertrauen auf die Verstehbarkeit und Vorhersagbarkeit von Entwicklungen im eigenen Selbst und der äußeren Welt („Kohärenzgefühl") hat beziehungsweise entwickeln kann. Dieses Kohärenzgefühl basiert auf drei Faktoren:

- Verstehbarkeit *(comprehensibility)*
  Die innere und äußere Welt wird als strukturiert, vorhersagbar und erklärbar erlebt.
- Bewältigbarkeit *(manageability)*
  Zuversicht, über die notwenigen Ressourcen zu verfügen, um Anforderungen zu bewältigen
- Sinnhaftigkeit *(meaningfulness)*
  Die Anforderungen des Lebens sind Herausforderungen, die das eigene Engagement verdienen.

(Hoch)Begabten Menschen fehlt häufig die Verstehbarkeit, sowohl ihrer inneren als auch der äußeren Welt: „Warum bin ich anders?" – „Warum verhalten sich andere so, wie sie es tun?" – „Warum lernen andere nicht so schnell wie ich?" – „Warum geht mir alles so nahe und anderen offenbar nicht?" Auch eine Sinnhaftigkeit können sie oft nicht erkennen, weil sie mit den Ansprüchen in der Schule oder dem Beruf unterfordert sind und sie deshalb nicht als interessant oder gar spannend empfinden: „Das ist doch ganz einfach!" – „Das kann ich schon, es ist langweilig." – „Wenn ich mich anstrenge, leiste ich viel mehr, als erwartet wird, und das wird sowieso nicht anerkannt." Auf diese Weise kann kein Kohärenzgefühl entstehen, diese (hoch)begabten Menschen befinden sich in einer andauernden „Schieflage". Erwachsenen gelingt es manchmal, den einen oder anderen Mangel durch bestimmte „geliebte" Tätigkeiten oder auch eine Veränderung ihrer Perspektive zu kompensieren. Kinder können das noch nicht, sie sind auf Verständnis, Hilfe und Unterstützung von Erwachsenen angewiesen, doch die vertreten leider nur allzu häufig die Einstellung „Da muss man durch" – und das ist definitiv nicht zielführend.

Sogenannte Underachiever

„Underachievement" ist ein Begriff aus der Begabungsforschung. Er bedeutet zunächst ganz wertfrei „Minderleistung" und beschreibt eine negative Differenz zwischen der gezeigten Leistung (Performanz) und dem vorhandenen Potenzial. Als „Messinstrument" der gezeigten Leistung dienen die Schulnoten, für das vorhandene Potenzial wird der IQ-Wert herangezogen. Diese Herangehensweise bietet mehrere Betrachtungsmöglichkeiten und damit unterschiedliche Bewertungsmöglichkeiten:

- Die Bewertung nach Notendurchschnitt und Gesamt-IQ:
  Liegt der Notendurchschnitt aller Schulfächer bei einer Drei und der Gesamt-IQ bei 132, so ist davon auszugehen, dass das Kind nicht die Leistungen erbringt, die aufgrund seines IQ zu erwarten wären.
- Die Bewertung auf Basis der Noten jener Fächer, in denen bei dem betreffenden Kind eine hohe Begabung vorliegt und seinem differenzierten Begabungsprofil:
  Hierzu werden nur diejenigen Noten herangezogen, die gemäß Begabungsprofil eine hohe oder außergewöhnliche Leistung erwarten lassen. Hat ein Kind, das im mathematischen Bereich mit einem IQ von 140 abgeschnitten hat, in Mathematik eine erwartungswidrige (schlechte) Note bekommen, so kann es in diesem Fach ein „Underachiever" sein.
- Die Bewertung nach der Höhe der Differenz:
  Ab wann ist eine Leistung als „Minderleistung" zu bezeichnen? Liegt eine solche bereits bei der Note Zwei vor, wenn das Potenzial (IQ) eine Eins erwarten lassen kann?

- Die Bewertung auf Basis der Dauer der gezeigten Minderleistung:
Einige Wissenschaftler gehen davon aus, dass man erst dann von einem Underachievement sprechen kann, wenn die gezeigte Leistung dauerhaft unterhalb des Potenzials des Betreffenden liegt. Doch auch „dauerhaft" wird hier unterschiedlich interpretiert. Kann man eine Minderleistung schon nach vier Wochen Dauer schon als „Underachievement" bezeichnen oder erst nach drei Monaten, einem oder mehr Jahren?

Daran lässt sich gut erkennen, dass der Begriff „Underachievement" ebenfalls nicht eindeutig definiert ist, was einerseits zu unterschiedlichen Angaben über die Zahl von Underachievern führt (sie variieren zwischen etwa 10 und 50 Prozent) und zum anderen die Gefahr birgt, dass viele Underachiever nicht als solche erkannt werden. Hierbei möchte ich auch zu bedenken geben, dass Schulnoten, die ja als ein Bewertungskriterium herangezogen werden, immer auch einen *subjektiven Anteil* haben. Lehrer sind „auch nur" Menschen und können sich daher – selbst beim besten Willen – nicht völlig von ihren persönlichen, subjektiven Eindrücken, Wertmaßstäben und Alltagstheorien frei machen. Und dadurch kann es zu Fehlbeurteilungen der Performanz eines Schülers kommen. Auch die Auffassung, wonach Underachiever häufiger unter den Jungen als unter den Mädchen zu finden seien, kann zu falschen Beurteilungen führen. Noch immer werden weniger Mädchen als Jungen als (hoch)begabt erkannt, vermutlich deshalb, weil sich Mädchen eher ihrem Umfeld anpassen. Ein geringerer Gesamtanteil der als (hoch)begabt erkannten Mädchen kann auch dazu führen, dass der Anteil der als Underachiever erkannten Mädchen geringer ausfällt. Möglicherweise ist Underachievement unter den nicht als (hoch)begabt erkannten Mädchen sogar sehr viel verbreiteter als bei den Jungen. Zudem muss natürlich sichergestellt sein, dass der IQ-Test von einem „Profi", also von einem ausgewiesenen Begabungsdiagnostiker, ausgewählt, durchgeführt und interpretiert wurde. Zu den nicht erkannten Underachievern gehören beispielsweise auch solche Kinder, mit denen man in einem oder gar allen genannten Bereichen nicht professionell umgegangen ist und die deshalb auch nicht als hochbegabt erkannt wurden. Überdurchschnittlich Begabte, also Menschen mit einem gemessenen IQ von unter 130 Punkten, die ja *per definitionem nicht* hochbegabt sind, werden auch bei Untersuchungen zum Thema Underachievement kaum oder gar nicht berücksichtigt, sie bekommen folglich auch keine entsprechende Unterstützung und angemessene Förderung.

Das Testergebnis ist Glückssache: Der achtjährige Jonas und die sechsjährige Alina

Jonas besucht die dritte Klasse einer Grundschule. Die Aufgaben in Deutsch und in Mathematik bearbeitet er immer sehr langsam und scheint auch gar nicht zu verstehen, was von ihm verlangt wird. Mittlerweile verweigert er nicht nur die Hausaufgaben in diesen Fächern, sondern auch die Mitarbeit im Unterricht. In Sachkunde arbeitet er begeistert mit, erledigt seine Hausaufgaben eigenständig und zügig und macht sogar mehr, als er müsste. Jonas wurde von einem Kinderpsychologen getestet, der nur einen einzigen IQ-Test heranzieht. Damit erzielte Jonas im mathematischen Bereich einen Wert von 138, im sprachlichen einen Wert von 134 und in allen weiteren Untertests Werte zwischen 125 und 130. Im Untertest zur Merkfähigkeit kam er allerdings auf einen Punktwert von „nur" 112. Aufgrund dieses „Ausreißers" bewertete der Psychologe Jonas als „nicht hochbegabt". Im anschließenden Gespräch erklärte ihm die Mutter, dass Jonas im Alltag hingegen über eine außerordentliche Merkfähigkeit verfüge. So wisse er immer, wo alles liege, und habe ein weit zurückreichendes, hervorragendes Gedächtnis, mit dem er selbst Erwachsene immer wieder verblüffe. Doch der Psychologe blieb bei seiner Bewertung. Jonas gilt als nicht hochbegabt, wodurch sein Underachievement im sprachlichen und mathematischen Bereich nicht als solches erkannt wird. Der Mutter wurde empfohlen, ihren Sohn ein Konzentrationstraining und ein Training für Lern- und Arbeitstechniken absolvieren zu lassen.

Alina besucht die erste Klasse einer Grundschule. Sie gehört in allen Fächern zu den Besten, nur mit dem Lesen und Schreiben tut sie sich schwer. Der Lehrer vermutet eine Lese- und Rechtschreibschwäche (LRS). Im Rahmen einer entsprechenden Diagnostik führte eine Schulpsychologin auch einen IQ-Test mit Alina durch, bei dem ein Gesamt-IQ von 122 ermittelt wurde, was die Psychologin mit den Worten „weit weg von Hochbegabung" kommentierte. Eine LRS konnte ausgeschlossen werden. Die Spitze im sprachlichen Bereich (ein Wert von 129 Punkten) blieb unbeachtet. Die Eltern bekamen die Empfehlung, viel mit dem Kind zu üben.

Natürlich kann das Phänomen des Underachievement auf jedem Begabungsniveau auftreten. Wenn man jedoch vom schulischen Umfeld ausgeht, in denen ein Underachievement unter anderem anhand der Zensuren festgestellt wird, ist es jedoch für die oberen Begabungsbereiche sehr viel wahrscheinlicher. Denn eine immer wieder auftretende „Kernstörung"[38] beim Underachievement ist die Unterforderung. Die Herausforderung, die ihnen das Lernangebot bietet, ist für Kinder mit einer Hoch- oder gar Höchstbegabung (völlig) unzureichend. Im „unteren Begabungsbereich", den ich mit einem IQ von unter 85 Punkten charakterisiere, haben die Kinder mit einer mehr oder minder großen Überforderung zu kämpfen, für die normalbegabten Kinder (IQ-Bereich von 85 bis 114) ist das Lernangebot überwiegend adäquat (siehe Kapitel 2, Abb. S. 137 ff.), das heißt, sie kommen im Prinzip gut damit klar.

Ob ein Kind oder ein Erwachsener als „Underachiever" erkannt wird oder nicht, hängt also von vielen unterschiedlichen Faktoren ab. Doch es ist absolut essenziell, dass ein Underachievement erkannt wird, denn eine permanente Unterforderung kann für die Entwicklung der gesamten Persönlichkeit und für die Leistungsfähigkeit eines Kindes schwerwiegende Folgen haben, sogar irreversiblen Schaden anrichten, wenn nicht rechtzeitig etwas zur geistigen Förderung und Forderung des Kindes unternommen wird. Um eine dauernde Unterforderung rechtzeitig erkennen und entsprechend gegensteuern zu können, braucht man ebenfalls Kenntnisse über die spezifischen Besonderheiten, die Charakteristika der (hoch)begabten Persönlichkeit, die hierfür ursächlich sein könnten. Im Folgenden liste ich noch einmal die Wesensmerkmale auf, die im Zusammenhang mit einem (vermuteten) Underachievement unbedingt beachtet werden müssen:

- Hohe intrinsische Motivation:
  Die intrinsische, von innen heraus kommende Motivation ist der hauptsächliche Antrieb (hoch)begabter Menschen. Daraus resultieren ihre Wissbegier und ihr Erkenntnisstreben. *Nur darüber kommen sie in den für (Hoch)Begabte existenziell wichtigen Flow.* Das ist auch der Grund, weshalb die extrinsische (von außen kommende) Motivation, beispielsweise Noten, nicht dieselbe Wirkung erzielt.

- Hohe kognitive Fähigkeiten in *einem oder mehreren* Bereichen:
  Einheitliche Begabungsprofile sind keineswegs die Regel. Die meisten Begabten mit einem Gesamt-IQ von 115 bis 129 weisen *in einem oder mehreren* Bereichen eine hohe bis sehr hohe Begabung auf. Und selbst wenn ein Kind ein nahezu homogenes Begabungsprofil mit Werten „nur" zwischen 115 und 129 hat, dürfte es mit größter Wahrscheinlichkeit auch die Persönlichkeitsmerkmale, die Denkweise und die Erlebniswirklichkeit hochbegabter (Kinder) besitzen.

- Emotionale Empfindsamkeit:
  Aufgrund der physiologischen Komponente der sensorischen Reizaufnahme und -verarbeitung reagieren Begabte auch emotional schneller, intensiver und länger. Die sensorische Empfindsamkeit schließt Reize aus dem Körperinneren, also beispielsweise Stressreaktionen, mit ein.

- Soziale Passungsprobleme (siehe S. 72):
  Absolut sichere Beziehungen (Bindungen) bilden für (Hoch)Begabte die Grundlage, auf der sie ihre Begabungen ausleben können. Solche Beziehungen zu Normalbegabten aufzubauen

und zu pflegen, fällt ihnen oftmals schwer, weil sie schon sehr früh spüren oder gar wissen, dass sie anders sind, und dieses „Anderssein" natürlich nicht unbemerkt bleibt. So können den (hoch)begabten Kindern Probleme mit Gleichaltrigen, aber auch mit Erziehern und Lehrern entstehen, weitgehend unabhängig von den Beziehungen im Elternhaus.

Begabte, die in sicheren Bindungen aufwachsen, ihrer intrinsischen Motivation folgen können und im Idealfall darin sogar noch gefördert werden, haben viele Flow-Erlebnisse. Daraus resultieren ein gesundes Selbstwertgefühl und viel Selbstvertrauen. Sie führen Lernerfolge in der Regel auf ihre Fähigkeiten zurück, weil sie bereits viele Erfahrungen mit ihrer Selbstwirksamkeit sammeln konnten. Lern-Misserfolge identifizieren sie als Folge ungenügender Übung, Pech oder Zufall und lassen sich in ihrer Wissbegier dadurch nicht beeinträchtigen.

Underachievement beginnt in vielen Fällen bereits im Kindergarten oder in den ersten Grundschuljahren. Hier machen die Kinder erstmals die Erfahrung, dass weder (ihre) intrinsische Motivation noch (ihr) Interesse für ein (Spezial-)Thema gefragt sind und dass ihr Lerntempo „unangemessen" ist. Sie bekommen deutlich vermittelt, dass sie ihre bereits vorhandenen Kenntnisse nicht einbringen und ihr Lerntempo drosseln sollen. Wenn die Lernangebote diese Kinder permanent geistig unterfordern, reagieren sie mit Enttäuschung, vielleicht auch mit dem Rückzug nach innen. Dauerhafte Unterforderung frustriert sie. Die unerfreulichen Erlebnisse sammeln und stauen sich an. Sie können dazu führen, dass die Kinder die Freude am Lernen verlieren, weil sie ihren stärksten Antrieb, die intrinsische Motivation, einbüßen. Viele begabte Kinder können bereits lange vor ihrem Schuleintritt lesen, einige auch schreiben oder rechnen. Gehen die Lehrer im Unterricht nicht auf diese bereits vorhandenen Fähigkeiten ein und fördern das Kind nicht weiter, sondern verlangen stattdessen von ihm, sich dem Tempo des Regelunterrichts anzupassen und Dinge zu üben, die es längst „aus dem Effeff" beherrscht, kann aus diesem Kind ein unglücklicher Underachiever werden.

Bitte ziehen Sie als Eltern aus diesen Beschreibungen aber nicht den Fehlschluss, dass Sie es Ihrem Kind verweigern sollten, sich schon sehr früh Wissen und Fähigkeiten anzueignen. Das würde nur den Zeitpunkt des Beginns seiner Enttäuschungen vorverlegen. Beantworten Sie also bitte weiterhin die Fragen ihres Kindes, fördern Sie es nach besten Kräften und achten Sie darauf, dass niemand Ihrem Kind die lebenswichtige intrinsische Motivation raubt!

Ein (hoch)begabtes Kind lässt sich in seinem Wissensdrang normalerweise nicht bremsen, geschieht das dennoch, wird das Kind – mit höchster Wahrscheinlichkeit – Schaden an seiner Seele und seiner Persönlichkeit nehmen.

Viele der Fachleute sprechen hier von der „Spirale der Enttäuschung":

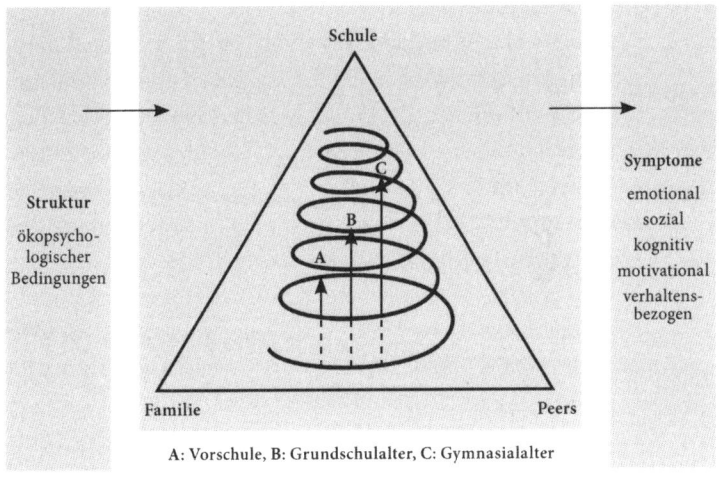

A: Vorschule, B: Grundschulalter, C: Gymnasialalter

Abbildung 8: Die Spirale der Enttäuschung.
Bildquelle: Barbara Feger/Tania M. Prado, *Hochbegabung*, 1998, S. 87

Lehwald beschreibt den Übergang zum Underachievement als Stufenfolge: [39]

1. Abbau von Flow-Erleben
2. Reduzierung von Wissbegier
3. Verminderung der Anstrengungsbereitschaft
4. Wandel der Attributierung
5. Veränderung des Selbstwerts
6. Auftreten lernbezogener Angst

Wenn ein begabtes Kind seiner intrinsischen Motivation nicht länger oder überhaupt nicht mehr folgen darf und stattdessen lernen soll, was ihm vorgegeben wird (und was es möglicherweise alles schon kann), und dabei auch noch auf ein „Schneckentempo" reduziert wird, wird es kaum noch Flow-Erlebnisse haben. Dadurch wird die Wissbegier des Kindes fortlaufend unterdrückt, was wiederum natürlich eine Verminderung seiner Anstrengungsbereitschaft zur Folge hat. Hat sich dann mit der Zeit in ihm ein ganzer Haufen frustrierender Erlebnisse angesammelt, die größtenteils auf der Ablehnung seiner Wissbegier und dem gedrosselten Lerntempo beruhen, wird es die Attributierung von Lernerfolg und -misserfolg ändern, das heißt, beides mit anderen Zuschreibungen versehen. War das Kind früher davon überzeugt, Lernerfolge seien allein auf seine Fähigkeiten zurückzuführen, so wird all der Frust es zu der Ansicht „bekehren", dass sie auf Zufall oder Glück beruhen. Misserfolge jedoch wird es seiner eigenen angeblichen Unfähigkeit anlasten und glauben, es wäre einfach zu dumm, um den Anforderungen zu genügen. Verständlicher- und ganz natürlicherweise wird sein Selbstwertgefühl daraufhin sinken. Menschen mit geringem Selbstwertgefühl sind grundsätzlich ängstlicher als diejenigen mit einem gesunden Selbstwertgefühl, und logischerweise machen ihnen Aufgaben Angst, die schon von der Vorahnung des Scheiterns begleitet sind. Wird ein Underachievement in der Kindheit nicht erkannt und nicht entsprechend gegengesteuert, ziehen sich die negativen Auswirkungen auf das Selbstwertgefühl und das Selbstvertrauen oftmals durch das gesamte Erwachsenenleben.

Andreas und die „Lücke" in seinem Leben

„Ich war ein mittelmäßiger Schüler und froh, die Realschule geschafft zu haben. Von meinen Eltern und auch von einigen Lehrern wurde mir immer wieder gesagt, dass ich das Zeug für das Gymnasium gehabt hätte, wenn ich mich nur mehr angestrengt hätte. Aber ich wusste nicht, wie ich das bewerkstelligen sollte. Außerdem hatte ich nach dem Realschulabschluss genug von Schule. Ich wollte endlich arbeiten, etwas Sinnvolles tun. Weil ich schon immer ein Herz für Tiere hatte, wurde ich Tierpfleger. Am Anfang war das richtig toll. Ich lernte mit Leichtigkeit und fand schnell einen guten Zugang zu den Tieren. Ich durfte oft dabei sein, wenn der Tierarzt kam, und bei diesen Gelegenheiten fühlte ich mich richtig glücklich. Aber ich hatte permanent das Gefühl, dass irgendetwas fehlte. Das kann ich bis heute nicht richtig in Worte fassen. Nach zehn Jahren brach ich körperlich und seelisch zusammen und ein Arzt bescheinigte mir Depressionen. Ich konnte es nicht glauben! Ich war doch grundsätzlich ein positiv denkender Mensch. Da war nur dieses Gefühl, dass irgendetwas in meinem Leben fehlte. Oder sollte das doch etwas mit Depressionen zu tun haben? Zu Anfang halfen die Tabletten, und so ging ich nach vier Wochen Krankschreibung wieder arbeiten. Aber nach einem Jahr war es wieder so weit. Mein Arzt empfahl mir dringend eine Therapie, und ich befolgte seinen Rat. Zwei Jahre lang ging ich regelmäßig zum Psychologen. Es tat zwar gut, mit jemandem zu reden, aber bei meinem Problem half es mir nicht weiter. Ich konnte nicht herausfinden, was es war, das mir fehlte. Stattdessen stellte sich mehr und mehr das Gefühl ein, dass ich nur noch funktionierte und das wirkliche Leben an mir vorbeiging. Mit 35 Jahren ging ich freiwillig in eine psychiatrische Klinik. Ich lernte dort viel über mich, aber dieses Grundgefühl von „Fehlen" blieb. Als ich fünf Wochen in der Klinik war, besuchte mich ein Freund dort und erzählte mir von seiner neu entdeckten Hochbegabung. Ich hatte mich noch nie damit beschäftigt, aber dieses Thema ließ mich nicht mehr los. Nachdem ich aus der Klinik entlassen wurde, kaufte

ich mir Bücher über Hochbegabung und las eins nach dem anderen, wobei ich mich in nahezu jeder Zeile wiedererkannte. Ein halbes Jahr später nahm ich all meinen Mut zusammen und machte einen IQ-Test. Das hohe Ergebnis hat mich erschüttert. Was hätte aus mir werden können, wenn jemand das in meiner Schulzeit erkannt hätte? Jetzt muss ich darüber nachdenken, was ich mit meiner Hochbegabung anfange. Ob überhaupt noch etwas zu ändern ist. Aber ich gebe nicht auf, denn jetzt weiß ich, spüre ich: Ich bin auf dem richtigen Weg."

Auch das Phänomen des Underachievements tritt in unterschiedlichen Ausprägungen und Intensitäten auf. Nicht jeder Underachiever muss eine Klasse wiederholen, auf eine Schule mit niedrigerem Anspruch wechseln oder wird gleich zum Schulverweigerer. Für die Entwicklung zum Underachiever sind weitere Faktoren relevant, die ich hier einzeln aufliste und beleuchte.

Individuelle Faktoren

Im Rahmen dieser (möglichen) Entwicklung spielen beispielsweise auch die angeborene Resilienz (psychische Widerstandskraft), die Ausprägung und Intensität der Sensitivität (körperlich und emotional) und die individuelle Begabung, die Interessen und Fähigkeiten eine wesentliche Rolle. Sie machen den Kern jeder Persönlichkeit aus. Zwar verändern sich diese Eigenschaften und Merkmale im Lauf des Lebens durch Erfahrungen und die Umwelt vielleicht etwas, grundsätzlich bleiben sie jedoch über die gesamte Lebenszeit hinweg erhalten. Werden die genannten Aspekte nicht erkannt oder nicht berücksichtigt, ist das ganz klar eine Missachtung der individuellen Persönlichkeit, das dieses oft erst im Erwachsenenalter deutlicher spürbare nagende Gefühl von „In meinem Leben fehlt etwas" hervorrufen kann.

Bei Kindern und Jugendlichen kann es einen Motivationsverlust bewirken und die Entwicklung ihrer Selbstregulation, sowohl auf der emotionalen als auch auf der Lernebene, be- oder gar verhindern. Das wird unter dem Fachbegriff „erlernte Hilflosigkeit" zusammengefasst. Das Kind spürt das Vorhandensein seines Potenzials, kommt aber sozusagen nicht „dran", weiß nicht, wie es das Potenzial nutzen könnte. Hat es jedoch gelernt, mit seiner Sensitivität, seiner Emotionalität und seiner Empathie angemessen umzugehen und die Intensität seiner Emotionen und Reaktionen zu regulieren, wird es insgesamt gelassener sein. Wenn die intrinsische Motivation wie auch die Interessen des Kindes akzeptiert, besser noch gefördert, wurden und werden, kann es Selbstvertrauen aufbauen.

Grundsätzlich aber wurde wirklich jeder Mensch von Mutter Natur individuell ausgestattet. Deshalb kann ein Kind/ ein Erwachsener infolge einer Situation einen großen Leidensdruck empfinden, während ein anderes Kind oder ein anderer Erwachsener mit derselben Situation besser oder sogar gut zurechtkommt. Und diese gefühlten Unterschiede werden sich auch unterschiedlich auf die Motivation und die Anstrengungsbereitschaft des Betreffenden auswirken.

Mit klugen Strategien gut unterwegs: Saskia und Lukas

Die sechsjährige Saskia wird von ihrer Mutter als „von Geburt an eigenständige Persönlichkeit" beschrieben. Sie hatte schon als Säugling einen eigenen Willen, den sie auch durchzusetzen wusste, und forderte immer ein, was sie brauchte. Dabei war sie nicht unfreundlich oder gar böse, aber sehr bestimmt. Auch im Kindergarten zeigte sie diesbezüglich keine Hemmungen und brachte klar und deutlich zum Ausdruck, was sie brauchte und wollte. Als sie mit fünf Jahren eingeschult wurde, kommunizierte sie ihre Enttäuschung über das Lernangebot (sie konnte bereits lesen und schreiben) auch ihren Lehrern deutlich und verhandelte sogar selbst über Zusatzaufgaben oder freie Zeit mit ihnen. So erreichte sie auf ihre freundliche, aber bestimmte Art beispielsweise, dass sie selbst mitgebrachte Bücher während des Unterrichts lesen durfte, wenn sie ihre Aufgaben erledigt hatte.

~~~

Der achtjährige Lukas war von Geburt an ein sehr ruhiges und immer freundliches Kind. Er nahm, was ihm angeboten wurde, und verlangte nur selten etwas. Dabei hatte er ein sehr gutes Gespür für seine Umgebung und nahm sich selbst oft zurück. Auch im Kindergarten und in der Schule änderte sich das nicht. Bekam er Lernangebote, nahm er sie freudig und wissbegierig an, aber er forderte nicht mehr ein. Er ist ein guter Schüler, auch wenn er nicht zu den Klassenbesten gehört. Aber er ist bei allen beliebt und damit sehr zufrieden. Leichte Anzeichen von Frustration aufgrund des langsamen Lerntempos in der Schule kompensiert er am Nachmittag eigenständig durch viel freies Spiel in der Natur mit seinen Freunden.

Die familiäre Situation

In ihrem ganzen Ausmaß deutlich sichtbar wird die Bedeutung der familiären Situation häufig erst, wenn Ausnahmesituationen auftreten, zum Beispiel ein Umzug, der Tod eines geliebten Haustiers, die Scheidung der Eltern oder auch ein Arbeitsplatzwechsel der Eltern, der vielleicht auch Veränderungen im häuslichen Alltag mit sich bringt. In solchen Fällen ist bei den Kindern häufig ein Abfall ihrer schulischen Leistungen zu beobachten, der durchaus länger anhalten kann, meist jedoch nicht von Dauer ist. Mit familiärer Unterstützung und durch den entsprechenden Rückhalt finden die Kinder nach einer Weile von selbst aus dem „Underachievement" zurück zu ihnen gemäßen Leistungen. Schwieriger wird es, wenn die belastende familiäre Situation ein Dauerzustand ist. Das kann ständiger Streit zwischen den Eltern sein oder auch die beruflich bedingte längere Abwesenheit eines Elternteils, unter dem der andere Elternteil sichtlich leidet. Aber auch zu hohe oder zu geringe (Leistungs-)Ansprüche an das Kind wirken belastend. Und nicht zuletzt können auch andere Aspekte, wie etwa ein niedriger sozioökonomischer Status der Eltern, die Zugehörigkeit zu einer religiösen Minderheit, zu einer (möglicherweise gar restriktiv geführten) Sekte oder zu einer anderen Kultur zur Entstehung von Underachievement beitragen.

Ihnen könnte Förderung so sehr helfen: Johannes und Ayse

Der neunjährige Johannes ist ein lebhaftes Einzelkind und lebt mit seiner alleinerziehenden Mutter. Sie beschreibt ihren Sohn als „schon immer anstrengend und fordernd". Aufgrund ihrer finanziellen Situation – sie lebte bis zu Johannes' siebten Lebensjahr vom Arbeitslosengeld II (Hartz IV) – konnte sie ihm nicht viel Abwechslung bieten. Auch deswegen empfand sie die Kindergartenzeit als Entlastung, denn dort konnte Johannes viel lernen und war zu Hause ausgeglichener. Im zweiten Schuljahr begannen seine Wutausbrüche, die er ausschließlich zu Hause bekam. Seine Lehrer berichteten von einem eher ruhigen Johannes, dessen schulische Leistungen im Mittelfeld lagen. Insgesamt war er in der Schule unauffällig. Als er immer öfter und immer schlimmere Wutausbrüche bekam, suchte die Mutter Hilfe bei einem Kinderpsychologen. Beim dortigen IQ-Test zeigte Johannes großen Eifer und erreichte einen Gesamt-IQ von 143. Die Mutter konnte jedoch die Förderprogramme, die dieser Psychologe speziell auf Hochbegabte zugeschnitten hatte, nicht bezahlen. Johannes besucht jetzt zusammen mit anderen Kindern seines Alters ein Sozialkompetenztraining, das allerdings nicht viel bringt.

Die zwölfjährige Hauptschülerin Ayse soll auf Anraten ihrer Lehrer dringend auf ein Gymnasium wechseln. Doch diese Vorstellung passt nicht in das Frauenbild ihrer türkischen Eltern. Sie verweigern Ayse sowohl einen IQ-Test als auch den Besuch des Gymnasiums.

Die schulische Situation

Leider gibt es immer noch viele Lehrer, deren Wissen über Hochbegabung sich auf die Kenntnis des dabei vorausgesetzten IQ-Werts von 130 Punkten beschränkt. Und viele glauben, (Hoch)Begabung müsse sich immer in schulischen Leistungen zeigen, frei nach dem Motto „Wer nicht überall Einser kassiert, kann nicht hochbegabt sein". Und wenn ein Kind in allen Schulfächern mit Eins benotet wird, dann „soll es doch froh sein, denn besser geht es nicht". Dementsprechend können sie natürlich auch keine Notwendigkeit für eine besondere Förderung begabter Schüler erblicken. Stoßen (hoch)begabte Kinder bei solchen derart schlecht informierten Pädagogen auf anhaltendes Unverständnis oder Ablehnung und werden deshalb nicht gefördert, bildet dies häufig die Ursache für Underachievement. Das Verhältnis eines (hoch)begabten Kindes zu seinen Erziehern und Lehrern (den sogenannten erweiterten ersten Bezugspersonen) spielt eine maßgebliche Rolle für die Motivation und die Anstrengungsbereitschaft des jeweiligen Kindes. Auch die Konzentration auf die vermeintlichen Defizite des Kindes und der Versuch, diese „auszumerzen", wobei die Stärken des Kindes gleichzeitig unberücksichtigt bleiben oder gar abgewertet werden, ist absolut kontraproduktiv.

Einige markante Aussagen von Lehrern oder Erziehern:

„Jan ist nur ein mittelmäßiger Schüler. Wenn er mehr könnte, würde er es ja zeigen."

~

„Dass Ihre Tochter hochbegabt ist, glaube ich nicht!" (Aussage eines Schuldirektors nach Vorlage des IQ-Tests mit dem Ergebnis von 136 Punkten)

~

„Wenn sie hochbegabt wäre, würde sie sich nicht so danebenbenehmen."

~

„Mit einem IQ von 128 ist Ihr Kind ganz klar nicht hochbegabt. Lassen Sie es lieber mal auf ADHS testen."

~

„Bevor er in die Schule kann, muss er lernen, mit Gleichaltrigen auszukommen. Sein soziales Verhalten ist nicht schulreif."

~

„Wenn sie das Schönschreiben nicht lernt, kann sie keine Klasse überspringen."

Mit solchen erschreckenden Äußerungen könnte man ganze Bände füllen. Ich möchte es an dieser Stelle dabei belassen und Ihnen noch je eine negative und eine positive Fallgeschichte erzählen.

Lehrer können über das Wohl und Wehe eines Kindes entscheiden: Larissa und Sebastian

Larissa gilt als intelligent, ist aber noch nicht getestet. Im ersten Schuljahr hat sie eine Lehrerin, mit der sie sehr gut zurechtkommt. Zu Hause erzählt sie, dass sie ihre Lehrerin liebt, weil sie immer gelobt wird, wenn sie als Erste mit den Aufgaben fertig ist und sich dann etwas aus der Spieleecke holen darf, mit dem sie sich beschäftigen kann, solange die anderen noch an den Aufgaben arbeiten. Sie ist glücklich in der Schule. Zum zweiten Schuljahr geht ihre Lehrerin in Mutterschaftsurlaub, und Larissa bekommt eine andere Lehrerin. Bereits nach einer Woche äußert sie zu Hause, dass es in der Schule langweilig und die Lehrerin „doof" sei. Ihre Eltern meinen, sie müsse sich erst noch an die neue Lehrerin gewöhnen, und schenken den Klagen ihrer Tochter nur wenig Beachtung. Nach drei Monaten werden sie zu einem Gespräch in die Schule gebeten und trauen ihren Ohren nicht, als sie zu hören bekommen, Larissa sei bockig und frech und würde überdies ihre Aufgaben nicht vollständig oder nicht korrekt erledigen. Die Lehrerin habe den Eindruck, das Kind sei sowohl mit dem Lernstoff als auch mit der schulischen Situation überfordert. Ihr fehle es offensichtlich an Respekt. Als die Eltern Larissa nach ihrer Sicht der Dinge fragen, erzählt sie, dass sie nichts tun dürfe, wenn sie ihre Aufgaben erledigt habe. Sie müsse untätig abwarten, bis auch der letzte Klassenkamerad fertig sei. Zudem lobte die neue Lehrerin sie nicht, sondern riet ihr, langsamer zu arbeiten, wenn sie sich sonst langweilen würde. Larissa hatte den Eindruck, die Lehrerin könne sie „nicht leiden". Mehrere Folgegespräche brachten keine Verbesserung der Situation, ganz im Gegenteil: Larissa bat ihre Eltern, nicht mehr in die Schule zu gehen, weil sie glaubte, das mache alles nur schlimmer. Sicher käme ihre alte Lehrerin bald zurück, und dann würde alles wieder gut. Aber die „alte" Lehrerin kam während Larissas gesamter Grundschulzeit nicht zurück. In großer Sorge um das Wohlbefinden ihres Kindes wandten sich die Eltern an den Schulpsychologen, der einen IQ-Test vorschlug. Der Test erbrachte einen Gesamt-IQ von 132. Aber auch dieses Ergebnis vermochte nichts an der Haltung der Lehrerin zu ändern, und der Schuldirektor teilte ihre Einstellung. Larissa verlor allmählich ihre gesamte Motivation und schaffte in der vierten Klasse gerade noch einen Notendurchschnitt von Vier. Dementsprechend bekam sie eine Empfehlung für die Hauptschule. Dort fühlte sie sich gar nicht wohl, mit ihren gleichaltrigen Mitschülern kam sie nicht zurecht, und ihre Leistungen verbesserten sich auch nicht. Ergebnis: Larissa entwickelte eine Depression.

Sebastians Eltern hatten ihren Sohn als Fünfjährigen vor der Einschulung testen lassen – auf den Hinweis von Freunden. Das Ergebnis war ein Gesamt-IQ von 126 mit einer Spitze von 140 im mathematischen Bereich. Bei der Anmeldung an der Grundschule legten sie den Test dem Direktor vor, der sich freute, ein so begabtes Kind an seiner Schule zu haben, und den Eltern versicherte, dass der Junge gefördert würde. Zum zweiten Halbjahr empfahl Sebastians Lehrer in Abstimmung mit dem Direktor, dass der Junge nach den Ferien in die zweite Klasse „springen" sollte. Er scheine sich zu langweilen und machte „nur noch Faxen". Dabei ließ sich Sebastians volles Potenzial durchaus nicht an seinen Schulleistungen ablesen. Er gehörte zwar zu den guten, aber nicht zu den besten Schülern. Ein Jahr später übersprang Sebastian die dritte Klasse, um anschließend auf das Gymnasium überzuwechseln. Sebastian ist ein aufgeweckter, neugieriger und wissbegieriger Junge, der mit seinen älteren Mitschülern gut zurechtkommt und sich am Gymnasium sehr wohlfühlt.

Es ist also ungeheuer wichtig, dass die Eltern und Lehrer eines „falsch-leistungsschwachen" Kindes herausfinden, wie groß sein Leidensdruck, wo die Ursache des Underachievements konkret liegt, und dann entsprechend handeln. Das ist sowohl für Eltern als auch für Lehrer und Erzieher nicht immer leicht, denn (hoch) begabte Kinder können ihre wahren Gefühle gut verbergen und banalisieren.

Doch es gibt auch schulische Underachiever, die mit ihrer Minderleistung gut leben können, weil sie schon früh ganz andere Ziele verfolgen, als Schule zu bieten hat. Ein gutes Beispiel ist die folgende Geschichte des heute 30-jährigen Jens.

Ein echt starker Typ!

„Ich wusste schon im Kindergarten, dass ich anders bin als alle anderen. Und ich fand das gut. Während meine gleichaltrigen „Freunde" (er sagt das in einem recht verächtlichen Ton) sich darum bemühten, immer „lieb Kind" zu sein, war mir das recht egal. Ich wollte Tischler werden. Das wusste ich schon mit drei Jahren. Und mir wurde schnell klar, dass ich dafür kein Abitur brauchte. Mein Vater versuchte immer, mich anzutreiben, um bessere Schulnoten zu erreichen, er hätte mich gern auf der Universität gesehen. Zuerst waren das liebevolle „Stupser", später artete das in echten Druck aus. Dabei musste ich mir auch so Sachen wie „Versager", „Taugenichts" und Ähnliches anhören. Aber auf diesem Ohr war ich erstaunlicherweise taub. Ich wollte Tischler werden! Nicht mehr und nicht weniger! Dabei verstand ich meinen Vater. Er wurde zwar nie getestet, aber ich bin ziemlich sicher, dass er hochbegabt ist. Er hatte einfach nie eine Chance und wollte, dass ich jetzt nutze, was ihm nicht vergönnt war. Aber ich wollte das nicht. Ich schaffte meine Mittlere Reife etwas besser als mittelmäßig – Schule war für mich der reinste Horrortrip. Ich hab diesen ganzen Mist nur durchgehalten, weil ich wusste, wo ich hinwollte. Klar hätte ich bessere – viel bessere – Noten schreiben können, aber ich habe den Sinn darin nicht sehen können. Ich nenne mein Verhalten – heute, aus der (wissenden)

Rückschau – nicht Underachievement, sondern Effizienz! Ich habe mit meinen Kräften, nennen wir es ruhig auch „Potenzial", bestens gehaushaltet. Statt für die Geschichtsarbeit zu pauken, habe ich lieber Möbel entworfen und gebaut und mich nicht mit politischer, sondern mit Architekturgeschichte beschäftigt. Schon als Sechsjähriger. Ich konnte mir für mich einfach nichts anderes vorstellen! Nach der Realschule machte ich eine Tischlerlehre, drei Jahre später absolvierte ich den Meisterlehrgang. Danach machte ich mich selbstständig und führe heute eine Tischlerei mit 20 Mitarbeitern. Meine Auftragsbücher sind voll. Ich habe ein schönes und ausgeglichenes Privatleben mit meiner Frau und meinen Kindern und der Opa – mein Vater – besucht uns oft und sehr gern. Er hat mittlerweile verstanden, dass es in meinem Leben nicht um das Abitur und ein Studium geht. Und ich glaube, er ist sogar stolz auf mich."

Underachievement hängt also auch immer mit den persönlichen Zielen des jeweiligen Kindes/ des Menschen zusammen. Jens ist kein Underachiever im Sinn der Begriffsdefinition gewesen, sondern ein eher effizienter Begabter, der wusste, was er wollte, und mit seinen Kräften (seinem Potenzial) entsprechend gehaushaltet hat. Wenn es heute auch viele anders sehen und bei einer großen Zahl von Berufsausbildungen tatsächlich das Abitur vorausgesetzt wird, so hängt das persönliche Lebensglück trotzdem nicht von diesem „Reifezeugnis" ab! Viel wichtiger ist es doch, dass ein Mensch seine Berufung findet, denn die ist immer mit Leidenschaft verbunden, baut auf seinen persönlichen Interessen auf. Ein Mensch, der seinen Beruf aus Leidenschaft gewählt hat, wird ihn auch mit Leidenschaft ausüben und schafft sich damit die besten Voraussetzungen, um auch Geld damit zu verdienen. So ein Mensch macht aus jeder Zitrone eine leckere Limonade! Wer wünscht sich das nicht für sein Kind (und sich selbst)?

Ich denke, an dem Beispiel von Jens, und das ist bei Weitem kein Einzelfall, wird sehr deutlich, wie wichtig es ist, in Fällen von

Underachievement „Ursachenforschung" zu betreiben. Man muss an die Wurzel des Problems vordringen, die grundlegende Ursache des Underachievements und vor allem die Motivation des Underachievers (respektive die eigene Motivation) aufdecken, um ihm beziehungsweise sich selbst auf seinem ganz individuellen Lebensweg weiterhelfen zu können. Wobei ich davon überzeugt bin, dass jeder Mensch grundsätzlich über so viel Instinkt und Intuition verfügt, das für sich selbst herauszufinden – wenn er nicht durch seine „Sozialisierung" daran gehindert wird. Haben Sie Vertrauen in sich selbst und in Ihr Kind!

Verhaltensauffälligkeiten

Es gibt unendlich viele Varianten menschlichen Verhaltens, unendlich viele Ursachen und Anlässe, auf deren Basis sich ein Verhalten manifestieren oder ändern kann, und bei (Hoch)Begabten kommen aufgrund ihrer Intensität in allen Bereichen sicher noch einmal Unmengen von Varianten und Variationen dazu. Bei Kindern kann man immer davon ausgehen, dass sie durch ihr Verhalten darauf aufmerksam machen, wenn etwas nicht stimmt. Und wenn etwas schiefläuft, ist der Grund dafür in ihrem sozialen Umfeld zu finden. Tatsächlich können unterschiedliche Verhaltensweisen auf denselben Problemen gründen und dieselben Verhaltensweisen auf unterschiedliche Probleme hinweisen. Doch es existieren auch bestimmte Muster, die es zu erkennen und richtig zu deuten gilt. Hier einige Beispiele für „klassische" Verhaltensauffälligkeiten.

Rückzug in sich selbst

Dana lief einfach nur so mit …
„Als Dana geboren wurde, kam mein damals vierjähriger Sohn Sven in die Kita. Ich hatte eine problematische Schwangerschaft und wollte möglichst gut für meine Tochter sorgen

können. Sie sollte genauso viel Zeit mit mir alleine haben wie ihr Bruder als Baby auch. Ihm hat das offenbar sehr gutgetan, denn er hatte sich bis zu Danas Geburt zu einem fröhlichen kleinen Jungen entwickelt. Doch mit seinem Kita-Eintritt änderte sich das. Er wurde unausgeglichen und launisch und wollte nichts mit seiner kleinen Schwester zu tun haben. Es war eine schwierige Zeit für mich. Doch Dana war ein ruhiges, zufriedenes Baby, sodass ich mich auch gut um den immer schwieriger werdenden Sven kümmern konnte. Dana lief „so nebenbei" mit. Sie freute sich über jede Kleinigkeit und war mit wenig zufrieden.

Als Svens Einschulung bevorstand, rieten uns seine Erzieher, einen IQ-Test machen zu lassen, weil er „schon so weit" zu sein schien. Mich traf das wie ein Blitzschlag, denn ich hatte schon an alles Mögliche gedacht, aber sicher nicht an eine Hochbegabung. Wir ließen Sven also testen, und die vermutete Hochbegabung bestätigte sich. Das half uns aber nicht viel weiter, denn es war ja sein Verhalten, das Schwierigkeiten bereitete, und nicht seine Schläue …
Dana hingegen war das, was man wohl „pflegeleicht" nennt. Auch in der Kita fiel sie nie auf und galt als vernünftiges, hilfsbereites Mädchen, wenn auch als etwas zu still. Sie entwickelte sich völlig altersgerecht und forderte nie etwas für sich ein. Während ihrer Grundschulzeit wurde sie immer zurückhaltender und entwickelte auch Ängste. Sie wirkte im Unterricht oft abwesend, stand in den Pausen meist allein herum und hatte auch keine „beste Freundin". Ihre Noten lagen zwar immer noch im Mittelfeld, verschlechterten sich aber weiter und weiter.
Die Lehrerin machte sich zunehmend Sorgen und riet uns, als Dana in der vierten Klasse war, sie auf ADS testen zu lassen. Diesen Verdacht konnte der Kinderpsychiater nicht bestätigen, stattdessen kam bei dem von ihm mit Dana durchgeführten IQ-Test eine noch höhere Begabung heraus, als sie bei Sven ermittelt worden war. Jetzt wissen wir nicht mehr weiter."

Gerade (hoch)begabte Mädchen ziehen sich häufig(er) in sich zurück, melden keine oder kaum Bedürfnisse an, um den Eltern keine Schwierigkeiten oder Sorgen zu bereiten, um nicht als „anders" aufzufallen und auch um in Gruppen akzeptiert zu werden. Bei Dana spielt es sicher auch eine Rolle, dass ihr älterer Bruder sie ablehnte und gleichzeitig seinerseits den Eltern einiges an Aufmerksamkeit abverlangte. Mädchen lassen in solchen Fällen oftmals anderen (hier dem Bruder) den „Vortritt" und stellen sich selbst hintan.

Obwohl dieses Verhalten „selbst gewählt" ist, führt es doch zu diversen Problemen in der Persönlichkeitsentwicklung, Dana beispielsweise entwickelt nach einiger Zeit Ängste. Sie konnte kaum Selbstvertrauen in ihre eigenen Fähigkeiten entwickeln, wurde in ihrem besonderen Sein nicht gesehen und nicht erkannt. Folglich war sie mit den zwiespältigen Gefühlen, die viele begabte Kinder in sich tragen, mit ihrem Wissensdurst und ihrem Entwicklungspotenzial allein.

Es ist sicher schwierig und langwierig, aber keineswegs unmöglich, einem Kind aus so einer ungesunden Zurückgezogenheit herauszuhelfen. Um ein in der Dunkelheit in sich „verschlossenes" Kind sozusagen „ans Tageslicht" zurückzuholen, braucht es viel liebevolle Aufmerksamkeit und Zuspruch, damit sich sein Selbstwertgefühl – falls nötig – überhaupt erst einmal ausbilden und dann wachsen kann. Die behutsame Förderung des Selbstvertrauens eines solchen Kindes kann man ohne Weiteres auch durch das Angebot anspruchsvoller Lernaufgaben und die eventuell dabei notwendige Unterstützung zu deren Bewältigung „abrunden". Auch Sportarten, die das Selbstvertrauen und die Konzentration fördern, wie etwa fernöstliche Kampfsportarten, können hier tatsächlich wahre Wunder wirken. Regelmäßige Kontakte mit anderen begabten Kindern sind bei der Identitätsentwicklung fast immer eine große Hilfe, sie dienen auch der Orientierung/ „Verortung" des Kindes in der Welt. In allererster Linie sind hier viel Geduld und Verständnis angesagt.

Aggressivität

Toben aus Verzweiflung: Thomas

„Mein Sohn Thomas ist sechs Jahre alt und hat einen IQ von 143, aber davon weiß er natürlich nichts. Er geht noch in den Kindergarten. Lesen, schreiben oder rechnen kann er noch nicht. Eigentlich ist er ein ganz normales Kind, aber manchmal hat er regelrechte Anfälle von Jähzorn und Eifersucht, wenn andere Kinder besser sind als er. Wenn seine Versuche, es genauso gut zu machen, scheitern oder er sich selbst nicht gut genug ist, wird er zur Furie. Wir fordern keine Leistung von ihm, er soll nur die Regeln befolgen und andere Kinder nicht ärgern oder ihnen wehtun. Aber es gibt immer wieder Ärger. Er tut anderen oft weh, manchmal ohne Absicht, manchmal aber auch einfach nur so. Er hat viel Kraft, die er aber gar nicht einschätzen kann. Wenn er ein anderes Kind, dem Unrecht getan wurde, verteidigt, wird er oft selbst verdächtigt, der Übeltäter zu sein. Und er befolgt einfach keine Regeln. Er findet keinen Freund, versucht immer wieder, in unterschiedliche Grüppchen aufgenommen zu werden. Wenn er das nicht schafft, ist er hochgradig verunsichert und frustriert. Er weiß nicht, was „normal sein" bedeutet, und ist gehemmt, besitzt wenig Selbstvertrauen. Er versucht das zu kompensieren, indem er mit neuem Spielzeug angibt. Er ist sehr kreativ und ausdauernd beim Malen und Bauen, weil er das gerne macht. Er interessiert sich für alles Naturwissenschaftliche, Religion und Kunst, weiß aber über diese Sachen nicht viel. Außerdem ist er schusselig. Er vergisst, verlegt und verliert immer alles. Damit kann ich leben, aber nicht damit, dass er anderen wehtut. Ich will, dass das aufhört!"

Ich sehe hier ein höchst verzweifeltes Kind, das nach Zugehörigkeit sucht und sich überhaupt nicht erklären kann, warum es keinen Anschluss findet. Thomas versucht immer wieder, in Grüppchen hineinzukommen, und greift dabei zu allen Mitteln, die ihm zur Verfügung stehen (beispielsweise mit neuem Spielzeug „angeben"), um sich für andere interessant zu machen. Aus ebendiesem Grund setzt der Junge auch seine Körperkraft ein. Er möchte gesehen und anerkannt werden. Ein sechsjähriges Kind weiß noch nicht, dass es nichts mit Anerkennung zu tun hat, wenn andere Angst vor ihm haben. Es spürt nur, dass es – wenigstens in diesen gewaltvollen Momenten – gesehen wird. Möglicherweise wehrt sich Thomas damit aber auch gegen abfällige Bemerkungen oder Hänseleien. Außerdem hat man ihm wohl schon des Öfteren unrecht getan, wenn Thomas bei Streitigkeiten nicht als „Beschützer", als der er ja *de facto* immer wieder auftrat oder zumindest aufzutreten versuchte, sondern irrigerweise als Angreifer gesehen wurde. Damit wird sein hohes Gerechtigkeitsempfinden gleich auf zweifache Weise missachtet: Sein soziales Umfeld sieht nicht, dass er helfen wollte, und obendrein werden ihm böse Absichten unterstellt, die er ja gar nicht hat. Sensible, so hochbegabte Kinder können durch solche Erlebnisse und Erfahrungen in einen Zustand höchster Verzweiflung geraten, die sich unter Umständen als Protestverhalten „Bahn bricht".

Mit seinem IQ von 143 ist Thomas sehr weit weg von allen Normalbegabten. Diese Diskrepanz spürt er deutlich – sowohl im Umgang mit anderen (interpersonal) als auch bezüglich seiner normal entwickelten Motorik (intrapersonal). Dank seiner ausgeprägten intellektuellen Fähigkeiten kann er sich Abläufe zwar perfekt vorstellen, begreift aber (noch) nicht, warum er nicht imstande ist, dies alles in die Praxis umzusetzen. Darauf reagiert er mit Wut. Zum einen ist er zornig auf sich selbst, zum anderen auch auf andere (Jähzorn, Eifersucht), weil er sich nicht erklären kann, dass anderen die Dinge so viel besser gelingen als ihm, obwohl er doch genau weiß, wie es geht. Diese Diskrepanz erzeugt selbst bei Erwachsenen noch häufig Wut oder bringt sie dazu, vorzeitig aufzugeben.

Weil Thomas noch nicht lesen, schreiben und rechnen kann (oder dieses Können „versteckt" und nicht „herauslässt"!) und auf seinen Interessengebieten eben „nur" Interesse zeigt und kein „kleiner Professor" ist, wird sein kognitives Potenzial nicht ernst genommen und auch nicht entsprechend gefordert und gefördert.

Hier braucht es dringend Aufklärung und Veränderung! Die Eltern sollten ihrem Sohn behutsam erklären, *warum* er so anders ist als andere, und auch, warum sich die Umsetzung motorischer Abläufe von der Theorie in die Praxis für ihn so schwierig gestaltet. Das allein wird seine Situation im Kindergarten nicht ändern, doch dafür kann Thomas jetzt, wo er Bescheid weiß, vieles mit seinem Verstand kompensieren. Zusätzlich sollten die Eltern schnellstmöglich dafür sorgen, dass er eine Gruppe findet, damit er ein Zugehörigkeitsgefühl entwickeln kann. Das geht im Allgemeinen gut über den Kontakt zu gleichbefähigten Kindern, also entweder etwa gleichaltrigen Hochbegabten oder (mindestens zwei Jahre) älteren Kindern. Thomas' Eltern sollten auch über eine rasche Einschulung ihres Jungen nachdenken. Für einen intrapersonalen (inneren) Ausgleich bei Thomas können auch die Forderung und Förderung seiner kognitiven Fähigkeiten sorgen. Zur Übung seiner Motorik und für einen sinnvollen Umgang mit seiner Körperkraft könnte er sich sportlich betätigen, in einer Sportart, die sein Interesse weckt und die ihm Freude bereitet. Außerdem hat körperliche Betätigung noch den angenehmen „Nebeneffekt", beim Abbau von Stress und Frustration mitzuwirken. Als „Gesamtpaket" werden diese Maßnahmen sowohl dem Bedürfnis des Jungen nach Entwicklung wie auch seinem Bedürfnis nach Zugehörigkeit gerecht. Bei einigen Kindern lässt sich schon nach wenigen Tagen eine deutliche Verbesserung feststellen, bei anderen lassen die Fortschritte schon mal einige Monate auf sich warten. Für Eltern kann das eine sehr anstrengende Zeit werden, doch lassen Sie nicht den Mut sinken: Es lohnt sich immer – vor allem für Ihr Kind.

Da Menschen als Gattung und in ihren individuellen Ausprägungen sehr vielfältig sind, existieren natürlich auch beim menschlichen Verhalten viele Mischformen. Zwar ist der Rückzug in sich selbst eher typisch für begabte Mädchen und der aggressive Selbstausdruck eher typisch für begabte Jungen, doch das kann in einzelnen Fällen auch genau umgekehrt sein. Außerdem sind beide Verhaltensweisen sogar bei ein und demselben Kind möglich, wie das Beispiel von Luca recht anschaulich zeigt.

Luca und sein innerer Zwiespalt

„Wir haben einen langen Weg hinter uns, er reichte bis hin zum Vorwurf der Kindeswohlgefährdung. Nach diversen Diagnoseverfahren bei Kinderpsychiatern (alle ohne Ergebnis, bis auf die Hochbegabung), unzähligen Gesprächen mit Lehrern, Ergo- und Physiotherapien dachten wir, es wäre geschafft. Die neue Lehrerin, die er ab der dritten Klasse hatte, setzte sich ganz toll für ihn ein, unterstützte ihn und hat sich sogar über Hochbegabung informiert. Alles lief super. Jetzt, nach drei Monaten, geht das Ganze anscheinend aber von vorne los! Luca verweigert die Teilnahme am Sportunterricht. Zurzeit spielen die Kinder dort Volleyball, und das mag er nicht. Er sagt, ihm täten davon die Fingergelenke weh und es sei ihm überhaupt zu wild. Im Unterricht reißt er sich meist zusammen und macht leidlich mit, was aber auch von Lehrer zu Lehrer unterschiedlich ist. Bei neuen Themen ist er voll dabei, Wiederholungen verweigert er: „Kann ich nicht, ist zu schwer, mach ich nicht." Dann stört er den Unterricht, steht auf, läuft herum, protestiert lautstark, weint, rennt aus der Klasse und fühlt sich ungerecht behandelt. Egal, wie die Lehrer darauf reagieren, nichts hilft. Ich habe ihm schon 100-mal erklärt, dass Wiederholungen sein müssen und Verweigerung alles nur noch schlimmer macht, aber er reagiert nicht. Jetzt beginnt er, sich sozial auszugrenzen, will nicht mehr mit anderen spielen, geht nachmittags nicht mehr vor die Tür und sagt Einladungen ab. Er sagt, sie verstehen ihn nicht, und ist davon überzeugt, dumm zu sein. Ich bin mit meinem Latein am Ende."

Bei Luca kommen gleich mehrere Dinge zusammen. Er zeigt sowohl aggressive als auch Rückzugstendenzen. Hier wird seine große Verzweiflung sichtbar („Wie ich es mache, ist es verkehrt"), aus der eine emotionale Instabilität resultiert, die sich im Wechsel von Bewegungsdrang, lautstarkem Protest, Weinen und Verweigerung/ Rückzug zeigt. Luca ist in der Schule unterfordert, was seinem Bedürfnis nach Entwicklung nicht gerecht wird, und er fühlt sich deutlich „anders" (was er ja auch *ist*), wodurch sein Bedürfnis nach Zugehörigkeit nicht erfüllt wird.

Seine neue Lehrerin konnte ihn zu Anfang des Schuljahres etwas stärken, indem sie auf Luca einging und ihm dadurch die ersehnte Anerkennung zuteilwerden ließ. Doch dadurch war es trotzdem nicht vorbei mit Lucas Unterforderung, und genau deshalb tauchten die daraus entstehenden Probleme nach kurzer Zeit wieder auf. Typisch ist die Aufmerksamkeit und Begeisterung für neue Themen bei zeitgleicher Verweigerung von Wiederholungen. Möglicherweise braucht der Junge diese Wiederholungen tatsächlich nicht, weil er das Neue bereits beim ersten Mal umfassend verstanden hat. Doch er ist bereits im dritten Schuljahr, da kann es schon auch möglich sein, dass er sich selbst überschätzt (weil ihm bisher alles zuflog) und nicht merkt, dass ihm Übung guttun könnte, um sein Wissen fester zu verankern. Aber das kann Luca natürlich noch nicht wissen. Was konkret bei ihm zutrifft, ließe sich über ein Angebot von vertiefenden und/oder anspruchsvolleren Aufgaben herausfinden. Durch die genaue Beobachtung, mit welcher Motivation, in welcher Zeit und mit welchen Ergebnissen Luca die Aufgaben bearbeitet, können Lehrerin und Eltern zuverlässige Rückschlüsse ziehen und – falls nötig – „Kurskorrekturen" bei der Auswahl der Aufgaben vornehmen.

Es gibt genügend Materialien für fast jedes Schulfach, worauf Lehrer, aber auch die Eltern zu Hause zurückgreifen können, um begabten Kindern interessante und abwechslungsreiche Übungen vorzusetzen. Zu prüfen wäre auch, ob Luca überwiegend in Bildern denkt (mehr dazu auf S. 170) und ihm die übliche Art der Vermittlung des Schulstoffs deshalb Schwierigkeiten bereitet („ist davon überzeugt, dumm zu sein"). Bilderdenker brauchen einen Gesamtzusammenhang, ein Bild des „großen Ganzen", damit sie die Details, die sie in der Schule lernen, dort entsprechend einsortieren können. Sie sind auf diese Form der Orientierung angewiesen, um sich Einzelheiten merken und Zusammenhänge erkennen zu können. Auch dafür kann man ihm im Unterricht und auch zu Hause Hilfestellungen geben (weitere Informationen dazu finden Sie in meinem Buch *Hochsensibel* auf S. 95–104 und im Anhang). Und nicht zuletzt wäre auch für Luca der Kontakt zu anderen hochbegabten Kindern ausgesprochen förderlich, weil er dadurch sein Bedürfnis nach Zugehörigkeit zu einem großen Teil befriedigen könnte.

Mit seiner mehrfach geäußerten Weigerung, im Rahmen des Schulsports beim Volleyballspiel mitzumachen, formuliert Luca deutlich die für viele (Hoch)Begabte typische Abneigung gegen Gewalt und die oft damit verbundene Angst vor Verletzungen („Es ist ihm zu wild"). Diese Persönlichkeitsmerkmale sollten dringend respektiert werden. Hier sollten die Eltern im Gespräch mit den Lehrern nach Lösungsmöglichkeiten suchen, bei den Schmerzen in den Fingergelenken könnte die Abklärung durch einen Kinderarzt sicher hilfreich sein.

Psychosomatische Auffälligkeiten

Viele (hoch)begabte Kinder, ganz gleich, ob als solche identifiziert oder nicht, ganz gleich, ob gute oder schlechte Schüler, legen psychosomatische Auffälligkeiten an den Tag. Auf Rang 1 steht hier das berühmte Bauchweh, dicht gefolgt von Kopfschmerzen. Aber auch Fieber, Schwindel und/oder grippale Infekte sind zu beobachten.

Auffällig an diesen psychosomatischen Reaktionen ist die Tatsache, dass sie meist aus heiterem Himmel morgens vor Schul- oder Kita-Beginn auftreten, manchmal auch nach Unterrichtsbeginn, sodass diese Kinder aus der Schule abgeholt werden müssen. In vielen Fällen verschwinden die Symptome im Lauf des Vormittags relativ sang- und klanglos, wenn die Kinder sicher sein können, dass sie nun nicht mehr in die Schule oder Kita müssen. Manchmal schleicht sich bei Eltern der leise Verdacht ein, dass die lieben Kleinen diese Symptome nur simuliert haben, um unangenehmen Situationen auszuweichen, wie etwa einer Klassenarbeit oder einem Streit mit Lehrern oder Schulkameraden. In den allermeisten Fällen tun sie ihnen damit jedoch unrecht, weil die Symptome tatsächlich echt sind.

Unterforderung kann auch körperlich wehtun

Die mittlerweile 25-jährige Carina erzählt:

„Ab der sechsten Klasse hatte ich morgens oft Bauchschmerzen und wenn es ganz schlimm war, musste ich mich sogar übergeben oder es kamen schreckliche Kopfschmerzen hinzu. Wenn ich dann deswegen nicht in die Schule musste, war der Spuk so gegen elf Uhr am Vormittag wieder vorbei. Natürlich sind meine Eltern mit mir zum Arzt gegangen, aber der konnte nichts Organisches feststellen. Nach Monaten empfahl er einen IQ-Test, der einen sehr hohen IQ zutage brachte. Daraufhin kam ich in eine andere Schule, in die Hochbegabtenklasse. Die Symptome waren vom einen auf den anderen Tag verschwunden."

Für Carina war dieser Weg der richtige, aber natürlich muss es nicht bei allen Kindern mit psychosomatischen Symptomen gleich ein Schulwechsel und eine Hochbegabtenklasse sein. Zunächst muss man herausfinden, was konkret die Symptome verursacht. Steckt tatsächlich eine (massive) Unterforderung dahinter, sollten die Eltern das Gespräch mit den Lehrpersonen suchen und mit ihnen gemeinsam einen für das Kind sinnvollen Forder- und Förderplan erarbeiten, denn damit stellen sich oftmals gute Erfolge ein.

Für die psychosomatischen Symptome der empfindsamen (Hoch)Begabten kann es zahlreiche Ursachen und Gründe geben: Sie sind emotional sehr verletzlich, verabscheuen Gewalt in jeder Form und können deshalb auch nicht mit gewalttätigen Verhaltensweisen umgehen. Veränderungen verkraften sie nur schwer, und wenn sie jemanden mögen, empfinden sie eine tiefe, enge Bindung. So kann schon ein Lehrerwechsel ein (hoch)begabtes Kind in tiefe Verzweiflung stürzen und in Extremfällen sogar bis zur totalen Schulverweigerung führen.

Mitunter tritt eine entsprechende Symptomatik nur sonntags auf, wenn montags wieder Schule ist, oder auch nur gegen Ferienende. Dann ist ein Zusammenhang mit Schule oder Kita nicht immer sofort ersichtlich, und noch schwieriger wird es, wenn Begabte erst dann Symptome „ausbrüten", wenn sie sich schon gar nicht mehr in der belastenden Situation befinden, wie etwa nach Schulschluss, am Wochenende oder zu Ferienbeginn.

Max und seine geliebte Lehrerin

„Max ging gern zur Schule und war mit Begeisterung dabei. Er liebte seine Lehrerin. Nach dem zweiten Schuljahr ging sie in Elternzeit, und so sollte die Klasse ab dem dritten Schuljahr eine neue Lehrerin bekommen, die bisher niemand kannte, weil sie erst zum Schuljahresbeginn ihre Stelle an dieser Schule antrat. Natürlich wussten alle Eltern und auch die Kinder schon lange vor Beginn der Sommerferien davon. Max sagte zwar einmal, er sei traurig, dass die Lehrerin wegginge, aber er schien das doch schnell verarbeitet zu haben. Wir hatten tolle Ferien, in denen wir viel unternommen haben. Max war ausgelassen, fröhlich und unbeschwert. Eine Woche vor Schulbeginn bekam er plötzlich hohes Fieber. Da der Arzt keine körperliche Ursache feststellen konnte, vermutete er, Max brauche einfach nur mal ein bisschen Ruhe, weil er sich in den letzten Wochen so ausgepowert habe. Das sei bei manchen Kindern so und kein Grund zur Beunruhigung. Das Fieber verging und kam wieder, verging wieder und kam wieder. Ich saß stundenlang an Max' Bett und sprach viel mit ihm. Dabei erwähnte er wie beiläufig, dass er sich ab Montag an eine neue Lehrerin gewöhnen müsse. Ich griff diese Bemerkung auf, und plötzlich brach es aus ihm heraus. Max weinte bitterlich und erzählte, wie sehr er seine alte Lehrerin jetzt schon vermisse, dass er schon die ganzen Ferien darüber traurig sei und dass er keine neue Lehrerin wolle. Ich tröstete ihn und versprach, ihn in dieser Situation zu unterstützen. Und bereits am nächsten Tag stand Max wieder auf den Beinen."

Manchmal hilft es schon, wenn die Kinder ihre Sorgen und Nöte einfach mal aussprechen, wenn sie dann getröstet werden, Verständnis erfahren und sich sicher fühlen können.

Wie sich Denise wieder „fing"

„Im Kindergarten war Denise noch ein fröhliches Kind und hatte eine unbändige Energie. Mit dem Schuleintritt änderte sich das. Sie sagte, sie ginge gern zur Schule, und brachte auch gute Beurteilungen nach Hause. In der Schule galt sie als unauffällig. Aber nachmittags und am Wochenende war nichts mehr mit ihr los. Sie wollte nirgends hingehen und schlug alle unsere Angebote zur Freizeitgestaltung aus. Sie wurde immer stiller und aß immer weniger. Sie sagte, sie habe keinen Hunger. Wenn wir sie überreden konnten, doch etwas zu essen, erbrach sie es umgehend. Der Arzt konnte keine körperlichen Ursachen feststellen. Mit der Zeit bekam ich Angst, sie könnte depressiv werden, und suchte Rat bei einem Kinderpsychologen. Nach einem IQ-Test empfahl er einen Klassensprung. Die Lehrer waren zuerst sehr skeptisch, stimmten dann aber einem Versuch zu. Das war das Beste, was wir tun konnten! Schon nach wenigen Tagen hatte ich mein fröhliches Kind zurück."

Die Ursachen psychosomatischer Symptome liegen meistens in einer (dauerhaften) kognitiven Unterforderung oder auch in vom sozialen Umfeld geforderten Anpassungsleistungen, die (hoch) begabte Kinder nicht erbringen können, einfach weil sie anders sind. Das kann der morgendliche Stuhlkreis in der Kita sein, an dem manche Kinder nicht teilnehmen mögen, weil sie ihn für unsinnig halten oder sie einfach nicht im Mittelpunkt stehen wollen. Als weitere Ursachen kommen das ihnen ständig entgegenschlagende Unverständnis ob ihrer „Andersartigkeit" infrage und vielleicht auch Hänseleien, weil sie sich beispielsweise nicht an Mannschaftssportarten beteiligen möchten, weil ihnen ihre Umgebung zu laut ist oder ihnen die Spiele der Gleichaltrigen nicht gefallen. In Kita und Schule erscheinen Kindern derartige Situationen womöglich ausweglos, weshalb sie mit psychosomatischen Symptomen darauf reagieren, denn entziehen können und dürfen sie sich ja nicht, obwohl das eine normale Reaktion wäre. Insbesondere bei (hoch)begabten Kindern ist es wichtig, die richtige Ursache der psychosomatischen Auffälligkeiten aufzuspüren und die Kinder in ihren individuellen Bedürfnissen zu *er*kennen und sie vor allem *anzu*erkennen wie auch ihre persönlichen Eigenschaften zu respektieren. Menschen sind unterschiedlich – deshalb sollte es auch Kindern erlaubt sein, Dinge nicht zu mögen und sie folglich auch nicht machen zu müssen, selbst wenn sie dadurch aus der Menge der „normalbegabten" Kinder hervorstechen.

Ein besonders trauriges Kapitel sind die heute immer häufiger auftretenden Mobbingsituationen, in die gerade (Hoch)Begabte oft geraten; sie bieten ebenfalls Gründe für psychosomatische Reaktionen. Hier ist viel (teilweise massive) Angst im Spiel. Angst verursacht Stress, und Stress hindert am klaren Denken. In solchen Fällen muss unbedingt schnell (!) Abhilfe geschaffen werden! Gerade die empfindsamen (hoch)begabten Kinder, die emotionale und körperliche Gewalt grundsätzlich ablehnen, trifft Mobbing besonders hart. Dabei ist auch die Schule in der Pflicht, doch leider wird Mobbing immer noch nicht von allen Lehrern und Schulleitern so negativ bewertet, wie es die Thematik erforderte. Die Ächtung solcher Verhaltensweisen durch die offiziellen Stellen steht immer noch aus. Viele Eltern sehen sich und ihre Kinder von den Verantwortlichen oft nicht wirklich ernst genommen und entsprechend unterstützt. Mobbing wird auch heute noch oft unter den Tisch gekehrt oder ignoriert. Sollten Sie als Eltern feststellen, dass Ihr Kind in eine solche Situation geraten ist, dann ziehen Sie bitte auch einen raschen Schulwechsel ernsthaft in Betracht. Bitte unterschätzen Sie die mitunter dauerhaften Schäden, die Mobbing in der Psyche eines Menschen anrichten kann, gerade in der Phase der kindlichen Persönlichkeitsentwicklung, auf keinen Fall! Mobbing ist – auch unter Kindern und Jugendlichen – keine Bagatelle!

Das Problem wird dadurch noch verschärft, dass betroffene Kinder oft nicht über das seelische und körperliche Leid sprechen mögen, das sie erdulden.

Tims schlimme Zeit

„Unser Sohn Tim wurde massiv gemobbt. Die Mobber haben sein Schreibetui, Arbeitsmappen, Bücher und einmal sogar seine Sportschuhe gestohlen, damit er im Unterricht nicht mitarbeiten und beim Fußball nicht mitspielen konnte. Er selbst hat sich in der Schule immer mit „habe ich vergessen" entschuldigt. Zu Hause hat er uns erzählt, er habe diese Dinge verloren. Wir hatten schon die Vermutung, dass in Wahrheit etwas anderes dahintersteckt, und Gespräche mit den Lehrern gesucht. Aber diese behaupteten, wir sähen Gespenster. Irgendwann begannen die tätlichen Angriffe, die Tim aber selbst herunterspielte und meinte: „War nicht so schlimm." Wieder waren wir in der Schule und bekamen Erzählungen von ganz normalen Raufereien unter Jungen aufgetischt, nach dem Motto „Alles halb so schlimm". Zwar waren wir da ganz anderer Meinung, wurden jedoch wieder als „überfürsorglich" abgestempelt. Zuletzt ist Tim gefährlich gewürgt worden, was er dann nicht mehr vor uns verbergen konnte. Da reichte es uns endgültig! Wir haben Strafantrag gestellt und Tim umgehend von dieser Schule genommen. Seither besucht er eine andere Schule und fühlt sich dort auch ganz wohl. Aber er ist in psychologischer Behandlung, um all diese bösen Erfahrungen verarbeiten zu können."

Selbstzerstörung

An dieser Stelle möchte ich auch noch das Thema „destruktives Verhalten" ansprechen, das zwar in der Literatur im Zusammenhang mit (Hoch)Begabten nur selten erwähnt wird, aber dennoch auch für (hoch)begabte Menschen oft zu einem sehr ernsten Problem wird. Diese „Verhaltensstörungen" gehören zwar nicht direkt den Bereich der Psychosomatik, dennoch möchte ich an dieser Stelle gern wenigstens kurz darauf eingehen: Ich meine Essstörungen (Magersucht, Bulimie), selbstschädigendes Verhalten („Ritzen"), Drogenkonsum und Suizidgedanken oder -versuche. Davon sind häufig Jugendliche betroffen, die *nicht als (hoch)begabt erkannt* wurden, oder Jugendliche mit *nicht beachteter (Hoch)Begabung.* Diese Störungen sind meiner Auffassung und Erfahrung nach bei (Hoch)Begabung nur äußerst selten Symptome grundlegender oder gar vererbter psychischer Störungen, sondern vielmehr Anzeichen für eine (durch die Umwelt) deformierte, hilflose Persönlichkeit. Deshalb greifen hier gängige Therapien auch häufig gar nicht, nur kurzfristig oder nur oberflächlich, denn bei diesen Therapien stehen die Symptome und nicht die Ursachen im Vordergrund.

Meiner Auffassung nach können alle diese Verhaltensweisen als „Kompensationsstrategien" verstanden werden. Zwar sind die verschiedenen Verhaltensweisen definitiv nicht gesund und in einigen Fällen sogar sehr gefährlich, dennoch erwachsen sie aus dem Versuch, mit etwas fertigzuwerden, etwas zu verarbeiten und ins Leben zu integrieren, was bei (hoch)begabten Jugendlichen nicht ohne Weiteres zu integrieren ist, nämlich die Eigenschaften, die mit einer Hochbegabung nun mal verbunden sind: vor allem die (über)ausgeprägte Intensität in allem, was sie empfinden und tun, ihre hohe Emotionalität und nicht zuletzt ihr hellwacher Geist, der in den meisten Fällen von kaum jemandem beachtet wurde. Infolge der Hormonumstellung kann sich das in der Pubertät alles noch verstärken.

Wenn Sie sich bis hierher noch nie Gedanken über eine (Hoch)Begabung Ihres Kindes gemacht haben, dann sollten Sie diese Möglichkeit jetzt doch einmal in Erwägung ziehen und prüfen, ob Sie im Rückblick nicht vielleicht doch Anzeichen bei Ihrem Kind entdecken können. Falls ja, dann nehmen Sie Kontakt zu einer Fachperson für Hochbegabung auf, um diesem Verdacht nachzugehen und ihn möglicherweise zu erhärten. Das muss nicht gleich ein Therapeut sein. Sie bekommen auch von Institutionen, die sich auf Hochbegabung spezialisiert haben, wie zum Beispiel die DGhK, wertvolle Informationen und Tipps, gegebenenfalls kann man Ihnen dort auch einen guten Therapeuten empfehlen.

Ob es sinnvoll ist, einen IQ-Test durchzuführen, wenn ein Jugendlicher bereits die genannten Symptome oder Verhaltensweisen an den Tag legt, hängt vom jeweiligen Einzelfall ab und auch (aber nicht nur!) von der Qualität der derzeitigen Beziehung zwischen Eltern und Kind, die sich ja in der Pubertät häufig schwierig(er) gestaltet. Denn falls Ihr Kind (hoch)begabt sein sollte, müssen Sie es unbedingt über dieses „besondere Sein" und die damit untrennbar verknüpften Persönlichkeitsmerkmale aufklären und ihm die entsprechende Unterstützung und eine „Gebrauchsanleitung" zum Umgang mit seinen „Besonderheiten" geben. Das kann aber nur funktionieren, wenn der pubertierende Jugendliche auch bereit ist, diese Hilfestellungen von seinen Eltern anzunehmen. Falls das fraglich oder die Eltern-Kind-Beziehung überhaupt problematisch oder belastet ist, sollten Sie vielleicht doch lieber einen mit dem Thema Hochbegabung vertrauten, erfahrenen Therapeuten hinzuziehen, der hier als Außenstehender auf jeden Fall klug intervenieren kann. Dann lässt sich das Problem (höchstwahrscheinlich) an der Wurzel packen und nachhaltig beseitigen.

Ich möchte Sie hier noch darauf hinweisen, dass nicht jede in Sachen „Hochbegabung" versierte Fachperson das auch auf ihr Türschild schreibt. Es gibt durchaus „normale" Psychologen und Psychiater, die sich für das Thema und die betroffenen Menschen interessieren, sich folglich damit auskennen und bereits entsprechende Erfahrung gesammelt haben. Einige Fachpersonen sind auch selbst (hoch)begabt (mitunter allerdings auch ohne ihr eigenes Wissen) und können schon allein deshalb ihre Klientel sehr gut verstehen und deren Gefühle, Persönlichkeitsmerkmale und Probleme sehr gut mitempfinden oder nachvollziehen. Es lohnt sich also immer, sich zu informieren und konkret nachzufragen, damit Ihr Kind in die Hände des bestmöglichen Therapeuten kommt.

In einigen Fällen (Drogenmissbrauch, Suizidversuche) besteht akute Gefahr für Leib und Leben des betreffenden

Jugendlichen. Dann muss er oder sie unbedingt schnellstmöglich in therapeutische Obhut genommen werden, manchmal auch stationär. Hier bleibt leider keine Zeit, sich erst länger nach einem für die Arbeit mit (Hoch)Begabten qualifizierten Therapeuten umzuschauen, das ist in solchen Gefahrensituationen auch zweitrangig. Zur ambulanten Behandlung Ihres Jugendlichen nach der Akuthilfe/Erstversorgung sollten Sie sich als Eltern dann aber schon wieder um einen speziell geeigneten Therapeuten bemühen, denn dessen Fähigkeiten und Erfahrung spielen eine wesentliche Rolle, sie können sogar den Ausschlag für einen (nachhaltigen) Erfolg der Therapie geben.

Berichte junger Betroffener von ihrem ganz unterschiedlichen Leid

„In der Pubertät begannen meine Essstörungen. Zuerst stand dahinter der Gedanke, schlank zu sein, eine Top-Figur zu haben. So wie meine Freundinnen. Sie hatten alle einen Freund und schwärmten immerzu. Ich wollte auch jemanden, der mich toll findet, dem ich wichtig bin. Also versuchte ich, weniger zu essen. Das gelang mir aber nicht, und so fing ich an, es wieder zu erbrechen. Ich nahm schnell ab. Dass ich mich dabei körperlich gar nicht gut fühlte, ignorierte ich. Aber ich bekam trotzdem keinen Freund. Meine Freundinnen rieten mir, nicht immer so ernst zu sein und auch mal rumzualbern. Aber das konnte ich nicht. Bald begannen sie, mich zu hänseln, und prophezeiten mir, eine alte Jungfer zu werden. Ich zog mich mehr und mehr zurück und schließlich hörte ich auf zu essen. Ich wünschte mir, unsichtbar zu sein oder einfach nicht mehr da. Als ich mit 15 bei 1,70 Meter Körpergröße noch 40 Kilogramm wog, brachten mich meine Eltern in eine Klinik. Dort päppelten sie mich wieder auf und ich bekam eine Therapie. Akzeptiert fühlte ich mich immer noch nicht, im Gegenteil: Ich fühlte mich wie eine Aussätzige, weil ich mit meinem Leben nicht allein klarkam. Ganz schlimm wurde es,

als ich wieder zu Hause war und wieder in meine alte Schule zurückmusste. Ich wurde als „Psycho" beschimpft und gemieden, als hätte ich eine ansteckende Krankheit.

Unser durch den Beruf meines Vaters bedingter Umzug von Süd- nach Norddeutschland war meine Rettung. Neuanfang. Zwar musste ich weiterhin in eine ambulante Therapie, aber hier wusste niemand von meiner Vergangenheit. In der Schule lief es leidlich. Meine neue Therapeutin war toll, und wir führten schöne Gespräche. Zum ersten Mal in meinem Leben hatte ich das Gefühl, verstanden zu werden. Bald schon machte sie einen IQ-Test mit mir, und mit dem Ergebnis kam ich dann in eine Hochbegabtenklasse. Seitdem geht es mir sehr gut. Jetzt bin ich eine von vielen."

„Mit zwölf Jahren begann ich mit dem Ritzen. Schon nach kurzer Zeit war das wie eine Sucht. Ich musste das immer und immer wieder tun. Irgendwann bemerkten es meine Eltern. Natürlich fragten sie mich, warum ich das tue. Aber ich wusste keine Antwort auf diese Frage. Ich wusste es einfach nicht. Damals begann meine lange Reise zu mir selbst. Sie brachten mich zu unterschiedlichen Psychologen, ich machte bei allen dicht – und ritzte mich weiter. Dann kam ich mit 15 in eine psychiatrische Klinik – und ritzte mich weiter. Es war die Hölle. Ich konnte das einfach nicht seinlassen. Ein halbes Jahr später landete ich in der nächsten Klinik. Dort musste ich mich vielen Tests unterziehen und hatte viele Einzelgespräche mit einem Arzt. Eines Tages erklärte er mir, ich sei hochbegabt und hätte deswegen all diese Probleme. Das konnte ich gar nicht glauben, und auch meine Eltern waren mehr als fassungslos. Diese Erklärung erschien ihnen zu einfach. Doch der Arzt ließ nicht locker und bewirkte, dass ich auf ein Hochbegabten-Internat kam. Da war ich 16. Es dauerte nur ein paar Monate, da verspürte ich gar kein Verlangen mehr, mich zu ritzen. Ich ließ es einfach sein.

Heute bin ich 35 und habe gerade meine Dissertation im Bereich Wirtschaftswissenschaften geschrieben. Ich bin verheiratet und habe zwei süße kleine Mädchen. Und ich habe mir geschworen, dass sie nie das durchmachen müssen, was ich erlebt habe. Heute weiß ich sehr genau, warum ich das damals tat: Ich war wohl in einer tiefen Depression. Ich weiß nicht, ob man das so nennen kann, aber so fühlte es sich an. Ich fühlte mich nicht anerkannt, nicht gesehen, dachte, ich sei adoptiert, und fragte mich verzweifelt, wie ich meine richtige Familie finden könne. Überall fühlte ich mich fehl am Platz, nirgends zugehörig. Das ging so weit, dass ich dachte, ich lebe in einem bösen Traum, aus dem ich doch endlich mal erwachen müsse. Ich fühlte mich so abgelöst von allem, so einsam und allein und wusste gar nicht, ob ich wirklich existiere. Das Ritzen hat mich irgendwie „geerdet". Der Schmerz ließ mich meinen Körper spüren, das Blut machte mir klar, dass ich nicht träume, dass ich lebe, es mich gibt. Und für kurze Momente fühlte ich mich wie ein Mensch."

„Ja, ich rauche Gras. Na und? Mein Gehirn macht mich irre. Ständig habe ich zwölf parallele Denkspuren im Kopf, und wenn ich gekifft habe, sind es nur noch sechs. Das ist dann erträglich."

„Ich fühlte mich so missachtet, hatte das Gefühl, alle sehen mich gar nicht, sondern schauen durch mich hindurch. Ich dachte oft, ich gehöre hier nicht hin. Niemand will mich. Und dann habe ich über Selbstmord nachgedacht. Der Gedanke machte mir Angst, ich wusste genau, dass ich nie den Mut dazu hätte. Trotzdem habe ich mir oft ausgemalt, wie meine Eltern, Verwandten und Freunde reagieren würden, wenn ich nicht mehr da bin. Ich dachte bei mir: „Dann merkt ihr erst, was ich euch bedeutet habe." Und obwohl ich wusste, ich tu's nicht, war mir das sehr ernst."

Lernstörungen

Auch (hoch)begabte Kinder sind nicht vor Lernstörungen wie zum Beispiel LRS (Lese-Rechtschreib-Schwäche) oder Dyskalkulie (Rechenschwäche) gefeit. Doch wie bei allen anderen Störungen muss man auch hier einige Besonderheiten beachten, um Fehl- oder Falschdiagnosen möglichst auszuschließen.

(Hoch)begabte Kinder können dank ihrer hohen kognitiven Leistungsfähigkeit Defizite oft über lange Zeit ausgleichen, weshalb eine LRS oder Dyskalkulie eben auch lange nicht erkannt wird. Und etlichen Lehrern und auch Eltern will es einfach nicht in den Kopf, dass eine (Hoch)Begabung und Lernstörungen einander keineswegs ausschließen. Beides führt leider leicht dazu, dass (hoch)begabte Kinder Opfer grober Fehleinschätzungen werden. So gelten sie oft lange als faul, aufsässig, verstockt oder gar minderbegabt und werden entsprechend (schlecht) behandelt, bevor überhaupt einmal jemand auf den Gedanken kommt, eine Lernstörung in Betracht zu ziehen. Bis dahin hat das betroffene Kind meist schon einen mehr oder weniger dornenreichen Leidensweg hinter sich, fühlte sich (völlig zu Recht!) ungerecht behandelt und falsch gesehen. Das kann – insbesondere bei jungen Kindern – schlimmste Folgen haben.

Manchmal wird Kindern auch einfach eine Lernstörung „angedichtet", und sie werden von Test zu Test geschleppt, ohne dass dabei auch nur die geringste Bestätigung für eine solche Störung herauskäme. Auch so etwas tut der Seele eines Kindes ganz sicher nicht gut, denn es muss ja all diese Prozeduren hilflos über sich ergehen lassen und glaubt dabei wahrscheinlich auch noch, es wäre „selber schuld"! Oft gelangen Lehrer aufgrund der Verweigerungshaltung eines mit dem Lernangebot hoffnungslos unterforderten Kindes zu derartigen Fehleinschätzungen. Gar nicht so selten spielt bei den betroffenen Kindern aber auch eine **Winkelfehlsichtigkeit** (leichtes Schielen, für andere mit dem bloßen Auge kaum sichtbar) eine Rolle oder sie leiden unter einer **auditiven Verarbeitungs- und Wahrnehmungsstörung (AVWS)**. Obwohl die Winkelfehlsichtigkeit eine echte Sehstörung ist, wird sie immer noch von vielen Augenärzten als „Humbug" abgetan.

Die Fachleute hierfür sind die Optometristen (nicht: Optristen!), wobei sie allerdings oft auch selber Augenärzte sind. Sie nehmen die Winkelfehlsichtigkeit sehr ernst und können sie auch definitiv feststellen (oder ausschließen). Hier hilft oft eine Brille und in vielen Fällen auch ein Augen(-muskel-)training. Was für Ihr Kind das Beste ist, wird Ihnen der Diagnostiker sagen können.

Bei der **AVWS** handelt es sich nicht um eine Beeinträchtigung des Ohrs, sondern des Hörnervs – ohne eindeutig geklärte Ursachen. Dafür infrage kommt ein Überangebot an akustischen Reizen wie etwa durch TV, Videospiele und andere elektronische Medien oder Lärm in Klassenzimmern und auf Schulhöfen. Davon könnten die Geräuschempfindlichen unter den (hoch)begabten Menschen tatsächlich vermehrt betroffen sein. 2 bis 3 Prozent aller Kinder sollen unter einer AVWS leiden, sie wird häufig in Verbindung mit Sprachentwicklungsstörungen festgestellt. AVWS-Experten finden Sie unter speziell geschulten Hals-Nasen-Ohren-Ärzten oder in phoniatrisch-pädaudiologischen Zentren.

Ein aufmerksamer, gut geschulter und erfahrener Testleiter ist imstande, im Rahmen eines IQ-Tests sowohl eine LRS oder Dyskalkulie als auch eine Winkelfehlsichtigkeit oder AVWS zu entdecken oder kommt zumindest auf die Idee!

Der Gedanke an eventuell vorliegende **Synästhesien** (siehe auch S. 167 ff.) fließt bisher bei der Betrachtung von Lernstörungen leider noch gar nicht in die Überlegungen ein, obwohl sie bei Begabten offenbar häufig auftreten. Von den meisten Synästheten wird ihre Mehrfachsinneswahrnehmung als positiv und bereichernd, oft sogar als hilfreich empfunden. Einige jedoch fühlen sich durchaus beeinträchtigt, beispielsweise wenn die Synästhesie stark ausgeprägt ist oder sich die synästhetischen Wahrnehmungen nur schlecht mit der Realität der Umwelt vereinbaren lassen. Gerade Kinder, die ja nicht wissen, dass ihre synästhetischen Wahrnehmungen zwar selten, aber trotzdem völlig normal sind, werden unter Umständen stark verunsichert, versuchen vielleicht, die sich seltsam überlagernden Bilder, Töne etc. „wegzuklicken", und legen deshalb Verhaltensweisen an den Tag, die Lernstörungen zumindest ähneln oder sich gar dazu „auswachsen".

Wenn ein Kind Buchstaben und Zahlen farbig wahrnimmt, wird es in der Regel irritiert oder gar völlig verwirrt reagieren, wenn diese Grapheme vom Lehrer in anderen Farben präsentiert werden. Damit sind sie dann beim Lernen, vor allem beim Lesen und Schreiben, benachteiligt. Und natürlich kann eine Farbwahrnehmung auch beim Rechnen stören, etwa wenn die Sechs im Kopf des Kindes gelb gefärbt ist und die Sieben blau und es diese beiden Zahlen addieren soll. Denn für dieses Kind kann sich die 13 aus den Farben Rot (für die Eins) und Orange (für die Drei) zusammensetzen und als Gesamtzahl dann hellrot sein. Aus Gelb (für die Sechs) und Blau (für die Sieben) wird aber Grün. Und so glauben die betroffenen Kinder, ihr Ergebnis müsse falsch sein, allein deshalb, weil die Farben nicht stimmen. Auf einen Lehrer, der nichts von der Synästhesie des Kindes ahnt, wirkt das natürlich so, als könnte das Kind nicht rechnen. (Einem „ahnungslosen" Testleiter geht es übrigens nicht anders!) Folge: Unter ungünstigen Umständen erhält ein Kind mit Synästhesie(n) völlig ungerechtfertigt die Diagnose „LRS" oder „Dyskalkulie" und wird zu einer entsprechenden Therapie „vergattert", die ihm logischerweise aber nicht wirklich hilft. Synästheten, die Buchstaben oder Zahlen personifizieren oder in deren Ohren Buchstaben oder Zahlen Geräusche machen, kann das ebenfalls schnell passieren.

Silke und ihre „geräuschvollen" Zahlen

„Rechnen, der Umgang mit Zahlen generell, war für mich immer die reinste Qual. Meine Zahlen machen Geräusche. Manche sind so laut und so unangenehm, dass ich schreien könnte. Ich möchte am liebsten nichts damit zu tun haben. Als Kind habe ich alles versucht, um den Kontakt mit Zahlen zu vermeiden, und so wurde mir eine Dyskalkulie bescheinigt. Ich glaubte auch selbst, ich wäre „zu blöd" zum Rechnen. Seit ich weiß, dass Zahlen nicht wirklich Geräusche machen, sondern das nur meine synästhetische Wahrnehmung ist, kann ich immer besser damit umgehen. Ich habe jetzt sogar angefangen, meine Defizite in Mathematik auszugleichen, um dann mein Abitur nachzumachen und Kunst zu studieren."

Es ist nicht leicht, eine Synästhesie bei einem Kind aufzuspüren, denn die Kinder sprechen meistens nicht über ihre Wahrnehmungen (siehe die Fallgeschichte auf S. 169). Man muss die unterschiedlichen Arten von Synästhesien kennen und braucht viel Fingerspitzengefühl, um dem Kind entsprechend geschickte Fragen zu stellen, ohne dass es sich „ausgequetscht" fühlt. Wenn Sie als Eltern an dem Thema interessiert sind, lesen Sie sich ein! Dann stehen Ihre Chancen gut, eine mögliche Synästhesie bei Ihrem Kind zu erkennen und die Entstehung von Lernschwierigkeiten zu verhindern oder bereits entstandene zu beheben. Vor allem können Sie Ihr Kind auf diese Weise vor dem Stress durch überflüssige Testverfahren und möglichen Fehldiagnosen schützen. Wenn Sie sich selbst nicht zutrauen, sich genügend Wissen anzueignen, um adäquat mit einer möglichen Synästhesie Ihres Kindes umgehen zu können, dann halten Sie nach einem erfahrenen Fachmann oder einem „beratungswilligen" Synästheten Ausschau. Auf Facebook bestehen entsprechende Gruppen, denen durchaus auch Fachleute angehören. Und es gibt die Deutsche Synästhesie-Gesellschaft (siehe Anhang, S. 312), dort finden Sie sicher Menschen, die Ihnen gern weiterhelfen.

Therapien

(Hoch)Begabte Menschen, egal, ob und wie groß oder klein, sind grundsätzlich nicht therapiebedürftig, wenn sie in einem für sie günstigen Umfeld aufwachsen und leben dürfen. Dabei sollte der Umgang mit ihnen ab dem Beginn an ihren Bedürfnissen orientiert sein und die Frage „Welches Bedürfnis steckt hinter dem Verhalten des Kindes oder meinem eigenen?" immer präsent sein. Ein solches auf Verständnis und Akzeptanz ausgerichtetes Verhalten tut natürlich allen Kindern (und Erwachsenen!) gut. Die Schwierigkeit im Umgang mit (hoch)begabten Kindern liegt jedoch darin, ihre Bedürfnisse, die sich teilweise deutlich von denen normalbegabter Kinder unterscheiden, überhaupt erst einmal zu (er)kennen.

Infolge der leider immer noch weitverbreiteten Unkenntnis (wenn nicht gar Ablehnung) des Themas werden (Hoch)Begabte als Persönlichkeiten sehr häufig völlig falsch eingeschätzt und ihr Verhalten (dementsprechend) fehlinterpretiert, weshalb sich sowohl Kinder als auch Erwachsene viel zu oft völlig ungerechtfertigt in Diagnosen von psychischen Störungsbildern wiederfinden und Therapien verordnet bekommen, die vollständig an ihren Bedürfnissen vorbeirauschen. Dass dadurch jede Menge weitere Probleme entstehen können, brauche ich wohl nicht eigens zu erwähnen … Es gibt unzählige erwachsene (Hoch)Begabte, die mit ihren den Leser oft sehr traurig und wütend stimmenden Erfahrungsberichten über falsche, unwirksame und gar schädliche Therapien (auch schon in ihrer Kindheit und Jugend) sicher die dicksten Bände füllen könnten.

Bestimmt gibt es auch einige (Hoch)Begabte, die zusätzlich gesundheitliche/ körperliche oder psychische Probleme haben, doch muss während der darauf abzielenden Behandlung oder Therapie immer auf die (hoch)begabte Persönlichkeit mit allen ihren spezifischen Eigenheiten (wie etwa die Empfindlichkeit gegenüber Medikamenten) Rücksicht genommen werden, denn nur auf dieser Grundlage können Verständnis und Therapieerfolge zustande kommen. Doch sind nach wie vor nur verhältnismäßig wenige (Hoch)Begabte wirklich von solchen Problemen betroffen, die deutliche Mehrheit der in diversen Therapien befindlichen (Hoch)Begabten dürfte eine ungerechtfertigte oder falsche Diagnose erhalten haben. Hier einige Aussagen dazu:

„Wenn ich eher davon gewusst hätte, hätte ich mir 15 Jahre Therapie sparen können.“

„Ich bin zu einem Psychologen gegangen, weil ich mit mir und der Welt nicht zurechtkam. Ich habe mehrere Therapien gemacht und auch Psychopharmaka genommen. Die Störungen, die bei mir diagnostiziert wurden, passten alle nicht wirklich. Seit ich weiß, dass ich hochbegabt bin, weiß ich auch, dass das alles Fehldiagnosen waren. 20 Jahre verschenkte Lebenszeit!“

~

„Ich war seit meinem 15. Lebensjahr drei Mal für mehrere Monate in Psychiatrien. Bei mir wurde Borderline diagnostiziert. Ich habe mich dagegen gewehrt, fühlte mich nicht krank. Aber mir wurde regelrecht eingehämmert, dass es typisch für Persönlichkeitsstörungen sei, dass der Betroffene ja nicht merkt, dass er gestört ist. Es gab auch viele Symptome, die dafür sprachen: Ich habe mich geritzt, hatte Schwierigkeiten mit Beziehungen, die mir manchmal zu eng und manchmal zu locker waren, und ich war sehr impulsiv. Ich begann zu glauben, dass ich wirklich Borderline hätte, und fühlte mich schlecht damit, glaubte, dass ich mich niemandem zumuten könne, und entwickelte eine Sozialphobie. Erst in meinem späten Studium lernte ich Menschen kennen, die mir ähnlich waren und mit denen ich mich gut verstand. Ich versuchte herauszufinden, ob sie auch Borderliner sind. Waren sie aber nicht, auf jeden Fall nicht diagnostiziert. So erfuhr ich von Hochbegabung. Heute, 20 Jahre später, weiß ich, dass ich keine Borderlinerin bin und nie eine Persönlichkeitsstörung hatte. Aber ich habe Frieden damit gemacht, dass man mir einen großen Teil meiner Jugend gestohlen hat. Ich lebe in einer glücklichen Partnerschaft, komme bei der Arbeit sehr gut zurecht, habe einen schönen Freundeskreis und bin einfach ganz normal hochbegabt!"

Diese Missstände sind nicht neu: Bereits 1981 gründete Prof. James T. Webb sein SENG (*Supporting Emotional Needs of Gifted Children*) an der Wright State University's School of Professional Psychology. Heute ist SENG eine starke Vereinigung von Psychologen, die sich gegen Falsch- und Fehldiagnosen bei hochbegabten *und talentierten* Kindern einsetzt. 2004 erschien das Buch von Prof. Webb, das es seit 2015 auch in deutscher Übersetzung gibt, es heißt *Doppeldiagnosen und Fehldiagnosen bei Hochbegabung, Ein Ratgeber für Fachpersonen und Betroffene,* und ich möchte es allen, ganz gleich ob Eltern, Erzieher, Lehrer oder Psychologen/Psychiater, sehr ans Herz legen. Psychologen und Institutionen im deutschsprachigen Raum, die hinter dieser Initiative stehen und sich entsprechend engagieren, finden Sie im Anhang (auf S. 312).

Offenbar werden Menschen heutzutage sofort in eine Therapie geschickt, wenn sie an irgendeiner Stelle nicht „normkonform" sind, wenn sie nicht „ins Bild passen". Kinder landen schon früh in Ergo- oder Physiotherapien, weil sie angeblich „motorisch noch nicht so weit" sind. Immer beliebter werden auch sogenannte Sozialkompetenztrainings. Sicher bringen solche unterstützenden Maßnahmen das eine oder andere Kind weiter. Vielfach stellen Eltern jedoch fest, dass sich – insbesondere bei der Ergotherapie – auch nach ein oder gar zwei Jahren keine oder nur eine geringfügige Verbesserung bei ihrem (hoch)begabten Kind ergeben hat. Hier stellt sich die Frage, ob diese Entwicklung ohne Therapie nicht genauso gut oder gar besser verlaufen wäre. Bitte bedenken Sie bei *jeder* Diagnose und/oder Therapie, dass (hoch)begabte Kinder *anders* sind, dass sie andere Bedürfnisse haben und deshalb auch – wenn überhaupt – andere Interventionsmaßnahmen nötig sind. (Hoch)Begabte Kinder mit Verhaltensauffälligkeiten stehen bereits unter einem großen Leidensdruck. Sie fühlen sich nicht gesehen, nicht akzeptiert, möglicherweise gar „völlig falsch" und „fehl am Platz". Unter diesen Umständen kann eine Therapie – sogar eine „harmlose Ergo" – diese negativen Gefühle noch verstärken. Ihr Kind steckt noch in der Entwicklung seiner Persönlichkeit, und diese Übergänge von der Raupe zur Puppe und dann zum Schmetterling sind so vielfältig und unterschiedlich, wie es Kinder (Menschen) gibt. Vielleicht ist ein Kind, Ihr Kind in dem einen oder anderen Bereich etwas langsamer als andere Kinder, dafür zieht es in anderen Bereichen an anderen Kindern vorbei. Das darf so sein! Geben Sie Ihrem Kind die Möglichkeit und den Raum, nach seinem ganz eigenen individuellen „Bauplan" Form anzunehmen, und lassen Sie sich nicht verunsichern. Sie als Eltern besitzen die Kompetenz, Ihr Kind so zu begleiten, wie es seinen ganz individuellen Bedürfnissen entspricht!

Auch Ergo-, Physio-, Lern- und sonstige Therapeuten können an (hoch)begabten Kindern vorbeitherapieren, wenn sie nichts von ihrer (Hoch)Begabung wissen. Bitte verstehen Sie mich richtig: Ich möchte niemanden verunsichern, sondern Sie für die

Bedürfnisse Ihrer Kinder (und auch Ihre eigenen) sensibilisieren. Lassen Sie Ihren Kindern (und/oder sich selbst) alle nötige und sinnvolle Unterstützung zukommen, aber tun Sie das nicht unreflektiert, beispielsweise nur deshalb, weil es nach Meinung von irgendjemand jetzt so oder so sein müsste. Sie haben als (hoch)begabter Mensch eine gute Intuition, und das auch, wenn es um die Belange Ihrer Kinder geht. Vertrauen Sie darauf!

Hochbegabte unter sich

Menschen sind soziale Wesen. Sie brauchen einander, um sich vergleichen, spiegeln, an anderen messen und wachsen zu können. Dadurch lernen sie sich auch selbst kennen und (richtig) einzuordnen. Normalbegabte Kinder haben jeden Tag diese Möglichkeit, denn sie treffen ganz natürlich immer und überall auf andere Normalbegabte. Für (Hoch)Begabte gestaltet sich das um ein Vielfaches schwerer, weil sie nun mal viel seltener sind. Unter Gleichbefähigten ist auch ihnen das Knüpfen von Kontakten und die „Verortung" in der Gemeinschaft problemlos möglich. Deshalb ist es so wichtig, dass (hoch)begabte Kinder mit anderen (Hoch)Begabten zusammenkommen (können). Hier fühlt sich ein solches Kind nicht „anders", nicht „fremd" oder „außenstehend", sondern zugehörig, als eines von vielen. Die Kinder können sozusagen „frei von der Leber weg" und ganz unreflektiert und „unzensiert" mit anderen über ihre Interessengebiete sprechen und fühlen sich verstanden. Gedankensprünge à la Känguru verursachen hier keine Probleme, weil die anderen Kinder ihnen (meist völlig mühelos) folgen können – schließlich machen sie das häufig und (meist) unbewusst selbst genauso. Und für die Intensität, mit der sie alles tun, bekommen sie keinen Tadel, sondern Verständnis. Wenn (Hoch)Begabte unter sich sind, fühlt sich keiner als etwas „Besonderes", sondern ganz „normal", und das tut allen, den Kleinen und den Großen, unglaublich gut!

Entgegen der landläufigen Meinung wollen (Hoch)Begabte nämlich gar nicht „besonders" oder „anders" sein, sondern sehnen sich nach Normalität. Oft höre ich von (hoch)begabten Kindern Sätze wie „Ich will einfach nur normal sein" oder „Warum kann ich nicht einfach nur normal sein?". In der Gemeinschaft mit anderen (Hoch)Begabten *sind* sie einfach nur normal. Das Gefühl dazuzugehören, nicht „anders" zu sein, sondern ganz „normal", entspringt einer tiefen Sehnsucht, die – falls unerfüllt – den Betroffenen ein Leben lang quält und ihn auf die Dauer zugrunde richten kann. Das überaus befreiende Gefühl, nicht „falsch", sondern doch auf dem richtigen Planeten gelandet zu sein, kann gleich kaskadenweise positive Entwicklungsschübe auslösen: Das Selbstvertrauen wächst, das Selbstwertgefühl wird gesund und stark. Das lässt sich vielfach sogar bei Erwachsenen deutlich beobachten. Dieser „Heilungsprozess" vollzieht sich teilweise in einem ganz rasanten Tempo, insbesondere bei Kindern.

Erwachsene werden von dem anhaltenden Gefühl des Andersseins oftmals innerlich zermürbt, bei Kindern verursacht es häufig Verhaltensauffälligkeiten. Wenn Sie Ihr begabtes Kind mit Gleichbefähigten zusammenbringen, werden Sie schon nach kurzer Zeit feststellen können, dass sich diese Kontakte sehr positiv auf seinen Alltag und auch auf sein Verhalten in der Schule, in vielen Fällen sogar auf seine Noten auswirken.

Ich bin grundsätzlich nicht für die Separierung von (Hoch)Begabten, wenn sie nicht zwingend erforderlich ist. Doch für manche Kinder und Jugendliche ist es wirklich das Beste, wenn sie beispielsweise ein reines Hochbegabten-Internat besuchen. Das gilt jedoch bei Weitem nicht für alle (hoch)begabten Kinder, denn natürlich empfinden sie auch ihre Bindungen (Sozialkontakte) – in jungen Jahren ist das vor allem die Bindung an ihre Eltern und Geschwister – sehr tief und intensiv. Kinder mit sehr ausgeprägter Bindung an ihre Familie kämen nicht damit zurecht, wenn sie ihr Heim verlassen müssten. Aber der (regelmäßige) Kontakt mit anderen (Hoch)Begabten ist für sie selbstverständlich genauso wichtig wie für alle anderen. Ermöglichen Sie Ihrem Kind deshalb bitte solche Kontakte! Es gibt heute zahlreiche Möglichkeiten, seine (hoch)begabten Kinder an Aktivitäten mit anderen (Hoch)Begabten teilnehmen zu lassen, zum Beispiel über den

Hochbegabtenverein Mensa in Deutschland e. V. (IQ ab 130!). Für die „nur überdurchschnittlich" Begabten ist die DGhK ein guter Ansprechpartner (siehe im Anhang, S. 312). Manche Eltern beklagen zu Recht, dass es in ländlichen Gebieten keine erreichbaren Angebote gibt. Für ihre Kinder käme vielleicht die Teilnahme (auch mit den Eltern gemeinsam) an Wochenend- oder Ferienfreizeiten infrage, die sowohl von Mensa in Deutschland e. V. als auch von der DGhK angeboten werden.

Wichtig ist, seinen Kindern die Möglichkeit der Erfahrung ihrer eigenen „Normalität" zu geben, sie erleben zu lassen, wie es sich anfühlt, genauso zu sein wie alle anderen und sich zugehörig zu fühlen – und dazu können solche Ferienfreizeiten schon ausreichen.

Auch (hoch)begabte Kinder sind zuerst einmal Kinder

Das ist richtig. Wie alle Kinder wollen sie spielen, toben, kuscheln, getröstet werden, Sicherheit und Geborgenheit spüren, ihrem Freiheitsdrang folgen dürfen und vieles mehr. Aber: Sie wollen nicht (oder viel früher) dieselben Spiele spielen, sie wollen heftiger oder weniger toben, intensiver getröstet werden, mehr Sicherheit und Geborgenheit spüren und mehr Freiheiten genießen als andere Kinder. Sie sind eben in jeder Hinsicht intensiver als andere und sie sind anderen kognitiv voraus. Es ist deshalb nicht sinnvoll und unter Umständen sogar schädlich, von einem dreijährigen (hoch)begabten Kind zu erwarten, dass es dieselben Bedürfnisse hat und sich genauso verhält wie ein dreijähriges normalbegabtes Kind, das vielleicht den ganzen Tag sein Kinderpuzzle legen oder mit seinen Puppen spielen möchte. Damit kann das (hoch)begabte Kind in diesem Alter aber vielleicht schon nichts mehr anfangen, folglich wird es sich langweilen. Zwingt man es dennoch, beispielsweise in der Kita, bei den betreffenden Spielen mitzumachen, wird es *natürlich* durch sein Verhalten deutlich zum Ausdruck bringen, dass ihm das nicht reicht, oder es gar klar artikulieren: „Das ist mir zu blöd", „Das sind doch Babyspiele". Wer in dieser Situation von dem Kind eine Anpassung, ein „Herunterschrauben" seiner kognitiven Fähigkeiten erwartet oder gar fordert, hemmt dieses Kind (bewusst) in seiner Entwicklung!

Manchen Eltern bereitet es Sorgen, wenn ihr Kind immer nur lernen möchte. Ihrer Ansicht nach müsste es doch auch „unbeschwert spielen" – so wie andere Kinder. Hier liegt meines Erachtens eine Übertragung vor: Die Eltern übertragen ihre (negative) Auffassung vom Lernen auf ihr Kind (vielleicht haben sie selbst schlechte Erfahrungen gemacht und empfinden Lernen deshalb als anstrengende „Pflichterfüllung"). Doch Kinder sehen das anders! Sie geben nur ihrem eigenen Entwicklungsdrang nach, und der steigt aus ihrem tiefsten Inneren hoch. Achten Sie also darauf, was Ihr Kind möchte und einfordert (gehen Sie hier bitte nicht danach, was Sie oder andere für richtig halten), und geben Sie ihm, was es braucht. Kinder wissen sehr gut selbst, womit sie sich beschäftigen möchten, denn sie folgen nur ihrem eigenen „Bauplan".

Einige Eltern sehen es auch gar nicht gerne, wenn ihre Kinder schon (sehr) früh lesen, schreiben und rechnen lernen wollen, weil sie befürchten, die Kinder könnten sich später in der Schule langweilen. Möglicherweise wird das auch so sein, aber das kann zum aktuellen Zeitpunkt niemand wissen. *Jetzt* ist es wichtig, dass Sie Ihr Kind in seiner Entwicklung bestmöglich begleiten und es nicht einschränken. Um mögliche Probleme, die – falls überhaupt – vielleicht irgendwann einmal auftreten, können Sie sich kümmern, wenn es so weit ist. Und dann werden Sie auch Lösungen dafür finden. Lassen Sie sich aber weder jetzt noch später verunsichern und genießen Sie jeden Tag Ihr besonderes, hellwaches, wissbegieriges Kind und seine die Fortschritte auf allen Gebieten. Es kann doch nicht angehen, dass wir Kinder in ihrer Entwicklung einschränken und ihnen damit womöglich (schweren) seelischen Schaden zufügen, nur weil unser Schulsystem in Bezug auf die individuelle Entwicklung der Kinder dermaßen starr ist und die Verantwortlichen nicht begreifen können oder wollen, wie wichtig es ist, sich jetzt endlich *auch* der (hoch)begabten Kinder anzunehmen und auf ihre Bedürfnisse einzugehen!

(Wie) sage ich es meinem Kind?

Die Meinungen darüber, ob ein Kind überhaupt von seiner Hochbegabung erfahren soll, und wenn ja, wie und wann man ihm das „beibringt", gehen weit auseinander. Einige Eltern vermuten eine höhere Begabung bei ihrem Kind, halten jedoch die Identifizierung durch einen IQ-Test nicht für notwendig, solange keine Schwierigkeiten auftreten. Andere Eltern haben ihr Kind bereits früh testen lassen, erzählen ihm jedoch nicht, worum es bei diesem Test ging, und schweigen sich auch über das Ergebnis und dessen Bedeutung aus. Dann wiederum gibt es Eltern, die innerhalb ihrer Familie und mit ihren Kindern ganz offen über deren Hochbegabung (und ihre eigene) sprechen und ihren Kindern erklären, in welcher Hinsicht genau und weshalb sie anders sind, ohne jedoch den Begriff „Hochbegabung" in den Mund zu nehmen. Dazwischen und auch darüber hinaus existieren noch alle möglichen Varianten solcher „Erklärungsmuster".

Ich persönlich bin sehr dafür, dass Kinder von ihrer Begabung erfahren, und zwar aus folgenden triftigen Gründen:

Begabung ist kein beliebiges Teilstück eines Charakters. Sie ist angeboren, sie ist fundamental, sie prägt den gesamten Menschen und beeinflusst all die Erfahrungen, die er macht. Sie bildet die Grundlage der Persönlichkeit eines Menschen und damit auch die Grundlage seiner „Ich-Identität". Über die Definition dieses Begriffs herrscht im Großen und Ganzen Einigkeit, doch ein paar kleine Unterscheidungen werden schon vorgenommen. Allgemein lässt sich Folgendes sagen: Die „Ich-Identität" ist ein Gefühl von Sicherheit, der Sicherheit zu wissen, wer und wie man ist und wo (in der Gesellschaft) man steht, das Vertrauen in die eigenen Fähigkeiten, mit sich selbst und seiner Umwelt umgehen und Diskrepanzen bewältigen zu können. Damit bildet sie die Basis der psychischen Gesundheit oder Unversehrtheit eines jeden Menschen. Manche nennen das auch „Urvertrauen".

Dieses grundlegende Gefühl ist nicht von Geburt an vorhanden, es muss sich erst entwickeln. Der amerikanische Psychoanalytiker Erik H. Erikson (1902–1994) beschreibt diese Entwicklung in seinem „Stufenmodell", dabei nimmt er eine Einteilung in acht Stadien (Stufen) vor, die – beginnend mit der Geburt – über die gesamte Lebensspanne reichen. Dabei werden die Identitätsentwicklung und -findung durch die Interaktion mit der Umwelt bedingt. Sie entstehen durch Begegnungen und Vergleiche. Menschen vergleichen sich mit anderen, mit einer vergleichbaren Gruppe. Bei Kindern besteht diese Gruppe weitgehend aus Gleichaltrigen. Dabei gleichen sie ihre individuelle Art mit der Gruppe ab, um sich von anderen zu unterscheiden. Parallel dazu ist es wichtig, dass sie sich trotz ihrer individuellen Unterschiedlichkeit mit der Gruppe identifizieren können. Die Identität ist also gleichermaßen abhängig von der Abgrenzung von und der Identifikation mit einer Gruppe.

Die große Masse der normalbegabten Kinder entwickelt unter normalen Umständen auf ganz natürliche Weise eine Ich-Identität, weil sie sich unter Gleichaltrigen sowohl in ihrer Individualität *abgrenzen als auch* mit vielen grundlegenden Dingen *identifizieren* können. So befinden sie sich auf einer weitgehend gleichen Entwicklungsstufe mit den meisten Kindern. Sie lernen, dass andere genauso viel oder wenig sprechen können wie sie selbst, und können sich deshalb mit ihnen identifizieren. Sie stellen fest, dass andere Kinder ähnliche ihrem Alter entsprechende Interessen haben. Auch das ist ein wesentlicher Punkt, der zur Identifikation beiträgt. Im Vergleich mit anderen sind sie ähnlich emotional, und auch ihre moralisch-ethischen Werte, sofern bereits ausgebildet, bewegen sich in einem weitgehend gleichen oder fast identischen Rahmen wie bei den anderen Kindern. Diejenigen ihrer Verhaltensweisen, die ihren Entwicklungsstand und ihr inneres Erleben widerspiegeln, sind ebenfalls weitestgehend gleich.

(Hoch)Begabten Kindern gelingt die Identifikation entschieden weniger leicht, denn unter den hauptsächlich Gleichaltrigen fehlen ihnen die Vergleichsmöglichkeiten. Kognitiv sind sie den anderen Kindern weit voraus, können viel früher und viel besser sprechen und verfügen über einen deutlich größeren Wortschatz. Diese Diskrepanz irritiert sie. Meist haben sie völlig andere Interessen als andere Kinder, zudem oft auch nicht altersgerechte.

Auch darüber sind sie verwirrt. Und sie stellen fest, dass sie im Vergleich mit anderen wesentlich emotionaler sind. Ihre ethisch-moralischen Werte sind bereits früh stark ausgebildet. So haben sie beispielsweise schon im Vorschulalter einen ausgeprägten Gerechtigkeitssinn, hegen eine intensive Abneigung gegen Gewalt in jeglicher Form und fallen (auch) damit aus dem „normalen" Rahmen. Entsprechend spiegeln ihre Verhaltensweisen ihre hohen kognitiven Fähigkeiten, ihre intensive Emotionalität, ihre erhöhte sensorische Empfindsamkeit und ihre hohen ethisch-moralischen Werte wider. Dadurch unterscheiden sie sich noch deutlicher von der Gruppe – zusätzlich zu den kleineren individuell-persönlichen Unterschieden. Eine Identifikation kann nicht geschehen, und damit ist die Entwicklung einer gesunden Ich-Identität bei (hoch)begabten Kindern bereits früh gefährdet.

Die Sicherheit durch feste, verlässliche Bindungen zu ihren Bezugspersonen (auch zu gleichbefähigten Freunden) leistet hier eine wertvolle Unterstützung, bietet jedoch keine Garantie dafür, dass die notwendige Identifikation erfolgen kann. Zudem strebt jeder Mensch naturgemäß nach einer positiv bewerteten Identität, die auch von der positiven Bewertung durch die Gruppe abhängt. Weil ein (hoch)begabtes Kind aber gar keine oder eine nur geringe Identifikation erreicht, kann diese von der Gruppe auch nicht positiv bewertet werden, im Gegenteil: Die ausbleibende Identifikation wird als (selbst gewollte) Ausgrenzung wahrgenommen und das (hoch)begabte Kind daraufhin von der Gruppe ebenfalls ausgegrenzt. Diese Ausgrenzung läuft nicht immer als deutlich sichtbarer Prozess ab, sie kann auch sehr subtil vor sich gehen. Doch unabhängig von der Ausgrenzung durch die Gruppe bleibt in dem (hoch)begabten Kind die Verwirrung darüber bestehen, weshalb ihm eine Identifikation unmöglich ist. Und dieses Fragezeichen begleitet die (hoch)begabten Kinder ihr Leben lang, wenn sie nicht über ihre Hochbegabung aufgeklärt werden. Aus dieser lebenslangen „Ich-Unsicherheit" resultiert ein instabiles, fragiles Selbstbild, das wiederum das Selbstwertgefühl (deutlich) verringert und auch dafür sorgt, dass es nicht wachsen kann.

Dies alles zu kompensieren und (möglichst) vor anderen

verborgen zu halten, kostet eine schier unglaubliche Menge Kraft. Irgendwann – häufig erst in der Lebensmitte – wird das alles (häufig relativ plötzlich) zu viel, der oft jahrzehntelang mühsam unten gehaltene „Deckel" fliegt vom „Topf" – und der betroffene Mensch bricht zusammen oder aus. Das kann durch einen Burn-out geschehen, vielleicht konsultiert er den einen oder anderen Psychologen mit dem Ziel, endlich herauszufinden, „was mit mir los ist", oder auch durch die halb bewusste Flucht aus dem gewohnten Leben. Selbst wenn man die Höhe seines IQ kennt, hilft es einem auch nicht weiter, solange man nicht weiß, was das für einen selbst bedeutet. Es gibt viele Erwachsene, deren IQ in ihrer Kindheit ermittelt wurde, wobei das Testergebnis jedoch ohne Konsequenz und ihre Hochbegabung unbeachtet blieb. Niemand beschäftigte sich damit – weder die Eltern noch jemand in der Schule und folglich der betroffene Mensch selbst auch nicht. Solche Menschen geraten ebenfalls häufig in einen Burn-out-Zustand und stellen sich selbst oder einem Psychologen die Frage: „Wer bin ich eigentlich?"

Aufgrund der Ergebnisse einiger Studien, die *angeblich* belegen, dass sich (Hoch)Begabte ausschließlich durch ihre kognitiven Fähigkeiten von anderen Menschen unterscheiden, psychisch aber genauso stabil oder gar stabiler sind als Normalbegabte, glauben viele, es wäre alles in Ordnung, solange in der Kindheit, in der Schule keine Probleme auftreten. Doch hier trügt der Schein nur allzu oft. Die Verwirrung über die Unmöglichkeit der Identifikation entsteht in dem (hoch)begabten Menschen ja schon sehr früh und bleibt bestehen, ja sie wird immer wieder bestätigt, solange die Ursachen dafür unerklärt bleiben *und* der (Hoch)Begabte nicht die Möglichkeit erhält, eine Identifikation zu erfahren. Dies kann ausschließlich über den Kontakt zu Gleich*befähigten* funktionieren. Bei Kindern können ältere Kinder diese Rolle für eine begrenzte Zeit übernehmen, grundsätzlich aber ist der Kontakt mit anderen Begabten elementar. Sehr viele (hoch)begabte Erwachsene holen den Prozess der Identitätsfindung in virtuellen Gruppen im Internet unter großen seelischen Schmerzen mit einigen Mühen nach, einige treten dem Hochbegabtenverein Mensa in Deutschland e. V. bei. Zwar habe ich bisher ausnahmslos von positiven Erfahrungen mit der (Selbst-)Erkenntnis der eigenen Begabung gehört und gelesen, doch den langen, frustrierenden und kräftezehrenden Weg bis zu diesem häufig sehr weit entfernten Punkt können Sie Ihrem Kind ersparen, indem Sie es schon früh über seine Hochbegabung aufklären *und* ihm den Kontakt zu anderen begabten Kindern ermöglichen. So kann es sich frühzeitig selbst finden, und der häufig sehr lange Leidensweg bleibt ihm erspart.

Begabte bilden eine Minderheit, und die Identitätsbildung bei Minderheiten unterscheidet sich nach dem Modell der australischen Psychologin und Sexualtherapeutin Dr. Vivienne Cass signifikant von der „normalen" Identitätsbildung. Am Beispiel der Homosexuellen als Minderheit entwickelte sie ein Sechs-Stufen-Modell der Identitätsbildung. Die Begabungsforscherin Prof. Dr. Tanja Baudson (Uni Luxemburg) übertrug dieses Modell in einer Studie[40] auf die Identitätsbildung von (Hoch)Begabten, was mir absolut stimmig erscheint. Denn ich kann aus meinen vielfältigen Erfahrungen mit spät erkannten (Hoch)Begabten bestätigen, dass sie genau diesen Prozess durchlaufen. Das Modell lässt sich in etwas abgewandelter Form auch auf Kinder übertragen, die über ihre eigene Hochbegabung nicht aufgeklärt sind. Kleine Kinder bis etwa zum Schulalter verharren allerdings häufig in der ersten Phase, vor allem dann, wenn sie in einem Elternhaus aufwachsen, in dem das Phänomen Hochbegabung nicht bekannt ist oder eher negativ betrachtet wird.

Ich stelle diese sechs Stufen der Identitätsbildung von Minderheiten hier aus der Perspektive von nicht gelebter Begabung (ob mit oder ohne getesteten IQ-Wert) dar.

1. Verwirrung

Sie entsteht zuerst aus der Unmöglichkeit der Identifikation (siehe oben). Schon Kleinkinder wundern und fragen sich, warum sie anders denken, anders fühlen und auch anders handeln. Sie können nicht verstehen, weshalb andere nicht begreifen, was ihnen selbst so leichtfällt. Später fragen sie sich häufig, ob sie vielleicht adoptiert sein könnten. Kinder mit Migrationshintergrund versuchen, sich diese Nicht-Passung (siehe S. 204 ff.) durch ihre andere Kultur zu erklären, was ihnen oft nur unzureichend gelingt. Von Erwachsenen hört man häufig, dass sie sich fühlen wie ein „Alien" oder „endlich ankommen" möchten. Wie sich in allen Altersstufen beobachten lässt, ist die zentrale Frage „Was ist mit mir los?" („Wer bin ich?") unterschwellig andauernd präsent und drängt sich immer wieder ins Bewusstsein. Je älter (hoch) begabte Menschen werden, desto verzweifelter und dringlicher ertönt in ihnen diese Frage. Doch sie wissen nicht, wo und wie sie die Antwort finden sollen, um etwas ändern zu können. Bis sie das erste Mal mit dem Thema Hochbegabung in Berührung kommen. Es stößt etwas an in ihnen, und dann keimt langsam und zaghaft die Frage auf, ob sie vielleicht zu dieser Minderheit gehören könnten.

Bei Erwachsenen stelle ich häufig fest, dass sie diese Idee allerdings sofort wieder fallen lassen wie die berühmte „heiße Kartoffel". Zum einen dürfte das in den bezüglich Hochbegabung gängigen Negativklischees begründet sein, zum anderen in einem mittlerweile geringen Selbstwertgefühl, das infolge der jahre- oder jahrzehntelang vermissten Möglichkeit der Identifikation auch nicht gedeihen konnte. Oftmals ruft die Vorstellung, zu dieser kleinen Gruppe zu gehören, auch Ängste hervor, weshalb sie sich lieber gar nicht erst über Hochbegabung informieren wollen. In den Köpfen vieler in ihrer Kindheit oder Jugend getesteten Begabter liegt das Wissen um ihren hohen IQ viele Jahre ungenutzt herum.

Kleine Kinder kommen normalerweise nicht mit dem Thema „Hochbegabung" in Berührung und könnten seine Bedeutung wahrscheinlich auch gar nicht erfassen. Die Verwirrung ist infolge der fehlenden Identifikationsmöglichkeiten aber ohnehin schon groß genug. Und sie ist in diesem Alter noch weitgehend unbewusst. In einigen Fällen können sich die Kinder mit ebenfalls (hoch)begabten Geschwistern identifizieren, doch die unbewusste und nur als diffuses Gefühl wahrgenommene Verwirrung über die Nicht-Passung mit Menschen außerhalb der Familie bleibt bestehen. Den betroffenen Kindern bleibt also nur eine Möglichkeit, ihre Verwirrung aufzulösen: durch den Kontakt mit anderen begabten Kindern, mit denen sie sich identifizieren können. Erst ab etwa dem frühen Jugendalter von zehn bis zwölf Jahren können Kinder auch von allein auf ihre eigene Hochbegabung aufmerksam werden und sich entsprechende Gedanken darüber machen, was die Identitätsentwicklung in Gang setzen kann.

2. *Vergleich*

In dieser Phase räumt der Begabte für sich selbst *die Möglichkeit* ein, zu der betreffenden Minderheit zu gehören. Er beginnt, sich zu informieren. Nach und nach wird sein Empfinden immer deutlicher und sicherer, aber das Ganze fühlt sich noch fremd an. Diese Zwiespältigkeit ist oft nur sehr schwer zu ertragen. Zu der einen Gruppe gehört man definitiv nicht mehr, wenn man zur anderen gehört, aber der neuen Gruppe fühlt man sich auch (noch) nicht wirklich zugehörig. Ergebnis: Der (Hoch)Begabte fühlt sich entwurzelt, orientierungslos. Daraufhin kann es geschehen, dass er sich aus seinem sozialen Umfeld zurückzieht, bis er sicher weiß, wohin er gehört, und dann mit zaghaften Schritten, zuerst noch „inkognito", auf die neue Gruppe zugeht. Die Zeit ab ihrem ersten „ernst gemeinten" Verdacht auf Hochbegabung erleben viele Betroffene innerlich als ziemlich turbulent, oftmals auch als sehr schmerzhaft. Sie fragen sich: Was hätte alles aus mir werden können?, und es kommt ihnen in vollem Umfang zu Bewusstsein, dass sie niemals sein werden wie alle anderen. Das erzeugt oft eine große Trauer bis hin zu Verlustängsten oder auch einer ungeheuren Wut – abhängig von seiner Persönlichkeit und dem Leben, das schon hinter dem betreffenden Menschen liegt. Es ist eine höchst emotionale Phase, weshalb dieser Zustand lange, auch während der folgenden Phasen, noch anhält oder diese Gefühle immer wieder hochkommen.

In den letzten Jahren nähern sich einige Menschen ihrer Andersartigkeit über die „Brücke Hochsensibilität" an. Vor allem Frauen fällt es offenbar leichter, sich auf die eher weiblichen Eigenschaften, die dieser Begriff suggeriert, wie „große Sensibilität" und „hohe Emotionalität" einzulassen. Mit den scheinbar eher zum Männlichen passenden Klischees und Vorurteilen über Hochbegabte, etwa Leistungsorientierung und soziale Schwierigkeiten, können sie zunächst mal gar nichts anfangen und lehnen sie für sich selbst ab.

3. Toleranz

Dem Begabten wird jetzt klar, dass er zu der fraglichen Gruppe gehört. Er nimmt allmählich Kontakte zu anderen Hochbegabten auf, um bei ihnen die für seine Entwicklung nötige Unterstützung zu finden. Kennzeichen dieser Phase sind zahlreiche Hindernisse und „Stolpersteine", die den Einzelnen unter Umständen wieder zurückwerfen oder aufhalten können. (Hoch)Begabte Persönlichkeiten sind außerordentlich heterogen. Auch sie sind von ihren Erfahrungen und Überzeugungen geprägt, haben sehr unterschiedliche Interessen und befinden sich auf unterschiedlichen Stufen ihrer Identitätsentwicklung. Viele, die gerade erst beginnen, ihre Hochbegabung für sich auszuloten und zu akzeptieren, sind enttäuscht, wenn sie feststellen, dass sie für andere (Hoch)Begabte schon längst nichts Weltbewegendes mehr ist und sie sich über ganz normale Alltagsthemen unterhalten. Und es kann dem „Neuling" auch hier in „seiner" Gruppe passieren, dass er mit Zurückhaltung aufgenommen und erst einmal „beschnuppert" wird. Ebenso gibt es natürlich auch unter Hochbegabten persönliche Abneigungen. Sind diese Hürden überwunden, kann es mit der Entwicklung weitergehen.

4. Akzeptanz

Jetzt nimmt sich der (Hoch)Begabte uneingeschränkt als (hoch)begabt an und beginnt, das Ganze positiv zu sehen und Vertrauen zu entwickeln. Er sucht verstärkt Kontakt zu anderen (Hoch)Begabten und identifiziert sich mit ihnen. Hier kann er sein, wie er ist, und seinen Gedanken, für die er früher von Normalbegabten belächelt oder sogar verspottet wurde, freien Lauf lassen und sie offen aussprechen. In dieser Gruppe erfährt er Verständnis, etwa für die enorme Aktivität seines Gehirns, sein Sprechtempo und andere „Spezialitäten". Außenstehende weiht er allerdings noch nicht ein oder nur ausgewählten Einzelpersonen.

5. Stolz

Nachdem sie das Gefühl haben, von ihrer neuen Gruppe akzeptiert und bei sich zu Hause angekommen zu sein, haben manche (Hoch)Begabte das dringende Bedürfnis, „alle Welt" wissen zu lassen, dass sie (hoch)begabt sind. Sie wollen ihre neu gewonnene Identität in all ihrem Glanz präsentieren und damit den anderen, insbesondere ihren früheren „Peinigern", beweisen, wie unrecht sie mit ihrem üblen Verhalten, der Ausgrenzung und den Fehleinschätzungen hatten. Hinter diesem Verhalten steckt sicher eine sehr verletzte Seele, die nach Genugtuung (vielleicht sogar nach Rache) schreit.

Laut den Untersuchungen von Frau Prof. Baudson treten Hochbegabte auf dem Weg zu ihrer Identitätsentwicklung so gut wie nie in diese Phase ein. Auf der Basis meiner eigenen jahrelangen Erfahrungen und Beobachtungen (nicht nur) auf Social-Media-Plattformen mit mehreren Tausend (hoch)begabten Menschen kann ich dieses Ergebnis nur bestätigen. Die „Stolz"-Stufe kommt sowohl bei (Hoch)Begabten als auch bei denen, die sich als „hochsensibel" (nach Frau Prof. Aron) bezeichnen, höchst selten vor.

6. Integration

Der (Hoch)Begabte hat sich selbst akzeptiert und identifiziert sich mit seiner Gruppe. Die (Hoch)Begabung bestimmt jetzt nicht mehr sein gesamtes Denken, sondern tritt in den Hintergrund, auch bei der Interaktion mit anderen Menschen. Die jetzt uneingeschränkte Selbstakzeptanz, die auf der Grundlage der bisher fehlenden Möglichkeit der Identifikation nicht entstehen konnte, setzt ein enormes Potenzial an emotionalen und kognitiven Ressourcen frei, die es dem (Hoch)Begabten ermöglichen, seinen Fokus auf andere Dinge des Lebens zu richten und andere Menschen ebenfalls in ihrem Sein zu akzeptieren. Damit ist der Weg frei für das Gelingen der Integration in die Gesamtgesellschaft.

Laut den Untersuchungen von Frau Prof. Baudson haben

(Hoch)Begabte, die in dieser Phase hohe Werte erzielten, ein größeres Selbstwertgefühl und empfinden (dadurch) eine größere Lebenszufriedenheit. Sie haben weniger Depressionen und empfinden weniger Stress und Einsamkeit.

Die Untersuchungen von Frau Prof. Baudson sind allerdings nicht repräsentativ für sämtliche Begabten, weil sie ausschließlich mit erwachsenen Mitgliedern des Hochbegabtenvereins Mensa in Deutschland e. V. durchgeführt wurden. Diese wissen alle schon mehr oder weniger lange, dass ihr IQ über 130 Punkten liegt. Insofern lassen sich die Studienergebnisse auf nicht erkannte (Hoch)Begabte oder solche, die das nicht von sich wissen oder denen die Bedeutung einer/ihrer (Hoch)Begabung nicht klar ist, nicht ohne Weiteres, sondern bestenfalls im Sinn von Vermutungen mit einem gewissen Wahrscheinlichkeitscharakter übertragen. Wenn ich diese Vermutung mit meinem Erfahrungswissen verbinde, tendiert das Ergebnis deutlich dahin, dass das Wissen um die eigene Hochbegabung elementar/essenziell ist und – bei entsprechendem Umgang und gegebenenfalls mit geeigneter Förderung – die Lebensqualität beträchtlich erhöhen kann. Ebenfalls lässt das Leben eines (Hoch)Begabten in meinen Augen eine deutliche Tendenz zu einem dramatischeren intrapersonalen Verlauf erkennen, wenn ihm die eigene Begabung nicht bekannt oder ihre Bedeutung nicht bewusst ist. Die große Erleichterung, die Erwachsene empfinden, wenn sie von ihrer Hochbegabung erfahren, ist ein ausgezeichneter Beleg dafür. Dasselbe gilt auch für die überdurchschnittlich Begabten, die sich selbst und ihre Kinder immer mehr in dem Konstrukt der Hochsensibilität wiedererkennen.

Sicher unterscheiden sich einzelne Verläufe individuell ganz erheblich, und nicht immer muss es dramatisch zugehen. Dabei spielt die Unterstützung durch die Eltern eine wesentliche, wenngleich nicht immer die Hauptrolle. In einem Elternhaus, wo viel Wert auf Bildung und die Entfaltung von Begabungen gelegt wird, wo die Eltern beispielsweise Klavier spielen oder neben ihrem Beruf schauspielern oder Bücher schreiben, kann ein begabtes Kind seine eigene Identität sicher besser entwickeln. In den meisten Fällen wird es in seinem So-Sein akzeptiert und bestärkt sowie mit seinen Interessen und Fähigkeiten gefördert werden. „Gleich und gleich gesellt sich gern", sagt ein altes Sprichwort, daraus kann man schließen, dass sich der Freundeskreis von Erwachsenen immer aus einander in gewisser Weise ähnlichen Menschen zusammensetzen wird, die wiederum ähnliche Kinder haben, die sich aneinander identifizieren können. Auch die Wahrscheinlichkeit, dass sie über spezielle Interessen und Fähigkeiten, denen sie außerhalb der Schule nachgehen, vermehrt Kontakte zu anderen Begabten finden, liegt höher. In solchen Familien ist der Begriff „Hochbegabung" meist überhaupt kein Thema (und schon gar kein Problem) – das ist auch nicht notwendig, denn diese Kinder haben wenig bis keine Passungsprobleme.

In Elternhäusern, wo keine besonderen Begabungen gelebt werden und wo Bildung auch nicht im Vordergrund steht, werden (hoch)begabte Kinder möglicherweise etwas größere Schwierigkeiten haben, ihre eigene Identität zu finden. Hier ist es wichtig, dass die Kinder akzeptiert werden, wie sie sind, unabhängig davon, ob sie überhaupt als „anders" wahrgenommen werden oder nicht. Wenn die (hoch)begabten Kinder unbedingte Unterstützung erfahren, mag auch hier das Wissen um Hochbegabung nicht unbedingt erforderlich sein. Doch mit Blick auf die acht Stufen der Identitätsentwicklung von Prof. Erikson muss man davon ausgehen, dass das Kind möglicherweise auch später noch einen Mangel an Identifikation empfindet. Hier stellt die Pubertät eine echte „Schwachstelle" dar, weil sich die Jugendlichen in dieser Phase neu ausrichten. Bei (Hoch)Begabten spielt sicher auch die Entwicklung des Gehirns eine Rolle, weil sie im Alter von etwa elf bis zwölf Jahren anders verläuft als bei Normalbegabten. All diese Aspekte bergen die Gefahr von Störungen in der Identitätsentwicklung.

Wenn (hoch)begabte Kinder verhaltensauffällig werden, haben sie oft schon einen mehr oder weniger langen Leidensweg hinter sich. Sie brauchen meines Erachtens unbedingt eine Aufklärung über ihre (Hoch)Begabung, zusätzlich müssen ihnen auch die Bedeutung und die (mögliche) Tragweite dessen erläutert werden. Damit Sie als Eltern das alles gut vermitteln können, sollten Sie sich an Ihrem Kind und an dessen sowie der aktuellen familiären Situation orientieren. Neben vielen anderen Faktoren hängt der Erfolg Ihrer Aufklärungsbemühungen natürlich auch stark von der Ansprechbarkeit Ihres Kindes ab und diese wiederum von seinem Alter. Darüber hinaus sollten Sie miteinrechnen, dass seine Konzentrations- und Aufnahmefähigkeit durch die gezeigten Verhaltensmuster möglicherweise schon beeinträchtigt sind. Sollte das bei Ihrem Kind der Fall sein, braucht es zunächst eine andere Form von Unterstützung oder sogar eine Art „Krisenintervention". Und unbedingt jede Menge Liebe und Verständnis! Doch sollte „aufgeschoben" hier bitte nicht „aufgehoben" bedeuten.

Bedenken und berücksichtigen Sie bitte, dass (hoch)begabte Kinder ihre eigenen Probleme häufig herunterspielen und versuchen, sich anzupassen, indem sie ihre Begabung verbergen. Solche Anpassungsleistungen weisen zum einen auf von den Kindern empfundene Ablehnung und Passungsprobleme hin, zum anderen kosten sie die Kinder eine Unmenge Energie, die ihnen dann für andere Dinge fehlt – beispielsweise zum Lernen. Außerdem sind sie deutliche Anzeichen für das Schwinden der intrinsischen Motivation und das Fehlen der für (Hoch)Begabte unendlich wichtigen Flow-Erlebnisse, was wiederum die Lebensfreude drastisch verringert und zur Ursache von Depressionen werden kann.

Es ist nicht immer leicht, zu entscheiden, ob, wann, wie viel und auf welche Weise man seinem Kind seine Hochbegabung „beibringt", das müssen Eltern immer ganz individuell für ihre eigene Familie respektive ihre Kinder entscheiden. Schaden kann es meiner Erfahrung nach auf keinen Fall. Ich hoffe, dass Ihnen meine Ausführungen bei Ihrer Entscheidungsfindung hilfreich sein werden!

Anhang

Nachwort

Ich habe in diesem Buch viel über Kinder geschrieben. Weil sie mir besonders am Herzen liegen und weil sie unsere Zukunft, die Zukunft unserer Gesellschaft, die Zukunft unserer Erde sind.

Doch (Hoch)Begabung wächst sich nicht aus, und auch als Erwachsener können Sie viele Erkenntnisse für sich selbst aus diesem Buch ziehen und im Idealfall auch im Jetzt Handlungsstrategien daraus entwickeln. Denn unser aller Wurzeln liegen in unserer Kindheit, und das „innere Kind" ist meiner Erfahrung nach gerade bei (nicht oder spät erkannten) (Hoch)Begabten ein wesentliches Thema. Wir werden ja nie so „richtig erwachsen", was auch immer ein jeder darunter verstehen mag. Unsere Neugier, unsere Lernfreude, die Freude an kleinen Dingen, die Fähigkeit zu großen Gefühlen, unsere *Intensität* bleiben uns allen Widrigkeiten zum Trotz ein Leben lang erhalten. Und das ist meinem Empfinden nach das größte Geschenk, das eine (Hoch)Begabung mit sich bringt.

Doch zurück zu den Kindern: Wir leben heute in einer Welt, in der alles standardisiert und genormt wird. Und das macht leider auch vor Menschen nicht halt. Nicht nur, aber vor allem unsere Kinder werden heute (zu) schnell pathologisiert, wenn sie nicht in die immer enger werdende Schablone des „Normalen" passen. Ich halte das nicht nur für bedenklich, ich bin in großer Sorge um die Persönlichkeit unserer Kinder – und damit um unser aller Zukunft. Was soll aus einem Kind werden, das schon früh das Gefühl, den Gedanken eingeimpft bekommt, es sei in seiner Entwicklung zurück (behindert), gestört oder gar „krank" und bedürfe (therapeutischer!) Hilfe, weil es seine Probleme nicht aus eigener Kraft (mithilfe seiner Eltern) bewältigen kann? Wie soll so ein Kind gut oder gar glücklich aufwachsen? Wie soll es ein gesundes Selbstwertgefühl, Selbstvertrauen, Selbstsicherheit entwickeln? Dabei ist all das für den Lebensweg jedes Menschen so wichtig! Wie soll ihm das mit einem (fremden) Therapeuten gelingen, zu dem es mit dem Etikett „nicht normal", „nicht allein lebensfähig" hingeschickt wird? Und was fängt eine Gesellschaft, ein ganzes Land mit so vielen „nicht allein lebensfähigen" Mitgliedern an? Was tun wir da eigentlich mit unserer *einzigen Ressource,* ich spreche von den (Hoch)Begabten, die wir hier in Deutschland als Land besitzen? Wo soll das hinführen?

Kinder setzen naturgemäß ein tiefes Vertrauen in ihre Eltern. Sie möchten von ihren Eltern auf dem Weg ins Leben begleitet werden, und sie haben ein Recht darauf! Kinder brauchen Eltern. Starke Kinder brauchen starke Eltern. Ich hoffe sehr, dass ich Ihnen mit diesem Buch ein paar Einsichten dazu habe vermitteln können.

Danksagung

Wie schon mein erstes Buch ist auch dieses nicht ohne vielfältige Unterstützung entstanden.

Hier möchte ich zuerst Herrn Dr. Harald Kämmerer, dem Programmleiter des Verlags, für seinen sanften Stups danken, ohne den dieses Buch (noch) nicht geschrieben wäre.

Großer Dank gilt Frau Dr. Inga Liebert-Cop vom icbf Münster für die Auskünfte, die sie mir immer bereitwillig gab und gibt, für die Zeit, die sie mir geschenkt hat, vor allem aber für ihr außergewöhnliches Engagement für begabte (nicht nur) Kinder. Liebe Inga, ein ganz herzliches Dankeschön!

Eine große Hilfe war die Unterstützung meiner Mit-Administratorin meiner Facebook-Gruppe, Sylvia Windgassen, die wie selbstverständlich während der Entstehung dieses Buchs die volle Verantwortung für diese große und zeitintensive Gruppe übernahm, damit ich mich dem Schreiben widmen konnte. Liebe Sylvia, ich bin froh und dankbar, Dich in dieser Zeit nicht nur an meiner Seite, sondern voll und ganz hinter mir gewusst zu haben! Mein Dank gilt ebenfalls meiner Moderatorin Julia Heikamp, die immer an unserer Seite ist und jeden personellen Engpass auffängt. Danke für deine Unterstützung, Julia!

Die Zusammenarbeit mit „meinem" Projektleiter und Redakteur des Irisiana-Verlags, Hannes Frisch, war wieder einmal reibungslos und herzerfrischend, wofür ich mich herzlich bedanke.

Meiner Lektorin Claudia Fritzsche gilt ebenfalls großer Dank. Wie schon bei meinem ersten Buch hat sie mich auch diesmal wieder großartig unterstützt und meine Texte in einen wunderbaren Fluss gebracht. Ich danke Dir sehr, Claudia, dafür, dass Du Dich so intensiv in meine Themen vertiefst und so sicher zwischen meinen Zeilen liest, dass Du immer genau weißt, was ich ausdrücken möchte.

Bei allen Menschen, die mich bei der Entstehung dieses Buchs unterstützt haben, sind doch meine Klienten und auch die vielen Mitglieder meiner und anderer Facebook-Gruppen die wichtigste Basis. Ohne ihre vielen Schilderungen, Fragen und Antworten hätte dieses Buch ganz sicher nicht entstehen können. Deshalb ein ganz großes Dankeschön, vor allem für das Vertrauen, das mir entgegengebracht wurde und wird, an alle direkt und indirekt Mitwirkenden!

Ich möchte hier auch einmal die Gelegenheit nutzen, allen anderen Autoren zu danken, die sich für die Verbreitung des Wissens über (Hoch)Begabung einsetzen, ob über Fach- oder Populärliteratur oder auch über einzelne Artikel. Ich habe aus all diesen Veröffentlichungen, die ich las und teilweise studierte, viel für mich und meine Klienten mitnehmen können. Das hat meinen Horizont erweitert.

Und last, but not least danke ich meinen Kindern, die mich auch dieses Mal wieder mit viel Verständnis durch die Zeit des Schreibens begleitet haben. Danke für Eure Liebe, für Euer Vertrauen, für Euer Sein.

Fußnoten

Einführung

1) vgl. Reichardt, *Hochsensibel*, 2016, S. 50–73

Kapitel 1, Begriffsbestimmung

2) Galton, 1883, S. 27, übers. v. M. Amelang/D. Bartussek, 1981, S. 32
3) William Stern, *Handbuch Intelligenz,* Rost 2013, S. 14
4) David Wechsler, *Handbuch Intelligenz,* Rost 2013, S. 14
5) Linda Gottfredson, *Handbuch Intelligenz,* Rost 2013, S. 16
6) vgl. Detlef Rost, *Handbuch Intelligenz* (2013), S. 16
7) Detlef H. Rost/Jörn R. Sparfeldt, *Intelligenz und Hochbegabung,* S. 312. (hinzuziehen: www.djaco.bildung.hessen.de/schule/allgemeines/begabung/Marburger_Hochbegabtenprojekt/r_s_int_hb_07-msk._mit_s.-zahlen.pdf, S. 12)
8) Dorsch, *Psychologisches Wörterbuch*
9) Aljoscha Neubauer, Vortrag bei den 13. ECHA-Österreich-Tagen 2012 in Linz
10) MinD Magazin 87, April 2012
11) Neubauer/Stern, (²2013) *Intelligenz – Große Unterschiede und ihre Folgen,* DVA, Stuttgart 2. Aufl. 2013, S. 67
12) DeHaan/Havighurst aus: Feger/Prado (1998), S. 33 (Hervorhebungen durch die Autorin) vgl. auch Preckel/Vock, 2013, S. 39
13) J. P. Guilford ebenfalls aus Preckel/Vock, 2013, S. 39
14) Franz-Josef Mönks, Editorial des *Journal für Begabtenförderung* 2/2010.
15) Salvatore Mendaglio (2010), S. 175

Kapitel 2, (Hoch)Begabung bei Kindern

16) Jean Piaget (2000) S. 9/139 ff.
17) Trudewind, C./Mackowiak, K./ Schneider, K., „Neugier, Angst und kognitive Entwicklung". In: M. Jerusalem/R. Pekrun (Hrsg.), *Emotion, Motivation und Leistung* (S. 105–126). Hogrefe, Göttingen 1999.

18) Webb, 2012, S. 201 und 202

19) vgl. Reichardt, *Hochsensibel,* 2016, S. 192–215

20) vgl. Webb, 2015, S. 237

21) vgl. Reichardt, *Hochsensibel,* 2016, S. 95–104

22) vgl. Reichardt, *Hochsensibel,* 2016, S. 116–129

23) vgl. Wohler, „*Synästhesie als ein strukturbildendes Moment in der Kunst des 20. Jahrhunderts*", Waxmann, Münster/ New York 2010, S. 221

24) Dazu zwei Quellen: www.news.uzh.ch/de/articles/2011/farbige-buchstaben.html sowie Dr. Jasmin Rani Sinha (Hrsg.), „Synästhesie der Gefühle", 2009, *Synaisthesis,* Luxemburg. [Wobei die Merkmale hier nicht in Form einer „fertigen" Liste aufgeführt sind, sondern aus dem ganzen Buch (auch aus mehr oder minder beiläufigen Erwähnungen) kompiliert wurden.]

25) Aron, *Hochsensible Menschen in der Psychotherapie,* S. 46

26) Aron, *Hochsensible Menschen in der Psychotherapie,* S. 38

27) Aron, *Hochsensible Menschen in der Psychotherapie,* S. 252

28) James T. Webb, 2015, S. 50

Kapitel 3, Die Eltern (hoch)begabter Kinder

29) Vereinszeitschrift der DGhK „Labyrinth", Nr. 119, Februar 2014, S. 25 ff.

30) vgl. Uslucan, Hacı-Halil, 2012, „Verkannte Potenziale: Bildungsbeteiligung und Bildungsförderung von Jugendlichen mit Zuwanderungsgeschichte". In: E. Marks/W. Steffen (Hrsg.), *Bildung – Prävention – Zukunft* (S. 315–322). Forum Verlag, Godesberg 2012

31) www.eltern.de/schulkind/erziehung-und-entwicklung/kind-hochbegabt.html

32) www.news4teachers.de/2014/07/immer-mehr-eltern-halten-ihr-kind-fuer-hochbegabt-und-machen-druck-auf-die-schule/

33) www.sueddeutsche.de/karriere/psychologe-ueber-hochbegabte-manche-eltern-fuehren-ihr-kind-wie-ein-zirkuspferd-vor-1.1053244

34) www.faz.net/aktuell/politik/inland/coaching-fuer-eltern-unser-sohn-wird-mal-hochbegabt-12858950.html?printPagedArticle=true#pageIndex_0

35) vgl. zum Beispiel Webb, Siaud-Facchin, Niklas/Niklas

Kapitel 4, Begabung im Alltag

36) Quelle: https://bildung-rp.de/fileadmin/user_upload/foerderung.bildung-rp.de/hochbegabung/bmbfentschick-lungschwierigkeiten.pdf

37) ebd.: https://bildung-rp.de/fileadmin/user_upload/foerderung.bildung-rp.de/hochbegabung/bmbfentschick-lungschwierigkeiten.pdf

38) Lehwald (2017), S. 72

39) Cass, zitiert nach Baudson, aus: www.fachportal-hochbegabung.de/blog/hochbegabte-eine-besondere-minderheit-02-2017/

Weiterführende Literatur

- Amelang, Manfred/Bartussek, Dieter: *Differentielle Psychologie und Persönlichkeitsforschung*, Kohlhammer, Stuttgart 3. Aufl. 1990
- Aron, Elaine: *Sind Sie Hochsensibel? Wie Sie Ihre Empfindsamkeit erkennen, verstehen und nutzen*, mvg verlag, München 2005
- Aron, Elaine: *Hochsensible in der Psychotherapie*, Junfermann, Paderborn 2014
- Bergmann, Jens: *Der Tanz ums Ich. Risiken und Nebenwirkungen der Psychologie*, Pantheon, München 2015
- Bergsmann, Roswitha (HG): *Hochbegabung. Eine Chance*, Facultas, Wien 2000
- Billhardt, Jutta: *Hochbegabte: die verkannte Minderheit*, Lexika-Verlag, München 1996
- Blech, Jörg: *Die Psychofalle. Wie die Seelenindustrie uns zu Patienten macht*, Fischer, Frankfurt 2016
- Brackmann, Andrea: *Jenseits der Norm – hochbegabt und hoch sensibel?*, Klett-Cotta, Stuttgart 2005
- Brackmann, Andrea: *Ganz normal hochbegabt – Leben als hochbegabter Erwachsener*, Klett-Cotta, Stuttgart 2007
- Branden, Nathaniel: *Die 6 Säulen des Selbstwertgefühls. Erfolgreich und zufrieden durch ein starkes Selbst*, Piper Verlag, München/Zürich, 7. Aufl. 2009
- Bunz-Schlösser, Gabriela: *Hand in Hand mit dem inneren Kind, Wie Sie Bedürfnisse aus der Vergangenheit nachholen und alte Wunden heilen*, mvg verlag, München, 3. Aufl. 2011
- Csíkszentmihályi, Mihály: *Flow. Das Geheimnis des Glücks*, Klett-Cotta, Stuttgart 1992
- Cytowic, Richard E.: *Farben hören, Töne schmecken. Die bizarre Welt der Sinne*, Byblos, Berlin 1995, TB dtv, München 1995/1996
- Davis, Ronald D.: *Legasthenie als Talentsignal, Lernchance durch kreatives Lesen*, Knaur, München 1998

- Deutsche Gesellschaft für das hochbegabte Kind: *Alltag mit hochbegabten Kindern*, info3-Verlagsgesellschaft Brüll & Heisterkamp KG, Frankfurt 2017
- Emrich, Hinderk/Schneider, Udo/Zedler Markus: *Welche Farbe hat der Montag? Synästhesie: Das Leben mit verknüpften Sinnen*, Hirzel Verlag, Stuttgart/Leipzig 2002
- Feger, Barbara/Prado, Tanja M.: *Hochbegabung: die normalste Sache der Welt*, Primus, Darmstadt 1998
- Fleiß, Ida: *Hochbegabung und Hochbegabte*, Tectum, Marburg 2006
- Fietze, Katharina: *Kluge Mädchen – Frauen entdecken ihre Hochbegabung*, Orlanda Frauenverlag, Berlin 2010
- Freeman, Joan: *Gifted Children Grown Up*, David Fulton Publishers, London 2001
- Freuwört, Eckhard: *Vernetzte Sinne. Über Synästhesie und Verhalten*, Books on Demand, Norderstedt 2004
- Garcia, Manon: *Sind Sie noch Katze oder schon Hund? Hochbegabung nach dem Testergebnis*, Books on Demand GmbH, Norderstedt, 1. Auflage 2010
- Götting, Gesine: *Keine Angst vor Hochbegabung*, Knaur, München 2006
- Guski, Rainer: *Wahrnehmung: eine Einführung in die Psychologie der menschlichen Informationsaufnahme*, Kohlhammer, Stuttgart 1989
- Gusovius, Alexander Hans: *Der außergewöhnliche Mensch. Genie, Talent, Hochbegabung im 21. Jahrhundert*, Tectum, Marburg 2005
- Harris, Thomas A.: *Ich bin o.k. Du bist o.k., Wie wir uns selbst besser verstehen und unsere Einstellung zu anderen verändern können*, Rowohlt TB, Reinbek 1994
- Hauch, Michael: *Kindheit ist keine Krankheit Wie wir unsere Kinder mit Tests und Therapien zu Patienten machen*, Fischer, Frankfurt/Main 2015
- Hellwig, Mike: *Befreie dein inneres Kind. Wie Sie sich selbst geben, was Ihnen Ihre Eltern nicht gaben*, Verlag Herder GmbH, Freiburg 2011

- Horsch Herbert/Müller, Götz/Spicher, Hermann-Josef: *Hochbegabt – und trotzdem glücklich. Was Eltern, Kindergarten und Schule tun können, damit die klügsten Kinder nicht die Dummen sind*, Oberstebrink, Düsseldorf, 2012
- Hoyer, Timo/Haubl, Rolf/Weigand, Gabriele (Hrsg.): *Sozio-Emotionalität von hochbegabten Kindern. Wie sie sich sehen – was sie bewegt – wie sie sich entwickeln*, Beltz, Weinheim/Basel 2014
- Joder, Karin: *Die Diagnose „Hochbegabung". Reaktionen von Eltern und Erwachsenen*, Roderer, Regensburg 2008
- Kagan, Jerome: *Die Natur des Kindes*, Piper Verlag, München/Zürich 1987
- Karres, Britta: *Komm raus, ich seh dich! Von Glück, Selbstwirksamkeit und Wachsen hochsensibler und hochbegabter Kinder*, Festland, Wien 2016
- Klages, Wolfgang: *Der sensible Mensch; Psychologie, Psychopathologie, Therapie*, Enke Verlag, Stuttgart 1978
- Lackner, Maximilian: *Talent-Management spezial, Hochbegabte, Forscher, Künstler … erfolgreich führen*, Gabler, Wiesbaden, 2012
- Lehwald, Gerhard: *Motivation trifft Begabung. Begabte Kinder und Jugendliche verstehen und gezielt fördern*, Hogrefe, Bern 2017
- Leitl, Andre: *Die Arbeit mit hochbegabten Kindern und Jugendlichen. Diagnostik und Fördermaßnahmen für Lehrer und Eltern*, Diplomica, Hamburg 2014
- Lück, Helmut E.: *Geschichte der Psychologie. Strömungen, Schulen, Entwicklungen*, Kohlhammer, Stuttgart 6. Aufl. 2013
- Mendaglio, Salvatore (Hrsg.): *Dabrowski's Theory of Positive Disintegration*, Great Potential Press, Scottsdale (USA) 2008
- Meyer, Doris: *Hochbegabung – Schulleistung – Emotionale Intelligenz. Eine Studie zu pädagogischen Haltungen gegenüber hoch begabten „underachievern"*, LIT, Münster 2003
- Miller, Alice: *Das Drama des begabten Kindes und die Suche nach dem wahren Selbst*, Suhrkamp Verlag, Frankfurt/Main 1983

- Neubauer, Aljoscha/Stern, Elsbeth: *Intelligenz. Große Unterschiede und ihre Folgen*, DVA, München 2013
- Neubauer, Aljoscha: *Intelligenz und Geschwindigkeit der Informationsverarbeitung*, Springer, Wien 1995
- Neumann, Matthias: *Bilder im Kopf: zur Sequenz-Raum-Synästhesie*, nur als pdf erhältlich, unter www.vonmatthias.de
- Niklas, Claudia/Niklas, Andreas: *Die Rätselhaften. Wie Hochbegabte besser mit sich und anderen leben*, Kösel, München 2017
- Opherden, Armin: *Anton wurde kein Professor. Vom Scheitern eines Hochbegabten*, BookRix, Books on Demand GmbH, Norderstedt 2011
- Paturi, Felix R.: *Denken unerwünscht. Wie deutsche Schulen hochbegabte Kinder traumatisieren*, Bucher, München 2012
- Piaget, Jean: *Intelligenz und Affektivität in der Entwicklung des Kindes*, Suhrkamp, Frankfurt/Main 1995
- Piaget, Jean: *Psychologie der Intelligenz*, Klett-Cotta, Stuttgart, 10. Aufl. 2000
- Preckel, Franzis/Schneider, Wolfgang/Holling, Heinz (Hrsg.): *Diagnostik von Hochbegabung, Tests und Trends*, Jahrbuch der pädagogisch-psychologischen Diagnostik N. F. Band 8, Hogrefe, Göttingen 2010
- Preckel, Franzis/Vock, Miriam: *Hochbegabung. Ein Lehrbuch zu Grundlagen, Diagnostik und Fördermöglichkeiten*, Hogrefe, Göttingen 2013
- Reichardt, Eliane: *Hochsensibel. Wie Sie Ihre Stärken erkennen und Ihr wirkliches Potenzial entfalten*, Irisiana, München 2016
- Reiz, Sonja: *Seelische Beschwerden – körperliche Ursachen*, GU-Verlag, München 2007
- Röhr, Heinz-Peter: *Vom Glück sich selbst zu lieben. Wege aus Angst und Depression*, Patmos Verlag, Ostfildern, 8. Aufl. 2011
- Rosenberg, Marshall B.: *Gewaltfreie Kommunikation: Eine Sprache des Lebens*, Junfermann, Paderborn, 11. Auflage 2013
- Scheidt, Jürgen vom: *Das Drama der Hochbegabten. Zwischen Genie und Leistungsverweigerung*, Piper Verlag, München/Zürich, 4. Aufl. 2012

- Schmidbauer, Wolfgang: Kassandras Schleier. *Das Drama der hochbegabten Frau,* Orell Füssli Verlag AG, Zürich, 3. Aufl. 2013
- Schulz von Thun, Friedemann: *Miteinander reden, Störungen und Klärungen,* Rowohlt TB, Reinbek 1994
- Schwiebert, Andrea: *Kluge Köpfe, krumme Wege? Wie Hochbegabte den passenden Berufsweg finden,* Junfermann, Paderborn 2015
- Seibt, Hagen/Nagel, Petra (Hrsg.): *Praxis der Arbeit mit Hochbegabten.* 25 Berichte aus dem Arbeitskreis Hochbegabte/ Potenziale, LIT, Berlin 2009
- Siaud-Facchin, Jeanne: *Zu intelligent, um glücklich zu sein? Was es heißt, hochbegabt zu sein,* Goldmann, München 2017
- Sinha, Jasmin Rani (Hrsg.): *Synästhesie der Gefühle, Tagungsband zur Konferenz „Die fröhliche Sieben". Synästhesie, Personifikation und Identifikation,* Verlag Synaisthesis, Luxemburg 2009
- Stamm, Margit: *Unterfordert, unerkannt, genial. Randgruppen unserer Gesellschaft,* Rüegger, Zürich 2007
- Stapf, Aiga: *Hochbegabte Kinder, Persönlichkeit – Entwicklung – Förderung,* Verlag C. H. Beck, München, 5. Aufl. 2010
- Tammet, Daniel: *Elf ist freundlich und Fünf ist laut: Ein genialer Autist erklärt seine Welt,* Heyne, München 2008
- Thieroff, Helga: *Vom Schmerz der Hochbegabung. Mein Sohn, der anders war,* LIT, Berlin 2016
- Wais, Mathias: *Hilfe – ich bin hochbegabt! Na und? Mit schlauen Füchsen unterwegs,* Info3-Verlag, Frankfurt 2014
- Webb, James T.: *Hochbegabte Kinder. Das große Handbuch für Eltern,* Huber, Bern 2012
- Webb, James T.: *Doppeldiagnosen und Fehldiagnosen bei Hochbegabung.* Ein Ratgeber für Fachpersonen und Betroffene, Verlag Hans Huber, Bern 2015
- Weis, J. K.: Lukas. *Irrwege eines Hochbegabten, Roman, Book Rix, Kindle Edition,* München 2013

- Winner, Ellen: *Hochbegabt. Mythen und Realitäten von außergewöhnlichen Kindern,* Klett-Cotta, Stuttgart 1998
- Wittmann, Anna Julia/Holling, Heinz: *Hochbegabtenberatung
in der Praxis,* Hogrefe, Göttingen, 2. Aufl. 2004
- Wohler, Arnold: *Synästhesie als ein strukturbildendes Moment
in der Kunst des 20. Jahrhunderts,* Waxmann, Münster 2010

Nützliche Internetadressen

Autorin: www.eliane-reichardt.de

Für den **„online-Gesprächskreis"** benötigen Sie
ein Facebook-Profil: www.facebook.com/groups/HSHBSy

Für Deutschland
Deutsche Gesellschaft für das hochbegabte Kind:
www.dghk.de
Hochbegabtenverein Mensa, MinD (Mensa in Deutschland):
www.mensa.de
Fachportal Hochbegabung der Karg-Stiftung:
www.fachportal-hochbegabung.de
Institut zur Förderung hochbegabter Vorschulkinder
www.ihvo.de
Deutsche Synästhesiegesellschaft e. V.
www.synaesthesie.org/de/

Für Österreich
www.oezbf.at
Hochbegabtenverein Mensa, Mensa in Österreich
www.mensa.at
Für die Schweiz
Hochbegabtenverein Mensa, Mensa Switzerland
www.mensa.ch

Begabungsdiagnostiker

Eine Liste der vom Berufsverband Deutscher Psychologinnen und Psychologen e. V., Sektion „freiberufliche Psychologen" empfohlenen Begabungsdiagnostiker finden Sie hier:
www.die-hochbegabung.de/expertenliste

Weitere empfehlenswerte Adressen:
www.bega-institut.de
www.begabungen.de/
www.dr-karin-joder.de/
www.institut-idee.de/

Denken in Bildern

Dr. Linda Kreger Silverman:
www.visualspatial.org/
www.gifteddevelopment.com
Artikel auf Deutsch:
www.autismus-kultur.de/autismus/bildung/lernstil-visuell-raeumlich.html

SENG Initiative Fehldiagnosen bei hochbegabten Kindern

www.sengifted.org
Blitzinfo (deutsch): www.icbf.de/images/stories/Arbeitsschwerpunkte/Aus-_und_Weiterbildung/Elterntraining/flyer_seng.pdf

Einführung der Initiative in den deutschsprachigen Ländern Europas:

Dr. Inga Liebert-Cop, www.icbf.de
Suzana Zirbes-Domke, www.zirbesdomke.de
Für den Flyer mit der Kurzinfo zu Fehldiagnosen bei Hochbegabung zeichnen als Mittragende neben dem icbf auch die DGhK und der ÖZBF.

Register

(Fett gesetzte Seitenzahlen verweisen auf
Hauptnennungen, kursive auf Abbildungen.)

Impressum

© 2018 by Irisiana Verlag, einem Unternehmen der Verlagsgruppe Random House GmbH, Neumarkter Straße 28, 81673 München

Projektleitung
Hannes Frisch

Redaktion
Claudia Fritzsche

Korrektorat
Susanne Schneider

Grafik / Satz / DTP
Maren Gehrmann

Umschlaggestaltung
Geviert - Büro für
Kommunikationsdesign, München

Druck und Bindung
CPI books GmbH, Leck
Printed in Germany

MIX
Papier aus verantwortungsvollen Quellen
FSC® C083411

Verlagsgruppe Random House
FSC © N001967

ISBN 978-3-424-15332-3